U0839359

珍藏本
纪念版

汉译世界学术名著丛书

亚当·斯密
关于法律、警察、岁入及军备的演讲

〔英〕坎南 编著

陈福生 陈振骅 译

商务印书馆
SINCE 1897
The Commercial Press
2017年·北京

LECTURES ON JUSTICE, POLICE, REVENUE AND ARMS

Delivered by Adam Smith

Reported by a Student in 1763

Edited by Edwin Cannan

本书根据纽约 Kelley & Millman 公司 1956 年版译出

汉译世界学术名著丛书
（120 年纪念版·珍藏本）
出 版 说 明

2017 年 2 月 11 日，商务印书馆迎来 120 岁的生日。120 年前，商务印书馆前贤怀揣文化救国的理想，抱持“昌明教育，开启民智”的使命，立足本土，放眼寰宇，以出版为津梁，沟通中西，为中国、为世界提供最富智慧的思想文化成果。无论世事白云苍狗，潮流左右激荡，甚至战火硝烟弥漫，始终践行学术报国之志，无改初心。

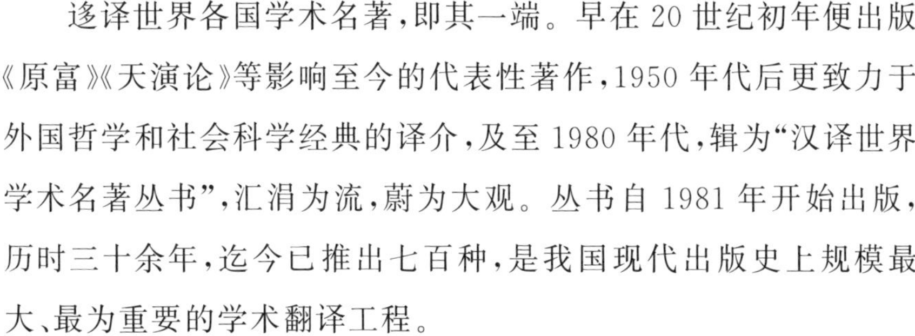

逐译世界各国学术名著，即其一端。早在 20 世纪初年便出版《原富》《天演论》等影响至今的代表性著作，1950 年代后更致力于外国哲学和社会科学经典的译介，及至 1980 年代，辑为“汉译世界学术名著丛书”，汇涓为流，蔚为大观。丛书自 1981 年开始出版，历时三十余年，迄今已推出七百种，是我国现代出版史上规模最大、最为重要的学术翻译工程。

丛书所选之书，立场观点不囿于一派，学科领域不限于一门，皆为文明开启以来，各时代、各国家、各民族的思想与文化精粹，代表着人类已经到达过的精神境界。丛书系统译介世界学术经典，引领时代思想，为本土原创学术的发展提供丰富的文化滋养，为推动中国现代学术和现代化进程做出了突出的贡献。

为纪念商务印书馆成立120周年，我们整体推出“汉译世界学术名著丛书”120年纪念版的珍藏本，寄望既利于文化积累，又便于研读查考，同时向长期支持丛书出版的译者、编者和读者致以敬意。

两甲子后的今天，商务印书馆又站在了一个新的历史时间节点上。我们不仅要铭记先辈的身影和足迹，更须让我们的步伐充满新的时代精神。这是商务人代代相传的事业，更是与国家和民族的命运始终紧密相连的事业。我们责无旁贷，必须做好我们这代人的传承与创造，让我们的努力和成果不仅凝聚成民族文化的记忆，还能成为后来人可以接续的事业。唯此，才能不负前贤，无愧来者。

商务印书馆编辑部

2017年10月

亚当·斯密早期的经济思想

——《关于法律、警察、岁入及军备的演讲》简介

亚当·斯密(1723—1790)是十八世纪英国的著名经济学家,资产阶级古典政治经济学的杰出代表。他的主要著作是《国民财富的性质和原因的研究》(1776年出版),在这一著作中,斯密表达了英国资产阶级的利益和要求,论证了资本主义的优越性,为经济自由这个纲领性要求奠定了理论基础,对经济科学的发展做出了许多贡献,在一定程度上揭示出资本主义生产关系的内在联系。马克思说:"在亚当·斯密手中,政治经济学发展到某种完整的地步,它包括的范围在一定程度上获得了完备的轮廓。"①

《关于法律、警察、岁入及军备的演讲》是斯密在格拉斯科大学担任教授时的一部分讲义,反映了他从事经济研究开始时期的思想。1755—1764年期间,他在格拉斯科大学教授"道德哲学",这门学科带有百科全书的性质,它包括四部分:(一)神学,(二)伦理学,(三)法学,(四)政治学。第二部分关于伦理学的讲义形成为一本独立著作,即1759年出版的《道德情感论》。第四部分政治学讲义包括我们现今称为经济政策和政治经济学中的若干问题,这一部分可说是《国民财富的性质和原因的研究》一书的胚胎。但是,

① 马克思:《剩余价值学说史》第2卷,参阅三联书店1951年版,第4页。

全部讲义原稿已在斯密逝世以前烧毁。现在出版的《关于法律、警察、岁入及军备的演讲》，据英国经济学家埃德温·坎南考证的结果认为是斯密讲义的第三、四两部分的笔记。(参阅原编者引论)

斯密从事社会活动的时期，英国已经成为拥有世界头等商业和庞大殖民地的强国。从十五世纪开始的农业革命，到了十八世纪六七十年代已经完成。工场手工业获得了广泛的发展，它的基本特点——分工大大地提高了劳动生产率。英国国内市场的容量超过了欧洲其他国家，并不断地扩大。在对外贸易额方面它也居于首位，出口物资的构成有了改变。但是，封建主义残余仍然阻碍着资本主义的发展，小生产的比重还很大，商业资本控制着它们。资本原始积累时期所实行的重商主义政策已不适合资本主义发展的利益，英国资产阶级的力量已经壮大，不需要保护政策，力求实现完全的自由竞争和自由贸易。地主贵族却利用他们在议会和政权机构中的地位，继续根据重商主义原则制定有利于本阶级利益的政策措施。

总的说来，当时英国社会的主要矛盾是资本主义和封建主义、资产阶级和地主阶级间的矛盾。资产阶级还起着促进社会生产力发展的进步作用，它同无产阶级的矛盾处在潜伏状态。

《关于法律、警察、岁入及军备的演讲》笔记稿所记录的斯密经济思想的主题是论证资本主义的优越性，证明它能够无限制地促进财富的增长，但它必须是在经济自由的条件下才能实现。如同马克思所指出："古典派如亚当·斯密和李嘉图，他们代表着一个还在同封建社会的残余进行斗争、力图清洗经济关系上的封建残污、扩大生产力、使工商业具有新的规模的资产阶级。……他们的使命只是表明在资产阶级生产关系下如何获得财富，只是将这些关系表述为范畴和规律并证明这些规律和范畴比封建社会的规律和范畴更便于进行财富的生产。”①

这份演讲笔记稿表明，斯密特别强调分工，认为一个国家之所以富裕起因于分工，“在劳动没有分工的野蛮国家，一切东西全是为了满足人类的自然需要。但在国家已经开化，劳动分工以后，人们所分配的给养就更加丰富”（本书第180页）。这是因为分工使得劳动的熟练程度提高，从做一种工作改为做另一种工作所造成的时间损失减少，促成机器的发明，从而能够增加劳动生产物的数量。

按照斯密的说法，分工是交换的结果，“分工的直接根源乃是人类爱把东西互相交换的癖性”（本书第188页），“这个癖性的真正基础是人类天性中普遍存在的喜欢说服别人的这种本质”（本书第190页）。这种以人性论为基础倒因为果地把分工说成是交换的结果的观点，显然是错误的，其实交换只是分工的结果。不过，他正确地指出了分工的程度必须同商业的范围相适应，而商业的范围取决于人口密度和交通状况。

如上所述，斯密是资本主义工场手工业时期的资产阶级经济学家，工场手工业的基本特点是分工，所以他颂扬分工，实际上是在颂扬工场手工业形式的资本主义生产。同时，他承认“在文明社会，虽然实行分工，但却没有平等的分工，因为许多人没有工作。

① 马克思：《哲学的贫困》，《马克思恩格斯全集》第4卷，人民出版社1958年版，第156页。

财富的分配并不是依据工作的轻重。……负担社会最艰难劳动的人，所得的利益反最少”(本书第 182 页)。

此演讲作于工业革命前夜，在斯密思想中反映出当时大工业尚不发达，对自然的依赖性较大。他十分重视农业。他说：“在一切技艺中，对社会最有利的是农业。什么东西会阻碍农业的发展，什么东西就对公共利益有极大的危害。农业的产量比任何产业的产量都大。”(本书第 238 页)这种说法有着一定的合理的地方。

他指责封建制度和奴隶制度阻碍农业以及工商业的发展，因为农奴和奴隶不愿意而且也没有力量去改善生产。他还指出，“一个国家制造业愈多，农业就可能有愈大的发展，所以凡妨碍制造业发展的因素，同时也就是妨碍农业发展的因素”(本书第 244 页)。他断言，在封建制度下不可能发生财富大量的积累；只是到了封建政体崩溃之后，阻碍勤劳的因素消失了，财富的积贮才逐渐地增加起来。

在斯密的演讲中，有不少地方对重商主义作了批判，并且认为休谟、洛克虽然也指摘过它，但不够彻底。他指出重商主义者把财富看为是货币是荒谬的，货币乃是流通工具。“正如一个地区的价值不在于通过该地区的公路的多少，一个国家的富裕不在于用以实现货物流通的货币的数量，而在于生活必需品的丰富。”(本书第 208 页)他进一步批判地分析了甚于重商主义原则而在实践方面引起的许多做法和说法，认为政府禁止铸币出口、贸易差额论以及约翰·劳的计划等等都是危害性很大的错误措施和见解。

斯密强调必须实行经济自由，反对国家干预经济生活。他认为，“法律和政府似乎也只有这个目的：它们只保护那些积累了巨资的人，使他们能够平安地享受劳动的果实”(本书第176页)。他反对利用法律或章程把物品价格抬高到自然价格以上，或压低到自然价格以下，因为这两种做法都会妨碍财富的增长。他说，各种垄断事业和专利公司过去虽曾促进国家的利益，但就现今来说却是不利的，这些垄断和专利的结果提高了物品的价格。对货物课税也有同样的结果。反之，对某些物品给予津贴，以便宜的价格在市场上出售，固然能使它们易于卖掉，而且产量也会增加，但却破坏了生产的自然平衡。由此，他得出结论：“总的说来，最好的政策，还是听任事业自然发展，既不给予津贴，也不对货物课税。”(本书第200页)

国内的经济政策原则是如此，在国际经济关系方面也应该这样。斯密依据对分工作用的见解来论证这一点。他指出，两千万人在一个大社会里通力合作所能生产的货物，会比仅仅拥有二三百万人口的社会所能生产的货物多一千倍。因此，愈是实行自由贸易好处愈大；并且，对于一个富裕的国家说来，和贫穷的国家通商所得到的好处将更大。斯密写道：“似乎必须把不列颠宣布为自由港，并对国际贸易不加任何阻碍。如果可能使用其他方法支付政府的费用，应该停征一切的税，关税、消费税等。应该准许和一切国家通商与进行交易的自由，应该准许和一切国家买卖任何东西。”(本书第225页)

斯密在论证资本主义优越性的时候，对资本主义经济的内部联系作了初步的探索，阐述了一些政治经济学原理。

他区分了自然价格和市场价格，指出这两种价格从表面上看来似乎没有相互的关系，其实却是息息相关的。每一种货物都有这两种价格。他认为市场价格可能高于或低于自然价格，从而调节物品的生产和流通。

不过，斯密所说的自然价格是指劳动的自然价格，即工资。在他的观念里，这种工资还包括利润。所以他说："如果一个人所得的收入，足以维持他在劳动时期的生活，足以支付他的教育费，足以补偿不能长命和营业失败的风险，那么，他就得到了劳动的自然价格。如果人们能获得劳动的自然价格，他们就得到了足够的鼓励，而商品的生产就能和需求相称。"(本书第191页)同时，斯密还具有物品数量的多少决定它的价值的思想。他写道："水所以那么便宜，就是因为它可以取之不尽，而钻石所以那么昂贵，是因为它稀罕难得。"(本书第177页)

斯密对商品价值的见解虽然是纠缠不清，但可以看出其中有着用劳动来决定商品价值的思想萌芽。

在说明物品的价格是如何决定的问题以后，斯密紧接着分析货币。他正确地认为货币是价值的尺度和交换的媒介，指出有许多物品都曾经作为货币，金银之所以成为货币是由于它们的自然属性比较合适。他还划分了价值尺度和价格标度，不过不叫这样的名称，而称为价值的自然标准和数量的自然标准。"由于金银成为价值的尺度，它也就成了交易的工具。"(本书第198页)

"但应该注意，货币并不是价值的真正尺度，价值的真正尺度乃是劳动。"(本书第207页)这里斯密接近于区别价值的内在尺度(劳动)和外在尺度(货币)，同时表明他已有用劳动来测量价值的思想因素。

在演讲笔记稿中，没有对资本作专门的考察，只是在说明富裕所以不能迅速增长的原因时提到资本。他把资本同财货混为一谈。他没有看到资本并不是物,而是生产关系,是被物所掩盖着的资本剥削劳动的关系,因而认为资本是积累起来的财货,把储存品的形成看为是资本主义生产特有的现象。

斯密特别讲到利息,但没有分析利润和地租。他指出,利息率取决于能够贷出的财货的数量和需要借入财货的情况;随着社会发展,财货大量积累,利息率逐渐下降。我们知道,利息率的水平是由借贷资本的供求量决定的,在资本主义条件下利息率有下降趋势,这是因为利润率有下降趋势和借贷资本量不断增大。

综上所述,斯密在《关于法律、警察、岁入及军备的演讲》中,抓住了当时英国经济生活中的基本问题,反映了资本主义发展的利益和要求。当然,这时斯密的经济思想还不成熟,许多政治经济学原理还不明确,甚至没有考察。但是,斯密研究经济问题的总方向,他的经济学说的中心思想已经奠定了,并对价值、货币、资本、利息等政治经济学范畴作了一些分析和说明。所有这一切在他的代表著作《国民财富的性质和原因的研究》中大大地丰富和发展了。

古典政治经济学是马克思主义的三个来源之一。本书反映了亚当·斯密早期的经济思想,它的翻译出版不仅有助于我们开展政治经济学史的研究工作,而且对我们学习马克思主义政治经济学也有一定的参考作用。

林 森 木

1962 年 9 月

目　录

原编者前言

关于现在刊行的这部演讲笔记的来历以及我在编校时所采用的原则,都已经在《引论》中详细地叙述过了。

在这里,我只要对托马斯·罗利先生表示我的谢忱。在我着手这项工作的时候,罗利先生是牛津大学英格兰法讲师和牛津大学出版社的一个委员。现在,他是枢密院法律委员会的干事。除仔细阅读全稿并对那些他认为有讹误的或需要解释的段节提出意见外,他还不倦地随时答复我所请教的关于法律方面的问题。其中有许多问题,除了一个认真对待编校工作的人以外,在任何人看来一定是无关重要的。但有一点必须明白,由于他没有机会知道我如何利用了他的意见,他对我所作的注释不负什么责任,正如霍金斯先生和其他我曾请教过的法律权威一样。

埃德温·坎南

1896 年 8 月于牛津

原编者引论

第一章　演讲笔记的来历

杜格耳德·斯图尔德在他所著的《亚当·斯密的生平和著作》中说，“亚当·斯密先生在格拉斯科大学任教时的讲稿，除他自己在《道德情感论》和《国民财富的性质和原因的研究》中发表的那部分外，其余已全部佚失了”。斯图尔德是于 1793 年在爱丁堡皇家学会宣读上述论文的。这篇论文经他的许可刊载于该学会那年的会刊上，[①]后来于 1795 年[②]和 1811 年[③]重印了两次。一百多年来，无人对该论文所说的话提出质疑。就亚当·斯密自写的讲稿说，斯图尔德上述的话无疑是对的。

亚当·斯密曾委托休谟做他的遗著管理人。他在 1773 年 4 月间动身去伦敦以前，曾写信给休谟，告诉他万一他死了应如何处理他的遗稿。信中说，除他随身所带的那部分稿件（即《国民财

---

① 第 3 卷第 1 篇第 61 页。

② 《故法学博士亚当·斯密的哲学论文，卷首载有爱丁堡皇家学会会员斯图尔德所著“亚当·斯密的生平和著作”》，第 15 页。

③ 《在爱丁堡皇家学会宣读的法学博士亚当·斯密、神学博士威廉·罗伯逊和神学博士托马斯·里德的传记的合订本，附有注释》，第 12 页。

富的性质和原因的研究》一稿)以外,其余全不值得发表,但放在某张书桌里的天体史未完稿,也许可以付印,作为“一本计划中要写的少年读物”的一部分。这封信接下去说,“所有散在该书桌里面或在卧室中玻璃折门衣橱里面的稿件,以及约十八本薄薄的对开页的稿件,可不必检查,付诸一炬”。十四年后,当他又想去伦敦时,他又“嘱咐他委托处理其著作的朋友说,他死后务必将他的全部讲稿焚毁,至于其他稿件,可由他们自由处理”。1790 年 10 月,在他死前十日或两星期,“他又跟他的朋友们谈到这问题。他们请他安心,说必定照他的意思处理。他听罢十分高兴。但过了几天之后,他觉得还有些不放心,就请求这些朋友之一立即把他的讲稿烧掉,这事就在当时办竣。他非常高兴,那天晚上他竟然能够像平素那样谈笑风生地接待他的朋友”,不过他已不能像平日那样陪他们坐到深夜,他未吃晚饭即上床就寝,他向朋友们告辞时说:“我相信我们一定会在别的地方继续举行这种集会。”[①]

以上故事是詹姆斯·赫顿所述的。他是受亚当·斯密委托处理他的稿件的朋友之一,另外一个是约瑟夫·布莱克博士。[②] 看到赫顿博士谨慎地使用了“这些朋友之一”这样一个措辞和“这事就在当时办竣”这样一个无人称句,多数读者会推想赫顿本人就是焚稿人。但那天晚上麦肯齐也在吃晚餐,据说他告诉塞缪尔·罗

① 斯图尔德的论文,见《爱丁堡皇家学会会刊》,第 3 卷,第 1 篇第 131 页;《亚当·斯密的哲学论文》,第 88 页;《传记合订本》,第 109 页注释。

② 见《亚当·斯密的哲学论文》,第 34 页和邦讷:《亚当·斯密图书馆目录》第 16、17 页所载亚当·斯密的遗嘱。

杰斯说，焚稿人是布莱克。[①] 凡曾企图把几百张对开页的稿子焚毁的人，没有一个会对在这样虚弱情况下的亚当·斯密不亲手做这件工作感到惊奇，尽管他已经坐起来，且在那个七月的早晨房中还生着火。从上述的故事以及他写给休谟的信可以看出，那天早上朋友来到的时候，斯密还高卧在床上，而那些“薄薄的对开页的稿子”，正像十七年前在克卡耳迪一样，还放在他卧室里的“玻璃折门衣橱中”，他虽然能看得到，但由于他病重（晚上才舒服一些）却拿不到。在这种情况下，斯密请他的朋友把讲稿从衣橱中取出来焚毁，是最自然的事了，不管讲稿是在卧室中当他的面焚毁还是在别的地方焚毁。

讲稿既已这样毁掉，关于亚当·斯密的演讲，九十年来，人们不得不满足于斯图尔德从约翰·米勒那里取得的记述。米勒似曾亲自听过斯密的全部或大部分的演讲：[②]

“亚当·斯密刚到格拉斯科大学时，任逻辑学教授。在任此职时，他很快就觉得有必要大大地改变前任的教学计划，并使学生的注意力，从一般学校所开的逻辑学和形而上学移转到更有趣的和更有用的科学研究上面。于是，在概述了精神力量并讲解了一些古代逻辑学来满足学生对矫揉造作的推论方法的好奇心以后（这个推论方法在某一时期中曾得到学者的普遍注意），他用全部其余的时间致力于讲述修辞学和文学……

“任逻辑学教授约一年后，亚当·斯密被任为伦理哲学教授。

① 克莱登：《罗杰斯的早年生活》，第 161 页。

② 参阅他所著《从历史上来考察英国的政治》，第 528 页和雷所著《亚当·斯密的生平》，第 43 页和第 53 页。

这门课程的讲授，共分四部分。第一部分讲神学，论述神的存在的证据和神的各种属性以及宗教所根据的人的精神的各种原则。第二部分包括所谓狭义的伦理学，这主要是由后来他在《道德情感论》中发表的各种学说组成的。在第三部分中，他更详细地讨论了与法律有关的那一部门的伦理学。这部门的伦理能够容易地定出精细而准确的原则，所以也能够加以全面的、详细的叙述。

“在这个学科上，他采用了好像是孟德斯鸠所建议的计划。他力图探究公法和私法的逐渐发展过程，从最野蛮的时代到最文明的时代。他并指出那些有助于维持生活和促进财富积累的技艺是怎样使法律和政治发生相应的改善或变革。他也打算把他的这个重要部分的劳动果实贡献给公众。他的这一个意图，在《道德情感论》的末尾曾经提到，但他未能在生前实现。

“在他最后部分的讲授中，他讨论了那些不是基于法律原则而是基于权宜原则的旨在增进国家的财富、力量和繁荣的政治条例。在这个意图下，他讲述了与商业、财政、宗教以及军备有关的政治制度。他在这些问题上讲授的东西，包括着后来他以《国民财富的性质和原因的研究》为标题出版的一本著作的内容。”①

单从编写传记的观点来看，要是能够找到亚当·斯密的修辞学、文学和神学的讲稿或完整的听讲笔记，那无疑是非常有趣的事。但这些讲演没有历史上的价值。无论这些讲演是怎样的好，在当时没有机会发生广泛的作用。如果希望一本在一百五十年以前写的

① 《爱丁堡皇家学会会刊》，第2卷第1篇第61—63页；《亚当·斯密哲学论文》，第14—18页；《传记合订本》，第12—15页。

书，在今天出版还能对人们的思想和行动起很大的影响，那当然是没根据的希望。对每一时代说话，都得从一个特殊的观点出发。在1763年能令人心悦诚服的议论，在1896年可能使人感到索然无味。不错，有若干古典著作，在当时寂无声誉或黯然无光，但后来重新出现后，却发生很大影响。但如果加以仔细研究，就可发现这个影响实是注释者或批评者的影响，或甚至是翻译者的影响。

历史学家和传记作家对亚当·斯密道德哲学的第二部分，即关于狭义的伦理学的讲演，兴趣不大。我们没有理由不相信米勒所说的话，即这部分主要是由《道德情感论》中所述的学说组成的。由于这本著作是在1759年出版的（那时候斯密还在任教，且距受聘时仅七年）上述那部分讲稿的出版，无论就演讲者来说或就讲题来说，都不能增加很大的历史价值。

但道德哲学课程的第三和第四部分所占的地位，和第二部分迥不相同。《国民财富的性质和原因的研究》在政治上所发生的影响是这样大，以致凡研究政治学史的人，没有一个不以未见到第三部分讲稿为憾。在这部分里，亚当·斯密"力图探究公法和私法的逐渐发展过程，从最野蛮的时代到最文明的时代。他并指出那些有助于维持生活和促进财富积累的技艺是怎样使法律和政治发生相应的改善和变革"。至于第四部分，据说也像第一部分一样是那部已出版的书的骨架，但《国民财富的性质和原因的研究》这部书显然比《道德情感论》重要得多。这部书于亚当·斯密摆脱了教学生涯十二年之后才出版。在这几年中，亚当·斯密的时间，一部分花在和法国经济学家交流思想，但其余部分几乎完全花在科学研究上。因此，有很充分的理由相信，这些讲稿，如果能够找到的话，将说明，某些最终得到了大众拥护的经济概念是如何从竭力把它们介绍给大众的人的头脑中成长起来的。

没有人比我更深刻地体会到最后两部分讲稿的历史价值了，但我不能把发现现在已经付印的这部手稿的功劳归于自己。1895年4月21日，我和《牛津杂志》文艺主笔在一起聊天，当时在座的还有律师查尔斯·麦康诺基先生，我和他还是第一次见面。谈话中当我提到亚当·斯密时，麦康诺基先生立即插入说他家中有一本亚当·斯密法律学演讲的笔记手稿，他认为这本笔记极为重要。

本书就是从这本笔记转抄来的。笔记是八开本的本子，高九英寸，宽七英寸半，厚一英寸又八分之一。它以牛皮装订，但书皮和书脊已不相连。这与其说是由于常有人翻阅所致，不如说是由于年代久远的关系。历时一百多年的牛皮装订的书，往往呈现这种现象。书脊印有井字形的金线，还贴着一张红色小纸笺，上面写着法律学三个金字。全书共一百九十二页，其中两页是扉页，扉页的纸张和其他页不同。笔记前后封面的背后，各贴有一张白纸。除扉页外，各页的纸张全是一色的，上面印有 L. V. Gerrevink 等字的水印。

抄本各页的两面都有字，字是写在以红墨水画成的长方形里面。长方形外留有约宽四分之三英寸的空白边缘。除扉页外，卷头还有两页空白页，卷末有三页空白页。

没有什么迹象可凭以断定这手稿是先用一页一页的纸写下，后来才装订成本的；还是原是用一本空白笔记簿写，而后来才装订成现在的形式的；还是本来就是用现在样式的本子写的。

也没有什么拼字法、笔法或纸张上的特点足以使人怀疑这部手稿不是在书名页所载的那一年即 1766 年所写而是在较晚的时候写的。在博德里恩图书馆工作的福克讷·马登先生，还没有看见上述日期就猜测笔法是十八世纪第二个二十五年间流行的笔法。印有 L. V. Gerrevink 水印的纸张，更早十五年就已见使用。格拉斯科大学图书馆藏有一封用这种纸写的信。它是 1751 年 6 月 20 日班果尔主教皮尔斯博士写给罗斯教授的。这件事证明，在此从前这种纸张就已有人使用。

手稿前封面背后的上端，有用很粗的笔尖写的以下几个字：J. A. Maconochïe，1811 年。而在前封面的中部，在一张残破的书签上，又有用很细的笔尖写得很小的同一签字，但没有写日期。不幸的很，这个书签已被小刀挖得那样残破不全，除非找到另一个副本，否则不能判别其是什么书签。上述签字之外，还有 C. C. Maconochie 的签字，日期是 1876 年。在笔记本头一张空白页的反面的左上角，有“½”这个标记，墨迹已黯淡无光，和笔记手稿中其他的字一样。

这个手稿是怎样落入麦康诺基先生手中的呢？据他自述如下：

坎南先生

亚当·斯密的演讲笔记如何落入我的叔祖父詹姆斯·阿兰·麦康诺基之手，我无法查明，非常抱歉。从笔记的日期和其他事实来判断，它不可能是詹姆斯·阿兰·麦康诺基或他父亲（第一位梅窦班克勋爵）①或他的哥哥（麦家的第二位法官）②所记录而以后由

① 阿兰·麦康诺基生于 1748 年，1770 年开始当律师，1779 年接受格拉斯科大学之聘任公法教授，1796 年任法官并被封为梅窦班克勋爵，死于 1810 年。

② 亚历山大·麦康诺基是詹姆斯·阿兰·麦康诺基的长子，生于 1773 年，1799 年任律师，1813 年任副检察长，1816 年升为检察长，1819 年调任法官并被封为梅窦班克勋爵。1815 年他采用了韦耳伍德（Welwood）的别号，死于 1861 年。

别人誊清的。我找遍了梅窦班克大厦，但找不到和笔记本封面背后所贴的相同的书签，因此我推断这笔记手稿一定是从拍卖或其他途径得来的。

詹姆斯·阿兰·麦康诺基曾任律师和奥克尼郡行政司法长官。他没有娶妻，死于1845年。梅窦班克大厦现还藏有他的很多书籍。在过去一百三十年中，在梅窦班克庄院的主人中，曾有两位法官和一位格拉斯科大学教授。[①] 除詹姆斯·阿兰·麦康诺基外，麦家操律师业的还有好几个人。因此，梅窦班克大厦藏有许多法学书籍，其中有的是很笨重的卷册。这些书堆在屋顶一间小屋的地上。1876年我开始当律师时，得到准许拿去那些我认为对我有用的书。我所拿去的书中有一本就是这笔记抄本。从那时起，它一直未曾离开我的手。

查尔斯·麦康诺基

1896年6月12日

以下事实可以证明抄本不是在听讲时所记的原来笔记：(1)标题页所载的日期为1766年，而亚当·斯密却于1764年1月就已辞去了讲座；(2)抄本中字字写得整齐端正，几乎完全没有简写，而且往往是逐字照抄；(3)若干错误显然是由于读错而不是由于听错。

也有事实可以证明这抄本不是记笔记者本人自己誊正的。记笔记者本人一定是有才能有理智的人，而誊本显然是一个常常不

① 阿兰·亚历山大·麦康诺基是亚历山大·麦康诺基的长子，生于1806年。他于1829年开始当律师，于1842年受格拉斯科大学之聘任民法教授，死于1885年。

晓得他所写的是什么东西的人的工作。例如，在某一地方，文气显然要用“one”（人家）这个字，但他却把它抄为“me”（我）字。原因只是：“one”字的头一个字母如果写得过小或不明显，就会像“me”字的头一个字母的前部，如果写得太潦草就具有一个小环形时的样子。在另外一些地方，他把“shop”（店）抄作“ship”（船），把“corn”（谷）抄作“coin”（硬币），不管意义是讲得通讲不通。他常常把一句或一段在不应分的地方硬分起来，使议论看来没有意义。此外，他的小心翼翼地写的没有体的书法，表示他是一个年高的老练抄手，而不是刚修毕大学课程的青年。

似乎不可能断定这抄本是从原本笔记抄来的还是从笔记者自己誊清的抄本抄来的。很明显，抄手从头到尾力图使抄本的各页和原本的各页相符。当抄到一页末端时，他常常把字伸长或缩紧起来。如果不能把全页抄满，他就毫不迟疑地听任最后一行剩下空白的地方。例如，第 134 页最后两行和第 135 页第一行抄写如下：

‘a better chance for its being abolished, Because

One Single Person is Lawgiver

And the Law will not extend to him nor diminish——’

第 223 页最后两行和 234 页头一行抄写如下：

‘progress of Opulence both in Ancient and

Modern Times,

Which Causes shall be shown either to Affect——’

抄本各页的字数，差别很大，例如，第 104 页有二十六行，排印时合成二十五行。第 106 页仅有二十行，排印时成为十九行，其中两行因分段关系，剩下的空白比其他任何一行所留的空白都大。各页内容这样参差不齐，大概是因为抄本的编页完全依照原本。但是，即使这样，除非原本编有索引，参差也不至如此之大。本来学生誊清笔记，很少先编索引，总是于全部誊清以后才编索引，因此可以断言这抄本是从原本笔记直接抄来的。可是，从另一角度来看，一本写得很潦草而一定会有很多简写字的笔记，似乎不可能使一个理解力不很强的抄手所作的抄本没有许多比我们在手稿中发现的更为显著的错误。

原本笔记大概已于誊清以后毁去了。这抄本如果是从原本笔记抄来的，它可能一直是唯一的抄本。也有可能在某一时候存在着几个抄本，甚至大概会有几个抄本。“在那个时代，书店常常出卖由学生所记笔记转抄来的各教授的演讲，例如布莱尔的修辞学演讲就曾以这种形式流传若干年”。[①] 但是大概不会有很多抄本，否则亚当·斯密和他的遗著保管人绝不至毫无所知。上面所述焚稿的情节，可证明这三人没有一个曾怀疑有其他抄本存在。

亚当·斯密从1752年到1763年12月底一直任格拉斯科大学伦理哲学教授，也许在1764年1月的头几天他还在那里任教。[②] 内在的证据使我们可以断定这本笔记是作于这个时期之末。里面常常提到七年战争，把它说作“最近”或“上一次”战争。这表明笔记所记的演讲，绝不可能作于1762—1763学年(那时候正在议和)之前，也几乎不可能作于丰坦布洛条约签订之前，即

① 雷:《亚当·斯密的生平》第64页。参阅《修辞学与文学演讲》一书中布莱尔的引言。

② 同上书，第46及169页。

1762年11月3日之前。如果认为战争结束之后,抄手会自然把“现在的战争”改为“最近的战争”因此这个证据是不够的,又如果否认以下事实是充足的证据,即第196页中所提的麦价和报纸上所登的1763年2月的麦价相同,我们还可引以下两点来作补充:其一,斯密道,最近一位阁员在一年之中筹到两千三百万镑,这一年显然是指1760年或1761年;其二,斯密说及利兹菲尔号兵舰俘虏赎身事件,而这事件于1760年才告一段落。鉴于这些情形,笔记所记的演讲,如果不是作于1763—1764学年,那必定是作于1762—1763学年,前一日期就是亚当·斯密脱离格拉斯科大学的前夕。我们几乎可断定它不是作于1761—1762学年之前,并可绝对断定它不是作于1760—1761学年之前。

本版不用抄本的标点,并把拼字加以现代化。本版还在各节上面增加了新标题。如果仍然沿用抄本的标点那就将成为笑话,而且会使文字变得难读。如果抄本的拼字仅仅是古代的,我们自然应该保留它;但事实是,与其说它是已废的,不如说就是衡以十八世纪中叶的宽大标准,它也是没有规律的、不一贯的,[①]有人提议依照亚当·斯密在1763年所使用的拼法把字拼缀过。这自是理想的办法,但实践证明这办法不能取得足够的成功,使其值得实行。如果不增加新的标题,不重新分段,则各段文字将过于冗长,

① 在抄本中,“naturally”,“generally”和类似的字,往往少写一个l字母,但有时也写两个字母。常常发现这样拼写的字:“woeman”,“cannonlaw”,“seperate”,“arsine”(arson)。由于各种原因,我们有时保留抄本中已废的或错误的拼法,但比例不多。例如,如果把“Paffendorf”或“Wittenagement”等加以改拼,显然不大妥当。我们也不更动索引,只在索引和页数不相符的地方加以修改。

且会使读者坠入迷途,因为所谈问题往往突然改变,而外面没有什么表示这种改变的标志。我们所增加的标题,都尽可能地采用正文中的字句,并参照《道德情感论》和《国民财富的性质和原因的研究》中所用的标题。新增的标题全部括以方括弧,以别于原标题。

我们没有修改笔记的企图,更没有修改演讲稿的企图。但我们毫不迟疑地把显然是抄写的错误加以改正。碰到这些错误,我们总是先把抄本的原文印出来,然后在注释中标出删改的字。如果有增加什么字,就用方括弧把这些字括起来。[①]

注释纯粹是说明性和历史性的注释。注释的目的,在于帮助读者理解正文,判断笔记的正确性,并把笔记和亚当·斯密所可能参证过的书以及后来他在《国民财富的性质和原因的研究》中发展的思想加以比较。我们力避堕入《国民财富的性质和原因的研究》注释者所陷的诱惑,即在注释正文的幌子下发挥自己对于经济学说的意见。

要是在每一地方都去估计亚当·斯密有没有参考过什么书,就必须花费很大的篇幅。因此,对于亚当·斯密所可能参考过的和差不多一定参考过的早期作家的著作中的各章节,我们只简单地引一下或提一下,不作批评。

参考早期作家著作时,除因实际困难外,所引用的版本全是可能为亚当·斯密在1763年所参考的版本。引证《国民财富的性质和原因的研究》时,所指的卷数或页数是指牛津大学印刷所刊行的骚洛德·罗杰士(Thorald Rogers)版本(1880年刊印的第二版)的

① 笔记各页的上端,当然没有页头标题。抄本中的字从头到尾都写得非常端正易读,不过"those"和"these"往往难于分别。

卷数或页数。

第二章　演讲笔记的价值

把一个大学生所记的演讲笔记拿来刊行，这是否妥当确有疑问。演讲者常常发现，显然最健全的思想，经过他的学生的头脑或笔记，便大大变质。可是，许多古代最伟大教师的教诲，都是由听过教师口授的学生所作的记录传下来的。要是我们不接受以这种方式传给我们的学识，在哲学和神学方面便将留下不少的空隙。关于这本笔记，我们晓得这位学生是个又忠实又有理智的人。我们用最不平凡的方法来断定他的工作的准确性。我们发现他的工作经得起最严格的考验，就是精通速记技术的现代记录员，也不能不羡慕他的成绩。不需要在这里举出例子。读者如果不惮烦，肯花时间去把百来条来自《国民财富的性质和原因的研究》的引文和注释中所包括的四百条引证文中的若干条核对一下他便可对笔记的准确性感到放心。

假定笔记是无可指摘的，人们还可以下述理由来反对它的出版：这是对亚当·斯密的大不敬行为，因为这违反了他临死的愿望。如果布莱克和赫顿没有遵照这个愿望行事，纵使我们不会引为遗憾，也将谴责他们对友不忠。可是，就是亚当·斯密本人也不会对人们违反他的一百多年以前意志的行为作严厉的责备。他甚至不信他的好友布莱克和赫顿会践守诺言，把他的稿件在他死后立即烧掉。他三十年前在格拉斯科大学任教时，曾对学生说过以下的话，“人们对一个已死的人，只有当脑海中还留有鲜明印象时，才会怀抱敬意；对财产的永久处置权显然是荒谬的”。

此外，如果他知道人们对他的著作所作的批评，他一定会撤回他反对把演讲稿印出来的一切意见。

纳慕尔轻率地批评《国民财富的性质和原因的研究》说，“在这两本很厚的四开版版本的著名但乏味的著作里，凡是正确的东西，都已经见于杜阁的《关于财富的形成和分配的考察》中，而亚当·斯密自己补充的东西即使不是错误的，也是不正确的”，[①]后来他对这一段话很感到懊悔，他承认他的英语水平不够，使他不能给《国民财富的性质和原因的研究》以应有的评价。但是，如果不是直到今天，至少也直到晚近，还有一些权威作家相信《国民财富的性质和原因的研究》得力于杜阁的著作不少。编纂杜阁传的那位博学多能的作家迟至1888年居然还说“斯密有意识地装做没有引用重农学派的主要著作，特别是杜阁著作的样子”。[②]

指责亚当·斯密不承认得益于杜阁是没有根据的。诚然，斯密没有作这种承认，但他有什么可承认呢？杜阁的著作虽然是在1766年写成的，但它出版的日期仅仅比《国民财富的性质和原因的研究》早六年，而且它只不过在《国民大事记》这个刊物内发表。[③] 爱丁堡律师协

① “在写得相当好但读起来很吃力的这一部厚厚的两卷四开版版本的著作里，凡是正确的东西都已经见于杜阁所著的《关于财富的形成和分配的考察》，而斯密自己补充的东西，都欠正确和缺乏根据”。谢尔所著的《纳慕尔与重农学派》1888年出版第159页中曾引用了这一段话。

② 同上书，同上所引一段。

③ 谢尔：《杜阁的〈关于财富的形成和分配的考察〉为什么不很著名？》，载1888年7月份《经济杂志》。

会图书馆在1776年没有杜阁的书,[1]而且根据博纳博士所编的目录,[2]这本书也不在亚当·斯密藏书之列。这样,我们没有根据可推断亚当·斯密曾看过这本书。内在的证据是最微弱的证据。在这种情况下,根据学说的类似性来下判断是极其幼稚的做法。在现代作家的著作中,这种类似不断出现,但这些作家很可能不知道彼此的著作。这种巧合的地方,可简单解释如下:在著作方面正和在其他方面一样,同样的原因产生同样的结果。两个人读同样的书,看到同样的事情,要是他们有时作出同样的结论,这有什么奇怪。必须有更确凿的证据但没有人认真地企图提供这种证据,指出《国民财富的性质和原因的研究》中哪一段那一节是抄自《关于财富的形成和分配的考察》的。[3]

但这种无稽之谈,不容易很快就归于消灭。如果我们没有发现亚当·斯密的演讲稿,至少在此后五十年中,教科书还将一本接着一本地声称斯密广泛地抄袭了《关于财富的形成和分配的考察》的材料。但正如现在事实所表明,《关于财富的形成和分配的考察》和斯密的演讲稿相似的程度,不减于它和《国民财富的性质和原因的研究》相似的程度。《关于财富的形成和分配的考察》的写成,是在斯密已经停止讲授之后,而且是在斯密已和杜阁晤谈之

① 律师协会图书馆藏书目录,第二编,1776年。

② 《亚当·斯密图书馆目录》,1894年。

③ 不错,罗杰士教授在他所校订的《国民财富的性质和原因的研究》的引言中说:"特别在第一篇,若干段简直是照抄杜阁的某几段和论点(第23页)。"讲了这话以后,他在第一篇注释中引了杜阁的书七次。在一个地方(第14页),原文和所引的杜阁书中的那一段仅仅有些微的相似,但和本书(第178页注①)所引的英国早期作家的著作更相似得多。至于其他六个地方,原文和引文毫无相似之处。

后。这样,可以设想得到,那些专爱剽窃别人文章的人,现在要反过来说,不是斯密剽窃杜阁的文章,而是杜阁剽窃斯密的文章了。

但就《国民财富的性质和原因的研究》来说,这本笔记不仅消灭了上述无稽之谈,而且使我们看出《国民财富的性质和原因的研究》是如何从一个简略的骨架而渐渐发展成为鸿篇巨著的。它还使我们能够对斯密的独创天才从英国资料所创作出来的东西和从法国资料所创作出来的东西作出区别。

在教授们的著作中,往往可发现隔世遗传的痕迹,正像在其他方面一样。一个教授很少就是他前任的直接门徒。当他正在较低的地位积累经验时,或正在外国享受在国内所无望享受得到的盛名时,他的老师死了或退休了,由一个属于中间一代而且大概具有中间思想的人继承其位,他很可能有一点瞧不起这个人。人们往往对年纪比他们稍大一些的人瞧不大起。这些人年纪比他们大不很多,不足获得一般人对于前一代或"旧学派"的硕果仅存的权威的尊敬。这些权威的美德已成为难得的东西,至于他们的弱点和怪癖,适足使人觉得好笑,而不会惹人厌恶。因此,我们应该从《国民财富的性质和原因的研究》中寻找哈彻逊的影响的痕迹,尽管他不过是个平凡的教授,而不是杰出的大师。哈彻逊自1729年至1746年一直任格拉斯科伦理哲学教授。斯密自己曾声称他得他的启发不少,并且极口赞扬他。①

哈彻逊于1745年出版一本以拉丁文写成的书。以后这本书又经人译成英语,名为《伦理哲学入门,计三篇,包括伦理学与自然

---

① 雷:《亚当·斯密的生平》,第13、14及411页。

法原理》。我们可以从这本书相当准确地推断亚当·斯密在幼年未去牛津以前在格拉斯科教室里学习了什么东西。斯密于十七岁到牛津去,住在那里很久。

"对大学生的讲话"构成了《伦理哲学入门》的引言。这篇讲话开始如下:

"前人类别哲学的方法,最闻名的是把它分为论理哲学、自然哲学和伦理哲学三部门。他们的伦理哲学包括讨论道德的性质与约束人们内在意向的狭义的伦理学和关于自然法则的知识。关于自然法别的知识又分三部分:(1)私人权利理论或流行于无政府状态下的法律;(2)经济学或关于若干家庭成员的法律;(3)政治学,说明政府的各种计划和国与国之间的权利关系。"

因此,《伦理哲学入门》三篇分别名为"伦理学原理"、"自然法原理"和"经济学与政治学原理"。亚当·斯密所教课程中最终发展成为《道德情感论》的部分显然相当于《伦理哲学入门》的第一篇;本书第一篇《关于法律》的第三分部《私法》相当于《伦理哲学入门》的第二篇;而本书第一篇《关于法律》的第一、第二两分部,《家属关系法》和《公法》显然相当于《伦理哲学入门》的第三篇。他们两人处理问题的方法大不相同。亚当·斯密详细讨论各种法律的特质,而这对哈彻逊则是陌生的方式。但总的来说,他们两人所提出讨论的主要问题,大体上彼此很相同。在哈彻逊书中,国际法分为三章,即第二篇的第十五章(《由于受到损害而发生的权利和战时法律》)和第三篇的最后两章(《论战时法律》和《论条约、大使与国家的消亡》)。斯密的《岁入》和《军备》跟哈彻逊书中的任何部分没有相同之点,对他的《警察》也适用这种说法。但《伦理哲学入门》第二篇有短短一章名为《关于货物的价值或价格》(第十二章),它讨论物价高低的原因和优良货币的性质。

《国民财富的性质和原因的研究》的萌芽大概就在于这一章。哈彻逊简单地仿效普芬多夫来写这一章,他没有明白地显著地指出这一章和以下各章(《论宣誓》和《论各种契约》)的关系。因此,在开始演讲时,斯密可能感觉把这些问题全部移放在一个新的标题即《警察》下讨论,也许在逻辑上是更妥当的安排,因为按照当时的见解,政府管理物价和创造货币都属于警务的范畴。但是在他年复一年地演讲的过程中,两种情况可能会打动了他,使他去考虑财富是由什么组成的问题。他看出妨碍自然价格的各种措施会使富裕减退,他也看出单单货币数量的增加并不增加国民的财富,像至少有一些极端重农主义派的人所深信以及一切重农学派的人在不同程度上含蓄地或直爽地假定的那样。感觉了这个问题的巨大重要性以后,亚当·斯密不是那种由于害怕有碍全盘安排的匀称性,不敢把它放在主要位置,不让它引进各种不能看作属于警察这一部分的问题的人。

因此,《警察》的第二部分,也就是唯一的很长的部分,就采取了现在的形式。这部分首先讨论人类的物质需要和分工,指出分工是文明国家所以比野蛮国家享受更加优裕生活的重大原因(第一至第六节)。其次,它讨论物价和货币这两个传统问题(第七、八两节),此外,还附有很长的附录,说明把财富看作单由货币构成的看法的危害性(第九至第十三节)以及关于利息(第十四节)与汇兑(第十五节)的系论。再次,它说明财富为什么没有增长得像人们所期望的那么快的原因(第十六节)。最后,它叙述商业(由于分工的结果,商业是富裕的重大原因)对于风俗习惯的影响(第十七节)。亚当·斯密甚至把演讲的第三部分即《岁入》也看作财富增长的障碍物。这样,讨论《警察》那一部分的《法律学》,除一部分关于安全问题的讨论以及对于清洁问题稍稍提到外,就成为《关于国民财富的性质和原因的探讨》了。

如果把《国民财富的性质和原因的研究》的内容和关于《警察》、《岁入》、《军备》的演讲的内容对比一下,便可看出两者是非常相似的。《国民财富的性质和原因的研究》第一篇头三章(关于分工)相当于演讲中的《价廉与物博》那部分的第三节至第六节。第四章(关于货币)相当于第八节。第六、第七和第八章(关于物价)相当于第七节。第二篇第四章(关于贷出生息的资本)相当于第十四节。第三篇(关于各国财富的不同增长)的主题差不多和第十六节完全相同。第四篇头八章(关于重商主义)所讨论的问题和第九至第十六节一样。第五篇(关于岁入)相当于演讲的第三部分,并且吸收了很多的第四部分(关于军备)的内容。

现在先从演讲来看问题。我们看到《国民财富的性质和原因的研究》对《价廉与物博》这部分的第一、第二、第十三、第十五、第十七等节没有交代。《国民财富的性质和原因的研究》为什么略去第一、第二两节所述的东西,很难解释。那些认为政治经济学应从讨论消费学说开始的人,一定会对这个遗漏感到遗憾。关于为什么略去第十三节所谈的东西,亚当·斯密自己作了解释。这只是因为该计划已经由杜维诺先生作了"又全面又清楚又有条理又很明了的说明"所以不必再在这里加以叙述。[①] 关于杜维诺所作的

① 《国民财富的性质和原因的研究》第1卷第3篇第2章第318页。

叙述的摘要，无论其如何适合于作为在大学教室里演讲的材料，却不适于刊载在一本大著作之中。汇兑问题（第十五节）无疑是由于过于浅易而被略去。论述商业对于风俗习惯的影响的第十七节所以在《国民财富的性质和原因的研究》中没有特别位置，是因为它的大部分已被吸收在第五篇第一章第二节（《关于青年教育机构的费用》）之中了。

从《国民财富的性质和原因的研究》来看问题，我们马上会对这个事实感到奇异：演讲不但没有提到《国民财富的性质和原因的研究》第四篇第九章关于重农学派的问题，并且也没有提到第一篇第八章（关于工资）、第九章（关于利润）、第十章（关于利润和工资的区别）和第十一章（关于地租）所述的问题。作了进一步的检查，就可看出第八、第九，尤其是第十章的主要概念和许多例子已经包括在讨论物价那几段的演讲里。但《国民财富的性质和原因的研究》中所提到的分配计划，在演讲稿中却探索不到任何痕迹，演讲中也没有谈及财货的性质、积累和使用等问题，但这些问题却是《国民财富的性质和原因的研究》第二篇最重要的部分。此外，演讲中完全没有谈到资本问题，并且不重视财货问题。生产性劳动和非生产性劳动的区别虽然是《国民财富的性质和原因的研究》所讨论的基本问题，其第二篇的大部分篇幅都是讲述这个问题，但演讲中却无一语道及。

亚当·斯密游历法国的时候，他碰到一些“学识渊博并富有发明天才”的人。这个团体的领袖发明一种很复杂的表，这个表包含“三种费用和这些费用的由来、支出、分配、效果、再生产，它们的相互关系以及它们和人口、农业、制造业、商业与国家一般财富的关

系”的算学计算例子。这些人把这个表看作了不起的发明,无疑地他们必曾极力向亚当·斯密介绍。这些费用是生产性费用、由于收入而发生的费用和不产生效果的费用,但他们又立即把第二种费用分别纳入第一种费用和第三种费用。生产性费用是每年对于农业所作的支出,不产生效果的费用是每年对于其他产业所作的垫支。再生产总额计算在表的下端。再生产总额完全是生产性费用的结果,和不产生效果的费用丝毫无关。再生产总额在三个阶级之间分配,这些阶级是生产阶级、不生产阶级和地主阶级。

从我们今天的眼光看来,这个包含一大堆纵横交错的曲线的表,几乎是一种儿童玩意儿。最近英国经济协会把它翻印出来,人们对之并不发生大兴趣。[①] 但是,这个表无可否认是经济理论发展过程的一个重要里程碑,它企图把一年辛勤劳动的总结果概括地表示出来。像亚当·斯密那样精明的人,看了这个表以后,不会不立刻抓住它的重要性。他自然不把它原封不动地搬过来,但他把制表者的见解加以利用。因此,《国民财富的性质和原因的研究》中有了演讲所没有涉及的东西,即由某种费用所推动而每年提供若干种类产品的一定总产量的劳动这一概念。斯密把推动生产性劳动的费用和投资等同起来。他假定一切投资所引起的劳动都会生产可以出售的东西。他认为只有这一类的劳动才真正可以称为生产性劳动。这一个新学说构成《国民财富的性质和原因的研究》的第二篇,即《财货的性质、积累和使用》的主要内容。

如果这个学说是确实可信的话,似乎就应该把第二篇放在第

① 魁奈《经济表》,1894 年出版。

一篇的位置。依据《国民财富的性质和原因的研究》的绪论和计划，每一个人的平均产量"无论在哪一个国家都一定是以下述两种情况为转移：第一，劳动的熟练性和精巧性以及一般地说劳动是否使用得当；第二，用在有益劳动方面的劳动者和用在无益劳动方面的劳动者的人数的比例"。这两种情况的先后次序显然排得不对。我们应当先考虑人口中用于有益方面的比例，然后考虑劳动者的熟练性和精巧性。亚当·斯密告诉我们说，"在一切地方，有用的和生产性的劳动者的人数，总是和用来使劳动者从事工作的资本数量以及这项资本的特定使用方法成比例"。如果是这样，一部讨论经济学的著作，就应该从讨论资本开始。但在演讲中，亚当·斯密已经从劳动的生产力开始讨论问题，同时附带地讨论积贮的资本，不把这资本作为在劳动者动作以前不可缺少的东西，而把它作为在"渔猎时代已成陈迹"或"制造业已经开展"而且需要"很多时间"的时候所必要的东西。[①] 这样，要是他愿意把他自己对于分工问题所作的绝好研究贬于第二位，那真是奇怪的了。因此，我们不必对他把资本问题放在第二篇讨论感到奇怪，尽管他采用经济表关于资本支配生产性劳动数量的看法。[②]

很明显，斯密的分配学说并不是《国民财富的性质和原因的研究》第一篇的主要内容，尽管第一篇标题提到了分配问题。[③] 斯密的分配学说被插在物价那一章中来讨论，它只不过是他的物价学

① 参阅本书第199—200页。

② 在第二篇的绪论中，可以看出亚当·斯密有想把新观点和旧观点熔为一炉的意向。

③ "关于劳动生产力改善的原因与劳动产品于各阶级之间的分配的先后次序。"

说的附属物或系论。[1] 为解释这个矛盾，可以设想斯密“在听到重农学派学说之前，差不多已把第一篇全部写好”。在听到重农学派学说之后，他很可能认为他的物价学说连同工资理论、利润理论和地租理论恰好构成重农学派所谓的“分配”学说。他因此把第一篇冠以上述标题，而把讨论总产品所分成的工资、利润、地租等的各章节分散于第一篇的各部分。[2] 现在已能证明这种推测基本上是正确的。显然斯密未去法国从前，早已写好分工、货币、物价和各职业工资所以高低不同的原因这些部分，但分配计划还是个空白。后来，他从重农学派处得到了必须补充一个分配计划的意见，因此他把自己所想的计划（和重农学派的计划大不相同）附在已写好的物价学说之内。[3]

除这样说明了《国民财富的性质和原因的研究》内容的由来外，这些演讲还给我们解决了另一问题。这个问题虽然不很重要，却仍然非常有趣。它是关于斯密所打算写的法律论文，即不在《国民财富的性质和原因的研究》里面讨论的那部分的法律学的。

上面已经引过米勒的话。他在叙述格拉斯科大学演讲时说，斯密打算对一般大众讲伦理哲学的第三部分即法律问题，并且在《道德情感论》末尾提到了这个意图。现在再回头来看所引的那一

① 坎南：《1776—1848 年英国政治经济学生产与分配学说史》，1893 年版，第 188 页。

② 同上

③ 本引论后面附有一表，列举同时见于演讲中和《国民财富的性质和原因的研究》中的各段。它还指明各章在罗杰士校订的版本中所占的页数，以便读者和其他版本对照。

段(在第六版和第一版中这一段完全相同)。亚当·斯密先批判决疑论,然后说伦理哲学的两个有用部分是伦理学和法律学。他说,“可以把一切成文法体系看作对建立一个自然法体系或多或少不完全的企图,或者看作对列举法律的各规则或多或少不完全的企图”。但由于他所列举的种种困难,这些企图从来没有完全成功。“法学家们对于各国法律不完备和进步得不一致所作的推论,照理会导致他们去制定一个可以正当地叫做自然法的体系或创立一种应该贯穿于一切国家法律之中并且成为一切国家法律的基础的一般原则”。可是,“直到很晚的时候,人们才想到这种体系,才对法律本身进行讨论而不计及任何国家的特殊制度”。

亚当·斯密下结论说,“首先企图给世界制定那应该贯穿于一切国家的法律之中并且成为一切国家法律基础的原则体系的,似乎是格罗提渥。他的关于战争与和平的法律的论著,尽管有它的缺点,但就现今来说,也许还是这一方面最完全的论著。我打算在另一讲演中来讲述和政府与法律有关的一般原则以及这些原则在各时代和社会的各阶段所经历的变革。我不但要来讨论关于司法的原则,并且还要讨论关于警察、岁入、军备和其他凡是法律的对象的原则。因此,我现在暂不对法律学史作详细的叙述”。

在1790年刊行的第六版《道德情感论》的绪论中,在引了上段关于“另作讲演”的诺言以后,亚当·斯密接着说:

“我已在《国民财富的性质和原因的研究》中部分地履行了这个诺言,至少就警察、岁入、军备各问题说是这样。所剩下的法律学原理部分我早已计划好,但由于其他任务过于繁重,无法完成。

这些任务也就是使我没有时间去修改这本书的原因。”

我们总感到有些奇怪，亚当·斯密怎能把《国民财富的性质和原因的研究》的出版作为部分地履行了他所作的诺言，就是作为关于法律和政府的一般原则以及这些原则在各时代和社会各阶段在有关警察、岁入和军备等方面所经历的变革的说明，即使我们记住警察这个名词在那时候的广泛涵义。我们也看不出《国民财富的性质和原因的研究》和“法律学史”有何共同的地方。

这一抄本给我们解决了上述疑惑。它所包含的内容显然就是米勒所述的伦理哲学课程的第三、第四部分，同时也就是亚当·斯密于1759年在写《道德情感论》的最后几页时所打算编写的“关于法律和政府的一般原则的说明”或“法律学史”的初稿。它的第一部分即“论法律”也许连同它的第五部分即“论国际法”就是米勒所叙述的课程的第三部分，同时也就是亚当·斯密在1759年提到的“和司法有关的法律与政府的一般原则的说明”以及他在1790年提到的“法律学理论”。第三和第四部分即“关于警察、岁入和军备”就是米勒所述的课程的第四部分。作为《国民财富的性质和原因的研究》的初稿，这几篇论文使斯密声称他已经履行了关于打算讲述警察、岁入和军备等问题的诺言。但没有看过亚当·斯密讲稿的人，绝不会把《国民财富的性质和原因的研究》看作是讨论这三个问题的著作。

似乎亚当·斯密没有可能在编写法律学这一计划好的著作方面得到大的进展。如果罗杰斯的报道是正确的话，似乎麦肯齐相信那些由布莱克和赫顿烧掉的手稿，其中包括差不多已经全部写好的法律学手稿。他说，那天晚上他来到斯密家之前，“斯密已经在布莱克帮助之下把十六本法律学手稿烧掉了，——这些手稿构成斯密在格拉斯科大学所开某一门课程的全部内容，正如《国民财富的性质和原因的研究》是另一门课程的全部演讲内容一样，但这些稿子未经他最后修改，而他根据所看过的出版物，对一般在作者死后出版的著作，都不很满意”。但我们不必重视麦肯齐所说的话。因为根据罗杰斯，麦肯齐把斯密描写为一个“对兄弟有感情的人”，而斯密并没有兄弟。麦肯齐又说那天晚上吃完饭餐“几小时以后”斯密即死去，但事实上斯密又活了六天才死。[①]《国民财富的性质和原因的研究》出版之后，斯密一定比以前忙得多，税则委员会的职务，[②]一定占了他一部分的时间。1785 年 11 月中，在说到关于《道德情感论》新版本这一事体以后，他写道，“我希望再写两本书，一本是一种哲学史，是关于文学、哲学、诗歌和演说的各部门的，另一本是一种法律和政府的理论及历史”。这样看来，他没有把精力全花在那一本著作上。关于这两本书他所能告诉人们的只不过是“大部分资料已经收集好了，而且其中一部分已经整理相当就绪了”。他自己感觉“老年人的惰性已经紧紧地向他侵袭”。我们相信他曾“顽强地”和它作“斗争”，[③]但不久他的身体日形衰弱，这使我们不能作他于 1790 年逝世以前大概写出了很多东西的设想。因此，他的未完成著作除了未被吸收在《国民财富的性质和

① 克莱登：《罗杰斯的早年生活》，第 167 页。

② 在 1780 年，他自己曾说他是税则委员会会议的经常出席人。雷伊：《亚当·斯密言行录》，第 411 页。

③ 致罗彻弗科公爵的信，先于 1895 年 12 月 28 日在《文艺》上发表，后来又在 1896 年 3 月份《经济季刊》上发表（第 156、166 页）。

原因的研究》之内的法律学讲义那部分之外大概还会有很多。至于那些部分是什么,读者现在已能自己来判断了。

法律学

绪　　论

〔第一节　关于自然法的著作〕

法律学是研究那些应该成为所有国家法律基础的一般原则的科学。首先企图作出一种井井有条的自然法体系的似乎是格罗提渥，他的关于战争与和平的法律的论著，尽管有它的缺点，但就现今来说，也许还是这一方面最完全的论著。① 对于各个国家和各个元首，它是一种决疑的书，帮助他们决定在什么情况下可以正当地和其他国家作战以及可把战争进行到什么程度。由于各个国家没有共同元首，而它们之间的关系是处在听其自然发展的状态，所以战争是国家受到损害时索取赔偿的唯一方法。格罗提渥断定，国家所受的损害，如果是像公正的行政司法长官要判定赔偿的那种性质的损害，那么，诉诸战争就是合法的。② 这自然使他去研究各个国家的政体和各种民法的原则、君主和人民的权利、犯罪的性质、契约、财产以及法律

---

① 《道德情感论》一书末尾。

② 同上书，第 2 篇第 1 章第 2 节。

的其他对象，结果他的论著中涉及这方面的头两篇成为一个完整的法律学体系。

在格罗提渥之后，有另一个知名作家，那就是霍布斯。他非常厌恶牧师，而他那个时代的顽固风气使他认为人的良心由宗教当局支配是英国在查理一世和克伦威尔时代所发生的纷争与内战的原因。为了反抗牧师，他企图建立一种由政府来支配人的良心而且把行政司法长官的意旨作为正当行动的唯一准绳的道德制度。按照霍布斯的看法，人类在文明社会建立以前是处于战争状态，为避免自然状态所带来的灾难，他们同意服从一个能给他们解决一切纠纷的共同元首。在霍布斯看来，遵从共同元首的意旨构成了政府，没有这种政府就不可能有道德，因而这种政府也就是道德的基础和道德的本体。

牧师们认为他们必须反对这个有害的道德学说。为了攻击它，他们力图证明：自然状态并不是战争状态；即使没有社会制度，社会也能生存，不过社会成员不像在有制度下相处得那么和睦。他们力图证明：在自然状态下，人赋有某些权利，例如对于自己的身体的权利、对于自己劳动果实的权利以及履行契约的权利。为达到这个目的，普芬多夫写了一部巨大的著作。这个著作第一部分的唯一目的在于驳斥霍布斯的议论，虽然它对于论述在自然状态下发生的法律或论述财产的继承是通过什么方法进行的，实际上并不起什么作用，因为这种状态并不存在。

这一方面的作家还有科西男爵，他是普鲁士人。他的著作用对开本刊印出来的共有五卷，其中许多部分特别是论述法律的部分，写得很精巧、很明确。在最后一卷，他叙述了一些德国体系。[①]

就这方面说，除上述外，没有其他值得注意的体系。

〔第二节　法律学的分部〕

法律学是法律与政治的一般原则的理论。

法律学所研究的四大对象是：法律、警察、岁入与军备。

法律的目的在于防止损害，而这乃是政府的基础。

警察的目的在于确保商品的廉价、维护公安和保持清洁，如果后二者不是微细得不应包括在这种演讲内。在警察这一项目下，我们将讨论国家的富裕。

把时间和精力贡献给公务的行政司法长官，也须得到报酬。为达到这个目的以及支付政府费用，必须筹措一些款项。这就是岁入的由来。在岁入项目下，所讨论的问题将是征收捐税的正当方法。岁入必须以赋税、关税等形式来自人民。一般地说，什么捐税能够在人民最不知不觉的情况下征取，便是最可取的捐税。在下面，我们打算说明，英国和其他国家的法律在什么程度上是为着适应这个目的而制定的。

① 上面提到的对开本五卷不完全包括亨利·科西的著作，也不完全包括他的儿子萨姆尔的著作。这五卷大抵是亨利·科西男爵用比较奥妙的见解来阐明格罗提渥的著作即《格罗提渥说明》（对开本四卷，在亨利男爵死去很多年以后，由他的儿子萨姆尔·科西男爵于1744、1746、1747、1752年在拉蒂拉维印行，附有萨姆尔·科西男爵的意见）以及曾任普鲁士国务大臣的萨姆尔·科西所写的《格罗提渥说明入门》（对开本一卷，1748年在哈利刊行）。1776年的爱丁堡律师协会丛书目录列有这五卷，但不列这两个作家其他对开本的书，而博纳的亚当·斯密藏书目录列有《格罗提渥说明》卷一至卷三与卷五，但不列卷四。《格罗提渥说明入门》中的第十篇和第十一篇论文说及"一些德国体系"，而第十二篇很长的论文"说到法律"。

除非政府能够防御外来的侵犯和攻击,否则连最好的警察也不能维护公安。法律学所以含有第四项的目的就在于此。在这一项目下,我们将说明各种武器及其优缺点、常备兵组织、民兵等。

最后,我们将讨论国际法。国际法这一项目包括一个独立国家对另一个独立国家的要求、外侨的特权以及作战的正当理由。

第一篇　论法律

〔绪　　言〕

法律的目的在于防止损害。一个人可能在几个方面受到损害：首先，作为一个人；其次，作为家庭成员；再次，作为国家成员。

作为一个人，他可能在他的身体上、名誉上或财产上受到损害。

作为家庭成员，他可能在父子关系上、夫妇关系上、主仆关系上或监护人与被保护者关系上受到损害。监护人与被保护者的关系作为家庭关系看待，一直到被保护者能够照顾自己为止。

作为国家成员，一个行政司法长官可能由于人民的不服从而受到损害，一个人民可能由于被压迫而受到损害，等等。

一个人可能在以下方面受到损害：

第一，身体上受到伤害、伤残、杀害，或人身自由上受到侵犯。

第二，名誉上的损害，或是由于错误地把他看作愤懑或责罚的适当对象，例如把他称为盗贼或是由于贬低他的实际价值或力图低估他的业务水平。如果我们力图使人相信某一个医生没有医好病人反而医死了病人，那么这个医生的声誉就会受到损害，因为通过这样的谣言，他就会失去生意。但是，对于一个人的功绩，如果我们不给他应得的颂扬，我们并不会损害他。例如，我们说，作为哲学家，牛顿和笛卡尔是一样的，或者说，蒲伯和他那时代的一般诗家是一样的，我们并没有损害牛顿或蒲伯。我们这样说，没给牛顿和笛卡尔以他们应得的颂扬，但我们没有损害他们，因为我们没把他们贬低到一般业务水平以下。一个人保护他的身体和名誉使其不受侵害的权利，叫做自然权利，或如民法家所说的自然人的权利。

第三，一个人可能在财产上受到损害。他对他的财产的权利叫做取得的权利或叫做非固有的权利，这种权利有两种：物权和人权。

物权是可向任何持有者要求的权利，它的对象是实物，例如一切所有物、房屋和家具。

人权是可以通过诉讼向一个特定人提出要求，而不能向其他任何持有者提出要求的权利，例如一切债务和契约，只可向一个特定人要求清还或要求履行。如果我买一匹马，并且已经让卖主把它交给了我，那么即使原所有者又把它卖给别人，我也可向其他任何持有者提出要求；但是，如果卖主不把马交给我，则我只能向卖主提出要求。

物权有四种：财产权，地役权，抵押权和专业权。

财产权是我们对所拥有的各种物件的权利。如果这些物件遗失或被盗窃或被强夺，可向任何持有者要求交还。

地役权是一个人把义务加在另一个人财产上的权利。例如，我可自由通过在我的田地和公路之间的别人田地；又如，假使我的田地没有水给我的牲畜喝而我邻人的田地却有很多的水，我可把我的牲畜赶到他那边去喝水。这种把义务加在他人财产上的权利叫做地役权。这个权利原系人权,但由于带有地役权的邻近产业往往会易手,在每次易手时为取得地役权要通过诉讼,这样不但不胜其烦而且需要费用,于是立法者把地役权定作物权,可向任何所有者提出要求。后来,财产权移转时,地役权就跟着移转。

抵押权是我们对于某些东西的担保品的权利,它包括所有典质和抵押。大多数文明国家都把它看作物权,而且允许人们用物权名义提出要求。

专业权是像某一书商得在若干年内单独贩卖一种书并且能够阻止其他书商在同一时期内贩卖这种书那样的权利。在大多数情况下,这个权利是民法的产物,但在少数情况下,它是自然权利,例如在还没建立政府的猎人国,如果一个人追捕一只野兔已有若干时间,他便有追捕它的特权,能够阻止其他猎人带着一群猎狗去追捕它。

一个继承人在考虑占有带着很多债务的遗产是否对他有利的时候,也有阻止他人占有该遗产的专业权。[①]

人权有三种,如由于契约、准契约或过失而产生的权利。

契约的基础是,立约人使对方觉得有理由期望他践约。对方可通过武力逼使立约人践约。

准契约是一个人对他为别人的事务所费的精力和金钱要求补偿的权利。如果一个人在公路上发现一块表,他有权利要求报酬,要求偿还他在寻找所有者时所花费的金钱。如果一个人借给[②]我

① 所指的是罗马法或苏格兰法,而不是英格兰法。

② 就是说"无意地",也就是说,如果我发现一个人的款,而且把它收存下来,一直到我找到所有者为止。参阅哈彻逊:《伦理哲学入门》(1747年出版),第224页。

一笔款项，他不但对这笔款有权利，而且对这笔款的利息也有权利。

对任何人施加损害，不管是出于恶意，或是出于怠慢，在法律上就成为过失。一个人只有权利向某一个特定人提出关于这种损害的要求。

上述七种权利的客体构成了一个人的全部财产。

自然权利的来源是十分明显的。一个人有权利保护他的身体不受损害，而且在没有正当理由剥夺自由的情况下有权利保护他的自由不受侵犯，这是毫无疑问的。但是，取得的权利，如财产权，则需要进一步的说明。财产权和政府在很大程度上是相互依存的。财产权的保护和财产的不平均是最初建立政府的原因，而财产权的状态总是随着政权的形式而有所不同。民法家往往先讨论政府，然后说到财产权和其他权利。这一方面的其他作家[①]先说财产权和其他权利，然后讨论家庭和政府。每一种方法都有它特有的一些优点，但总的来说，民法学家的方法似乎更胜一筹。

〔第一分部　论公法〕

〔第一节　关于政权的原始原则〕

有两个原则使人们参加文明社会，我们把它们叫做权能原则和实利原则。每一个小社会或小团体，为首的总是一个有卓越才能的人。在好战的社会里，他是个有超人一等的体力的人，而在文

① 例如哈彻逊：《伦理哲学入门》。

明的社会，他是个有卓越智力的人。高龄和长期拥有权力也有助于增强权能。当然，在我们的想象中，高龄是和智慧与经验分不开的，而长期当权往往提供了一种行使权力的权利。但是，雄厚的财富，和上述那些比起来，更能提供权力。这并不是由于穷人对于富人的倚靠，因为一般地说，穷人是独立的、能自食其力的。可是，穷人虽不想从富人那边得到利益，但他们却有尊敬富人的强烈倾向。这个原则在《伦理概念理论》①一书里阐明得很详尽。在那本书里，作者指出，它是由于我们对我们的长辈比对我们的同辈或晚辈有更大的同情心而产生的：我们羡慕他们的优越地位，对他们的这个地位表示同情，而且力图增进他们的地位。②

由于在伟大人物中间判断谁有最大的体力和智力并不是那么容易，所从比较方便、比较普通的方法是先考虑财富。很明显，一个世家，即在长时间内以财富闻名的家族，比其他家族拥有更大的权威。一个一步高升的人总是使人厌恶的。我们嫉妒他比我们优越的地位，而且认为我们也有权利像他那样享有财富。③ 如果有人告诉我某人的祖父很贫苦，而且靠我家过活，那么我对于他的孙

① 《道德情感论》，格拉斯科大学伦理哲学教授亚当·斯密著，早在1759年用八开本刊印，共551页（参阅约翰·雷伊《亚当·斯密传》第141－146页）。这一版本所包含的材料比第六版(1790)少得多。如果第六版是按第一版那样版面来刊印的话，它将有800多面。

② 《道德情感论》1759年版，第1篇第2章第4节“关于雄心的来源和等级的差别”。

③ “一个一步高升的人，尽管有非常大的功绩，一般地说总是令人厌恶的，嫉妒心理往往使我们对他洋洋得意的气概抱冷淡的态度”——《道德情感论》1759年版，第86页。“暴发的大户无论在什么地方都没有受到人们像对大世家那么大的尊敬”——《国民财富的性质和原因的研究》第2卷第5篇第1章第2节第296页。

子处于比我优越的地位一定很不高兴，而且一定不愿服从他的命令。高龄、卓越的体力和智力、门第和雄厚的财力这四者似乎给一个人提供了管理他人的权能。①

使人们服从行政司法长官的第二个原则是实利原则。每一个人都感觉到这个原则对维护社会正义和安宁的必要性。通过政府，连最贫苦的人受到最有钱有势的人的侵害时，也能得到赔偿。虽然在个别情况下可能有些枉法行为，正像实际上无疑存在的那样，但为了避免更大的祸害，我们往往还是甘心忍受。使人们去服从政府的，正是这种公共利益感，而不是私人利益感。有的时候，我的利益可能在于不服从政府，而且希望政府垮台，但我觉得别人的意见和我不同，不会帮助我来推翻政府，所以为着全体利益，我还是服从它的决定。

如果一个国家的政府具有悠久的历史，如果这个政府有正当的岁入来维持，而且同时操在一个有大才能的人的手里，那么这个政府的权威就已达到了极点。

在所有国家，这两个原则都在一定程度上起着作用，但在一个君主国家里权能原则占主要地位，而在一个民主国家里则实利原则占主要地位。英国的政体是君主和民主的混合政体。在英国，在前些时候以民权党和王权党名义组织的政党，也受到这些原则的影响：前者服从政府，因为他们意识到政府的效用以及他们从政府得到的好处，而后者则主张政府是神权组织，认为反

① 这四者也出现于《国民财富的性质和原因的研究》第2卷第5篇第1章第2节第294—296页，在那里这个问题有了比较详尽的论述。

抗政府是犯罪的，正如一个小孩反抗他的父亲或母亲是犯罪的一样。一般地说，人们信奉哪一个原则是因他们的天然气质而定。在一个狂放不羁爱管闲事的人，实利原则往往在他脑海中占主要地位，而一个气质温和淳厚的人往往喜欢柔顺地服从长官。①

这一向是我国的一个公认的学说：契约是服从行政司法长官的根据。② 但事实并不是这样，这可从以下原因看得出来。

首先，原始契约学说是大不列颠所特有的，但即使在人们从来没有想到过政府的地方，政府也存在着。就我国大多数人民来说，情况正是这样。③ 要是你问一个普通搬运工人或做散工的人，他为什么服从行政司法长官，他会告诉你说：这样做是对的，别人都这样做，不这样做会受到责罚；甚或会告诉你说，不这样做就违反上帝的意旨而犯了罪。但是，他不会告诉你说，契约是他的服从的根据。

其次，当开始把某些政府权力根据某种条件委托给某些人的时候，那些委托者的服从可能是基于契约，但他们的后代跟契约没有关系，不知道有这个契约，因此不能拿契约来约束他们。诚然，

---

① 休谟：《关于英国政党》一文靠近开头的地方，见《论文集》，1741 年刊行，第 119—120 页。

② 亚当·斯密的教师哈彻逊传授这个学说。参阅他的《伦理哲学入门》，1747 年刊行，第 285 页，以及他的遗著《伦理哲学体系》，1755 年刊行，第 2 卷第 225 页和以下各页。

③ “在波斯和中国，在法兰西和西班牙，甚至在上述学说没有仔细地传授的荷兰和英格兰，都同样认为这种关系并不依存于人民的同意。”休谟：《关于原始契约》，见《论文集》，1748 年刊行，第 293 页。

可以说，你逗留在这个国家里，就意味着你默认了契约，因此得受它的约束。但是，你怎能不留在这个国家呢？你要不要诞生在这个国家里，这并没事先征求你的意见。况且，你怎能离开这个国家呢？大多数人民除本国语言外不懂得别种语言，也不知道别国的情况，而且是贫穷的，不得不待在离出生地不远的地方干活糊口。所以，尽管他们有强烈的服从心，我们也不可以说他们已对契约表示同意。要是说一个人由于逗留在一个国家便已同意服从政府的契约，这样说等于把一个人带到船上，在他离岸很远的时候告诉他说，由于他留在船上，他已经签约服从船主。[①] 一个为人类所完全不熟悉的原则不可能成为某项义务的根据。人们对于行动所根据的原则，总有些概念，尽管这种概念是模糊的。

再次，在原始条约的假设下，你离开这个国家，等于明白宣告不再是这个国家的人民，而且摆脱了对这个国家的义务。可是，每一个国家都可提出某些人民是它的公民的要求，而且处罚上述那样做的人。[②] 如果人民居住在一个国家里就意味着他们同意前述的契约，那么上述那样的做法便是最不公正的行为。又次，如果存在着原始契约这一东西，那么，外国人到一个国家来，喜爱这个国家甚于其他国家，就是最明白地同意契约的表示了。但是，一个国

① “我们能够认认真真地说，一个不知道外国语言或外国生活方式而且天天靠着所得的小额工资过活的贫苦农民或工匠，能够自由地决定离开他自己的国家吗？如果我们能够这样说，我们也可以说，一个在熟睡的时候被带到船上的人，由于他待在船上，他就已同意受船主的统治。”见休谟：《论文集》，1748 年刊行，第 299 页。

② 就是说迁移到别的国家并且不再对原住国家效忠。休谟提到了这一点：由一个国家迁移到无人地区居住的人民，这个国家还认为这些人民是它的公民。见休谟：《论文集》，1748 年刊行，第 300 页。

家总是怀疑来自外国的人,认为他们对他们的祖国还有偏爱,不像出生在这个国家的人民那么可靠。[①] 英格兰法律深受到这个原则的影响,所以没有一个外国人能在英格兰政府中任职,即使他已根据国会所通过的法令入了英国籍。[②] 此外,假定有了上述契约,为什么国家还要求任何就职人员宣誓效忠呢?假定预先订了契约,为什么要再订一个契约呢?在所有国家里,不忠或叛国和背约比起来是个严重得多而且要受更严厉的处罚的罪,因为对契约来说,所要求的只是践约罢了。所以,背约和不忠是建立在不同的基础上,绝不能把不忠这重大罪行纳入背约这比较轻微罪行的范畴内。因此契约不是服从政府的重要因素,而上面所说的权能原则和实利原则才是服从政府的重要因素。

〔第二节 关于政权的性质及其在社会初期中的发展〕

我们现在来说明政权的性质与各种的政体以及在什么情况下产生了政权和政权是靠什么维持的等等问题。

政体虽有各种形式,但可适当地分为以下三类:君主政治、贵族政治和民主政治。这三者又可按许多方式混合起来,我们通常是根据占主要地位的那一种形式来命名的。

君主政治是把最高权力和权能授给一个人。他爱怎样做就可以怎样做,可以媾和和宣战,可以征课捐税,等等。

---

① “但是,他的忠诚并不像本国出生的人民那样可以指望或可靠,尽管他的忠顺是更出于自愿的”。见休谟:《论文集》,1748 年刊行,第 300 页。

② 参看本书第 89 页注①。

贵族政治是国内一定阶级，或是最有钱的家族，或是某特定家族，它享有选择行政司法长官来料理政务的权力。

民主政治是料理政务的权力属于全体人民。

后二者可叫做共和政治，因此政体可分为君主和共和两种。

为使对于政权有正确的概念，就必须讨论政权的最初形式是怎样，并研究其他形式是怎样从最初形式发展出来的。

在猎人国里，严格地说根本没有什么政权。[①] 这种社会只由几个独立家族组成，这些家族住在同一乡村，说同一种语言，为了共同安全约定相守，但谁也没有权力统治谁。对任何侵犯行动，整个社会都休戚相关：如属可能，他们对有关方面进行调解；如不可能，他们把犯了罪的人赶出社会、把他杀死或把他交给被害的一方去泄愤。[②] 但他们没有真正的政权，因为在他们中间虽然可能也有一个极受他们尊敬并对他们的决定有很大影响的人，但他得不到他们全体的同意就不能做任何事情。

这样，在猎人中间不存在真正的政权，他们按自然法则生活。

造成财富不均的对牛羊的私有，乃是真正的政府产生的原因。[③] 在财产权还没建立以前，不可能有什么政府。政府的目的

① “在第一个国家，就是在渔猎国，明显地没有政权可言。”见卡姆斯勋爵：《从历史观点来写的法律论文集》(1758 年刊行)第 1 卷第 78 页的注释。“严格地说，他们〔指美洲土著〕似乎没有政权、没有法律，只靠着友谊和睦邻来加强他们的关系。”见道格拉斯：《北美洲不列颠殖民地最初建立、逐渐发展以及现状在历史上和政治上的概述》(1760 年刊行)第 1 卷第 160 页。参阅《国民财富的性质和原因的研究》第 2 卷第 5 篇第 1 章第 2 节第 274 页。

② 拉斐陶：《美洲印第安人生活方式和原始时代生活方式的比较》，1724 年刊行，四开本第 1 卷，第 490 页和以下各页。

③ 《国民财富的性质和原因的研究》第 2 卷第 5 篇第 1 章第 2 节第 297 页。

在于保障财产,保护富者不受贫者侵犯。[1] 在这个游牧时代,如果一个人有五百头牛,而另一个人连一头也没有,除非有个政府准许他取得这些牛,否则他是无法取得的。使贫富悬殊的这种财富不均,使富者对贫者具有很大的左右力量。那些没有牛羊群的人必须倚靠有牛羊群的人,因为他们现在不能再靠打猎维持生活,从前可供打猎的野物现在都变得驯服,成为富人的财产。因此,占有若干牛羊群的人对于其他的人必定拥有很大的左右力量;因此从旧约我们看到亚伯拉罕、罗德以及其他族长简直是小君主。应该指出,财富不均对游牧时代所起的作用比它对此后时期所起的作用大得多。即就现今来说,一个人可能把很大的财产花掉,而得不到从属者。他这样做,对于技术和制造都起着推进的作用,但不能使人隶属于他。在游牧国,情况完全不同。他们没有花掉财产的方法,因为他们无法过奢侈的生活;但是把财产的一部分赠给穷人,他们就可对穷人拥有那么大的力量,使穷人在一定程度上成为他们的奴隶。[2]

我们现在来说明一个人怎样逐渐享有比别人更大的权力,以及酋长是怎样产生的。一个国家是由许多碰在一起而且约定共同生活的家族所组成的。在他们的公共集会里,总有一个人对其余的人拥有很大的权力,在很大程度上支配着他们的决定。这种权

① “除保护财产外,政府没有其他目的。”见洛克:《论政府》第 94 节。在《国民财富的性质和原因的研究》一书里,使用了一个限制性语句:“只要政府是为着保障财产而设立的,那么它实际上是为着保护富者不受贫者侵犯这个目的而设立的。”(第 2 卷第 5 篇第 1 章第 2 节第 298 页)

② 《国民财富的性质和原因的研究》第 2 卷第 5 篇第 1 章第 2 节第 295 页。

力就是在一个野蛮国家里酋长所享有的权力。由于酋长是一个民族的领袖,他的儿子当然成为年轻一代的首领,在他父亲死去时继承他的权力。这样,酋长地位变成了世袭的。由于社会的进展,各种情况使酋长的权力增加起来。酋长收到很多礼物,他的财富增加了,因而他的权力也增加了。在野蛮民族中间,谁要会见酋长或是为着自己的利益向酋长有所申请,必须赠送礼物。在文明社会,赠送礼物的人总是比受礼物的人地位高,但在野蛮社会,情况恰恰相反。

我们现在讨论政府所固有的各种权力是什么、这些权力是怎样分配以及在社会初期它们的发展是怎样。

政府的权力有三种:立法权,即为着公共利益而制定法律的权力;司法权,即使每个人不得不遵从这些法律并处罚那些不遵从的人的权力;行政权,或像有些人所称为的那种中枢权力,包括宣战权力和媾和权力。[①]

所有这些权力,按政府的原始形式,都属于全体人民。诚然,立法权经过了一段长时期才被采用,因为制定法律、订立规则,不但约束我们自己,而且约束我们的后代,以及从来没对所制定的法律表示同意的人,这是政府所发挥的最高威力。至于司法权,当两个人争吵的时候,整个社会就自然地出来调解;但当他们不能和解时,就把争吵的人赶出社会。在此社会的初期,罪是很少的,[②]而且经过了很长一段时期才把惩罚定得和所犯的罪相称。

① “立法权;行政权;司法权。”见孟德斯鸠:《论法的精神》第 11 篇第 6 章。

② 就是说,“只有几种”,并不是“不常见的”。参阅本书第 44、45 页。

怯懦和背叛是首先要惩处的罪。在猎人国，怯懦被看作背叛，因为，当敌人攻击他们而他们用少数人出去迎击的时候，假如有一些人逃走，其他的人便会受到损害，因此逃走的人都按背叛惩处。

处罚一般是由牧师好像按照神的旨意来执行的，因为那个时候的政权是软弱无力的。同样的，宣战和媾和的权力属于人民，在宣战和媾和以前必须和所有族长商议。

虽然关系到各个人的司法权，在很长时期内是不确定的，社会起初作为朋友出来调停，然后作为仲裁者出来裁断，但行政权的行使却很早就已经是绝对的了。当个人对这头牛或那头牛的财产权发生争执时，社会并不直接关心，但对宣战和媾和问题社会却非常关心。在游牧时代，社会绝对地行使了这种权力。在不列颠，我们能够看到司法权不确定的痕迹，但看不到行政权不确定的痕迹。当一个犯人被审问时，审问者问他愿选择怎样的裁决方法，或是通过决斗，或是通过探火、探热水等考验，或是按他的国家的法律来裁决。社会只要求他在作这个决定时不烦扰它。在英格兰，上述问题还存在着，不过回答现在不是任意作出的。[①] 在比较野蛮的时代，人们通常要求把手浸在沸水中作为裁判。在那个时候，几乎每一个人都能通过这个考验证明无罪，虽然现在简直没有人通得过这考验。当人们的身体经常暴露在酷寒酷热和风雨中的时候，沸水对他们简直算不了什么；但现在我们已把自己的身体完全掩盖起来，热水必定能对我们发生完全不同的影响。[②] 上述裁判方

① 就是说，不以被告的意志为转移。

② 孟德斯鸠认为那时人们之所以能顺利地通过探火或探热水的考验是由于惯于比武和劳动的人的皮肤起茧没有感觉的缘故。《论法的精神》第 28 篇第 17 章。

法的选择证明了裁判法规的不健全性。我们知道，在英格兰，决斗裁判一直延续到女皇伊丽莎白的时代，[①]它不是经过法律或法院明令废止，而是逐渐地不知不觉地消失的。

上面已经说过，在渔猎时代和游牧时代，罪是很少的；人们不把小的罪放在心上。在那种时代，那些由于成为我们时代许多涉讼的原因，即遗嘱的解释、财产授予的决定和契约而引起的争论，是从不会发生的，因为在那种时代人们还不知道遗嘱契约等是怎么一回事。当这些发生而人们从事于复杂活计的时候，争论就变得比较频繁了；但是，由于人们一般都从事于某种活计，除非这些争执给他们带来很大的损害，他们都不愿腾出时间来处理它们。这样，他们就得听任一切案件悬搁起来引起各种不方便，否则就得想出对社会各成员都合适的其他方法。他们所想出的最自然的方法乃是从他们中挑选一些人出来，把一切案件交给这些人去处理。当他们决定这样做的时候，在此以前就以其卓越的势力出名的酋长，一定会保持其一贯的优越地位而自自然然地成为他们所选定的处理案件的人中的一个。另外还会选出若干人来和酋长一起去处理案件，在社会初期，这样选定的人在数目上总是很可观的。[②]他们不敢把重要的事情托付给少数几个人去办，因而我们看到，雅典在同一时间内有五百个审判官。[③] 通过这个方法，酋长能进一

① 约翰·达伦普尔：《英国封建财产权史论》，第三版（1758 年），第 312 页。

② 布拉迪引用了塔西佗《关于日耳曼人》一书第 12 章所说的写道：“所有这些巨头都有一百个普通人作为他们的辅佐，他们向这些人征求意见和先例，这些人叫做僚友。”《英格兰全史》（1685 年刊行）第 55 页。

③ 《国民财富的性质和原因的研究》第 2 卷第 5 篇第 1 章第 3 节第 2 部分，第 361—362 页。

步增加他的权力,而政治在一定程度上看来好像是君主政治。但这只是表面形态,因为最后的决定还掌握在全民手里,而政治实际上是民主政治。

上面已经说过,宣战和媾和的权力最初是掌握在全体人民手里。但当社会发展,城市设有防御工事,备有火药库,筹集了资金,委派了将官以后,全体人民便不能再参加这种问题的讨论了。这种职权或是交给法院,或是交给指定负责这项职务的另一批人,不过这个职权最初当然是先交给法院。这个权力应该叫做元老院的权力。古罗马元老院管理公共收入、公共建筑物等。但后来,古罗马的法院和元老院成为性质完全不相同的机构。对于雅典的最高法院,我们也可以这样说。

我们现在来考察一下社会初期的两个时期,即狩猎时期和游牧时期。

在一个渔猎国里,只能有少数人生活在一起,因为人多了就会在短时期里把国内全部猎物猎尽,因而缺乏生活资料。至多只能有二三十家人家住在一起,这些人家就构成一个乡村。他们的乡村相距不远。当不同乡村的人发生争执时,便通过两村居民大会来裁决。因为每一个乡村都有它的领袖,所以整个国家也有个领袖。这个国家是各个乡村的联盟,而酋长们对各个乡村所作的决定有很大的影响,特别是在游牧者中间酋长有很大的权力。在游牧时代,世家比在其他时代更受到尊敬。权能原则起着强大的作用,而他们在维持法律与统治方面怀有最强烈的功利心。

这两种国家在平时和战时的不同举动很值得我们的注意。

猎人是英勇的,但他们的功绩总不是很大的。因为只能有少数猎人一齐出外狩猎，所以他们的数目很少超过二百人。况且，他们所携带的给养，一般只能维持十四天。所以，来自猎人国的危险不大。他们的殖民地很怕猎人，那是没有正当理由的。诚然，他们可以通过我们的入侵给殖民地造成某种麻烦，但他们绝不是十分可怕的。[①] 另一方面，人数多得多的游牧者能够生活在一起；在同一乡村里，可能有一千家。阿拉伯人和鞑靼人始终以游牧为生，他们曾好多次造成了最可怕的祸害。鞑靼人的酋长是极其可怕的，在他战胜了另一个酋长时，总会发生最可怕、最剧烈的变革。鞑靼头目带着他们的全部牛羊出征，谁给他们战败，谁就会失去人民和财富。战胜的民族往往赶着牛羊群继续进行征服工作，要是它带着大量的人进入了一个已开化的国家，那它就会成为完全不可抵抗的力量。穆罕默德就这样蹂躏了整个亚洲。[②]

野蛮民族和稍稍开化的民族之间存在着很大的区别。在那些土地没有划分而人都住在可以随身带走的活动棚舍里的地方，人们都不留恋土地，因为他们的全部财产系由活的东西组成，可以轻易地随身带走。正由于这样，野蛮民族总想离开他们的国家。例如，我们看到，瑞士古民族、条顿族和辛布赖族都发生过这种迁徙。在长时期内居住在中国万里长城以北的匈奴人，把居住在亚速海彼岸的东哥特人驱逐出去，后来又逐出了西哥特人，等等。

① 道格拉斯：《英国在北美洲的殖民地》，第 10 卷第 183 页的注释。

② 也许是笔记者或抄写者把“阿拉伯”误写成了“亚细亚”。这一段未加重大的修改，又出现在《国民财富的性质和原因的研究》第 2 卷第 5 篇第 1 章第 1 节第 275—276 页中。

〔第三节　共和政治是怎样被采用的〕

我们已经讨论了政治的原始原则及其在社会最初各阶段的发展，并发现政治一般都是民主的，我们现在来讨论共和政治是怎样被采用的。

一般地可以这样说，如果一个国家其所处的地位不仅在农业耕作方面，而且在其他事业方面，都容易改进，那么这个国家就有利于共和政治的采用。就鞑靼或阿拉伯来说，采用共和政治的可能性是很小的，因为鞑靼或阿拉伯所处的地位是很难改进的。这些地方大部分是山和沙漠，不能耕种，只适合于牧畜。此外，这些地方一般是干燥的，而且没有大的江河。[①] 在那些已经建立了共和政府的国家，特别是在古希腊，情况恰恰相反。古希腊的三分之二以海为界，而另外三分之一以高山岭为界。这样，他们和他们的邻国有海道可通，而同时又不至受邻国的侵犯。大多数欧洲国家都有大部分上述优点。他们以江河和海的支流为界，因而适合于耕作和其他技艺。现在我们就可看到这种处境对于接受共和政治是怎样的有利。我们可以假定，在社会的摇篮时代，古希腊的政治发展和鞑靼以及上面提到的其他国家的政治发展，大体上是相同的。实际上，在特罗伊战争时代，古希腊处在几乎和上述其他国家相同的情况，因为在那个时候，土地耕种的很少，甚至没有耕种土地，而牲畜是财产的主要部分。在荷马诗中，所有关于财产权的争

① 孟德斯鸠对于同一命题曾提出了不同的原因，见《论法的精神》第 17 篇第 6 章。

论都涉及牲畜。[①] 在这个时期，在古希腊，正如在其他国家一样，酋长对他属下的权力是非常大的。在土地已经划分而耕种普遍实行的时候，居住在像古希腊这样的国家的人民当然会把他们的剩余产品卖给他们的邻国人民，这就刺激了他们的劳动积极性，但同时也引起他们邻国对他们的觊觎。所以他们必须想出办法来保卫自己免受侵犯，并保卫前此花了很大力量得到的东西。在一个适宜地方对城市设置防御工事，是比在全国边境设置防御工事来得容易，因此这就是他们所想出的办法。他们在最适宜地方建立设防都市，在被侵袭时带着牛羊群和可移动的东西躲在这些城市，而且就在这些城市中发展艺术和科学。因此，我们发现西修阿把雅典建为设防都市，而且要雅典人民把他们一切货物带到那边，[②]这不但增加了他对他们的威力，而且也增加了那个邦对其他各邦的威力。当人民同意这样移居的时候，部族酋长马上就会失去他们的权力，而政府就会变为共和政府，因为酋长的收入变得微小，不能使他们显得超越，因而不能使从前隶属于他们的人再依附他们。反之，人民的财富逐渐增加，而且当他们的财富接近酋长财富水平时，他们就嫉妒酋长的威权。因此，我们看到连西修阿本身也被撵走。在西修阿以后有九个统治者，最初授给他们终身的统治权，但后来只持续统治十年。[③] 这样，雅典从酋长统治转变为类似君主

① 例如，《伊利亚特》，第1篇第154行，第11篇第670行。

② 笔记者在这里可能脱漏“出售”或“在战争时期”这样的限义性短语。

③ 事实是，最初只有一个统治者或执政官，首先终身执政，后来改为执政十年；当统治者的职务分由九个执政官负责时，任期变为一年。谁倾向于遵循约翰·波特(John Potter)《希腊古物学》(1706年出版)这本书，就很容易陷于正文中所出现的混乱。这本书第1卷第13页有了“使他们的统治只继续十年”这一语句。

的政治,又从君主政治转变为贵族政治。同样的,所有希腊各邦都经过了这个转变。正如上面所指出,一般地说,酋长的收入变小,以致若干酋长的统治不能维持下去,只有少数据有大量财富的酋长组成了贵族政治。

应该指出,在古代贵族政治和现代贵族政治之间存在着相当大的区别。在现代的威尼斯、米兰等共和国,政权完全掌握在享有三权的世袭贵族手里。在现代和古代的贵族政治中,执政者都是由人民选举,所不同的是古代只有贵族才能获选。这个不同之点起因于奴隶制度。当有公民权的人的工作都是由奴隶来搞的时候,他们能够参加公共评议;但当土地是由有公民权的人耕作的时候,下层阶级不能参加评议,而且为着照顾自己的利益,他们力图避免参加评议。因此我们看到威尼斯人民希望摆脱评议。同样地,荷兰各城市主动地把评议权让给市参议会。市参议会因此被授予了全部评议权。

在古希腊和古罗马各共和国,上述情况没有发生。在初期,这些国家的人民虽然享有全部权力,但这些国家却叫做实行贵族政治的国家,因为它们总是从贵族中选择行政司法长官。的确,法律没有明文规定,禁止人民选举非贵族的人,但他们习惯于选举贵族,因为下层阶级靠着富人财产维持生活,因此变得依附于富人,并且把票投给施惠的人。贵族们可能在选举中发生争论,但他们总不会建议选举平民。这样,贵族的权力来自惯例,绝不是明文禁止选举平民的结果。

在雅典,梭伦制定法律,规定四个阶级中的几个较低的阶级都不得有被选举权;但后来,行政司法长官都从一切阶级中选举出来，而政治又变成了民主政治。①

在古罗马，经过了很长一段时期才把被选举权给予全体人民。自从十大官派定以后，人民开始越来越大地侵蚀贵族的权力，而当护民官由人民选举时，他们更大地侵蚀了这种权力。这是技艺与制造业改进的结果。当一个人能够把过去用来养活一百个食客的款项花在自己的奢侈生活上的时候，他的权势当然减低了。此外，伟大人物往往要他们的奴隶操作各式各样的活计，因此裁缝和鞋匠既然不再倚靠他们，就不投他们的票了。平民领袖于是力图通过使他们能被选为行政司法长官的法律。但大多数平民在很久以后才同意这一点，因为他们认为把他们同阶级的人放在比他们高得那么多的地位是不适宜的。② 可是，经过了一段时间，平民领袖设法通过了一条法律，规定执政者中贵族和平民出身的人数应相等，就是说，从贵族和平民中各选一个执政官。

〔第四节　自由是怎样失去的〕

我们已经说明了上述共和国是怎样产生的，以及共和政治怎样变成了民主政治。接着，我们要说明这种自由是怎样失去，而君主政治或类似的政治是怎样被建立起来的。

处在上述情况的这些国家，都拥有自己的城市并在邻近地区拥有一小块领土，它们必须在自己的古代边界内闭关自守，或者通过侵略来扩大他们的领土。换句话说，他们必须是防御性共和国

① 波特:《希腊古物学》第 1 卷第 14、16 页。

② 李维:《古希腊史》第 4 篇第 25 章。

或侵略性共和国——这些名称可以说是适当的。古希腊各邦是前者的好例子,而古罗马和迦太基是后者的好例子。我们现在要来说明每一个这样的国家是怎样失去了自由的,首先要说明那些防御性国家是怎样失去了自由的。

当一国的国民有了一定程度的教养时,他们就变得不适合于战争。当手工业达到一定程度的进展时,人民人数增加,但能够参加作战的人数却减少了。在游牧国,全国人民都能够出征;即在他们变得比较有教养,开始分工,而且每一个人都有一小块田地时,他们还能派很多人出征。在这个时代,出征总是在夏天进行的。在播种和收成的间歇时间,年轻的人要是不出征就没有事干。所有国内的事可由老年人和妇人来做,有的时候,当军队不在国境内的时候,甚至他们也把敌人打败了。在一个经营手工业而主要由制造者(manufacturer)[①]组成的国家,就不能派那么多人出征,因为织工或缝工要是应召出征,这项工作便没有人做了。就英国和荷兰来说,在一百个人中几乎不能派一个人去出征。[②] 在一百个居民中,五十个是女人,而在五十个男人中,二十五个是不适合于战争的。在上一次战争中,英国不能从一百个人中派二十五个人出征,谁要是回忆一下在二十五个他的相识者中有否失去了一个,就会相信这一点。按照这个原则,雅典虽是小国,但能一次派三万人去出征(三万是很大的数目);可是在手工业发展以后,却至多只能派一万人出征(一万是不很大的数目)。英国,尽管人民已有教

① 这个词是按旧的、字面上的意义来使用(亚当·斯密总是这样使用),而不是按新义即“雇用他人用机器制造物品的厂商”来使用的。

② 《国民财富的性质和原因的研究》第2卷第5篇第1章第1节第276—279页。

养，但由于领土广大，[1]还能派出很多的军队，但小的国家在这种情况下可以派去出征的人一定会减少。可是小国实行奴隶制却有一个优点，即奴隶制可以推迟他们的衰亡，这个优点似乎是奴隶制的唯一优点。在古罗马和雅典，手工业都由奴隶来做，而斯巴达人甚至不允许有公民权的人受机械操作的锻炼，因为他们认为这对他们的身体是有妨碍的。所以，我们看到，在喀罗尼亚战役中，虽然雅典人已有很高水平的教养，但由于所有行业都是由奴隶做的，所以还能派很多人出征。我们可以说，在没有实行奴隶制的意大利各邦，他们很快就失去了他们的自由。当一个国家由于小工业的发展富裕起来时，必定把出征看作很大的困苦，而我们的祖宗，却不把出征看作困苦。一个骑士只不过是一个骑马的人，一个步兵只不过是一个无职业的绅士。他们在国内惯于受苦，因而在他们看来出征并不怎么可怕。但是，当人们变得越富裕、过着越奢侈的生活时，有钱的人非在异常紧急的时候不愿意出征，因此必须使用雇佣兵和社会下层的人来参加战争。除非把这些人组成常备军而且建立严格的军纪，否则在战争时他们是不能信赖的，因为战争对他们的私人利益并没有很大的关系，要使他们坚决地从事他们的工作，非有严格的纪律不可。没有严格的纪律，绅士们能够把仗打下去，但乌合之众绝对不能。由于希腊公民不屑拿起武器，把国家交给雇佣兵去保卫，所以他们的军事力量削弱了，给希腊政权提供了一个衰亡原因。另一个衰亡原因是作战技术的改良，它使一切变得岌岌可危。在古代，很难攻克一个城市，因为当时只有通过

① 即“和希腊各邦的领土比较起来说”。

长时期封锁才能攻克一个城市。特洛伊的包围继续了十年之久，而雅典经得住海上和陆上的围攻达两年之久。[①] 在现代，围攻者比被围攻者占优势，而一个机巧的工兵能够在六星期内迫使任何城市投降，但在从前，情况不是这样。马其顿的菲力普大大改进了围攻技术，结果使得所有希腊政府解体，服从外国的统治。古罗马在被围困时，比希腊坚持了更长久的时间，因为古罗马的公民人数每天都有增加。在古罗马，任何人都能成为公民，因为做个公民并没有什么好处；但在雅典，极少数人享有公民权，因为公民权本身便是一笔小财产。可是，古罗马在变得更富裕而过着更奢侈的生活时，也遭遇到了其他国家的命运，只不过事情发生的方式有所不同罢了。在马利阿以前的时代，享有公民权的上层阶级出去参加战争。马利阿是第一个招募奴隶的人。他把释放了的奴隶招募到他军队里来，而且建立了严格的军纪。此前由绅士组成的军队现在变成由逃走的奴隶和最下层人民组成。马利阿用这样的军队征服各省，并使它们敬畏他。在这个军队里，所有职位都由他支配，每一个人都受他栽培得到提开，因而都依附他。

当这样的将军受到侮辱时，他当然向他的军队求援。他很容易劝使他的军队站在他那一边来反抗他们的国家。这正是马利阿所用的权宜手段。当马利阿不在罗马时，苏拉靠着他的影响把马利阿判处流刑并悬赏通缉他。马利阿向他的军队请援，他们决定在任何情况下跟着他走，趁苏拉在国外和米特里德的军队作战的时候，把军队开到罗马，攫取政权并打败了苏拉的党徒。不久以

① 历史家，似乎还不知道雅典有这样长时期的被围。

后，马利阿亡故。苏拉在征服了米特里德以后，回到罗马，打败了马利阿党徒，把政体改变为君主政体，并自封为永久的狄克推多，但到后来，他豁达地辞去狄克推多职位。大约三四十年以后，在恺撒和庞贝之间也发生了同样的事情。和苏拉一样，恺撒自封为永久的狄克推多，但不像苏拉，他没有豁达地辞去这个职位。在恺撒死去以后，驻在意大利的恺撒旧部，并没有忘记恺撒所赐予的恩惠，聚集在他义子奥塔维阿周围，把最高权力授给奥塔维阿。就克伦威尔来说，和上述大致相同的事情在我国也发生了。当议会嫉妒他并裁遣他的军队时，他也向他的军队请援，但他用了比罗马将军所用的更伪善的口吻向他的军队请援。结果，旧的议会被解散，他另委派了一个更合他心意的议会，而且把大权集中在自己身上。①

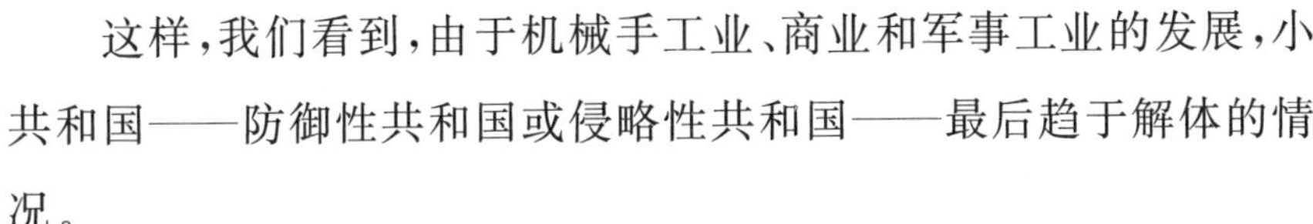

这样，我们看到，由于机械手工业、商业和军事工业的发展，小共和国——防御性共和国或侵略性共和国——最后趋于解体的情况。

〔第五节　关于君主军政府〕

接着，我们要讨论继共和政体之后的是什么政体。

在小共和国被别的国家征服以后，君主政体或征服者所喜欢的任何其他政体就建立起来；但一般地说，政体总是仿照征服者自己国家的政体。雅典人总是建立民主政治，而斯巴达人总是建立

① 在《国民财富的性质和原因的研究》第 2 卷第 5 篇第 1 章第 1 节第 290 页也说到这些事实，但叙述得比较简单。

贵族政治。的确，古罗马人做得更仔细，他们把征服地区分为几个行省，由元老院指派人员独裁地加以统治。但是，当一个国家被自己人民征服时，情况便和上述有所不同。从权能的性质和从行使权能的手段来说，都需要建立君主军政府或由军队力量支持的君主政治，因为必须使人民敬畏新政权，正如必须征服他们一样。这就是古罗马在皇帝时期所建立的政体。这些皇帝把全部行政权掌握在自己手里，他们凭自己的判断宣战与媾和，甚至自己直接任命行政司法长官，或通过自己所指派的元老院来任命。但他们并不更改民法体系，是非曲直仍按从前方式来裁判。克伦威尔在我国也是这样做，他用了为数不多的军队使人民敬畏他，但他允许审判官仍按从前方式裁判是非曲直。不但如此，通过废除监督权等措施，他对民法做了那样的修改，以致查理二世的议会头一桩所做的事就是追认克伦威尔所制定的许多法律。

古罗马作家告诉我们，在最坏的皇帝尼禄和多米提亚努斯统治下，法律却执行得最好。[①] 一切新统治者的利益在于对大多数人民所非常关心的、长时间所习惯的东西不作很多更改。当人民在这方面得到满足时，他们就会比较畅快地做其他方面的事情。皇帝的利益特别在于保持旧的法律体系，因此我们看到，所有行为失检的各省执政官都受到严厉的惩罚。在共和政体下，情况不是这样，犯最可耻的罪的乃是地方长官，正如我们从西塞罗讲演集中所看到的那样。军政府允许法律最严格的执行。诚然，在和皇帝直接有关的事件中，谁都不能得到公平的裁判，因为他要怎样做就

① 斯韦托尼阿：《尼禄》第15节和以下各节；《多米提亚努斯》第8节。

可以怎样做；但在对他没有利害关系的事件中，他的利益就在于遵守旧的法律。

应该指出，在古罗马设立的军政府和亚洲设立的军政府之间存在着很大的区别。在古罗马，征服者和被征服者同是一个国家的人民。征服者自身懂得旧法律的良好效果，他们都极不愿意废除这些法律，所以他们只把这些法律加以改善。虽然亚洲政府也全是军政府，但情况却不是这样。土耳其、波斯和其他国家被没有一套完整的法律而且完全不懂得法律的好处的鞑靼、阿拉伯和其他野蛮民族所征服。他们指派自己的人民充任各项公职，这些人完全不懂得他们的职责是什么。一个土耳其帕厦或其他低级官员有权力裁决每一件事，他在他的管辖区域内独断独行像土耳其皇帝那样。当生命财产是这样倚靠最低级行政司法长官的喜怒爱憎时，它们完全处在岌岌可危的状态。我们不能想象一个比这更坏的、更暴虐的政府。

〔第六节　君主军政府是怎样解体的〕

我们已经讨论了小共和国是怎样解体的，继小共和国之后而来的是什么政体，通过什么方法把帝国统治实施到征服的共和国里来，以及这种统治是什么性质的统治。我们现在要说明君主军政府怎样遭到任何一个国家、任何一种政体所必定会遇到的解体。

在古罗马帝国统治时期，他们在手工业和商业方面已经达到了相当程度的进展。人民越是精通手工业和商业并熟悉其后果即奢侈生活，就越不想出征。另一方面，政府也看到，把从事制造的人召去出征，会影响它的收入。要是他们的近旁有野蛮民族，他们就可以用比较便宜的代价雇用他们作为雇佣兵，同时这样做不致妨碍他们自己产业的发展。古罗马人意识到这种事情，从毗邻罗马帝国的日耳曼、不列颠和北方野蛮国家招募军队。他们能够自由地在这些国家招兵，正如在上一次战争开始以前，荷兰人能够在苏格兰招兵一样。[①] 在他们继续这样做了一些时期以后，他们发现，由于几个原因，更便当的做法乃是和他们所利用的那些野蛮民族的酋长商量，给他们钱，叫他们率领若干人马从事这个或那个远征。

假定野蛮酋长率领着他自己的人，掌握了请他出征的政府的全部军权，那么在这个政府有一点得罪他的时候，他就可倒戈过来征服那些利用他的人民，自封为他们国家的统治者。我们知道，所有西部各省几乎都是这样被占据的。在罗马人采取这种办法招来了野蛮人以后，我们看到大多数罗马行省都受到他们的蹂躏。在苏格兰，古罗马人建筑了城墙，派兵驻守，使他们的这个行省不受北方掠夺者的侵扰。保卫这区域的驻军后来被召去防卫在那时也受到侵扰的高卢。历史学家告诉我们，不列颠人当时得到许可摆脱罗马人的羁绊；但就罗马人来说，给予不列颠任何地方以自由不可能是有利的，而就这个省份来说，不受罗马的保护也是不利的，因为他们事实上希望继续受到保护。无疑的，罗马人是要不列颠人自己保卫自己，因为他们暂时要保卫其他地方。可是，不列颠人

---

① 按照乔治二世 9 年第三十号法案，未经国王许可或认可招募或应募都是重罪。在 1756 年，在七年战争开始的时候，又通过一个法案(乔治二世 29 年第十七号法案)禁止不列颠臣民在法国国王下当军官，从而更好地实施乔治二世 9 年第三十号法案，并使那些在苏格兰大队任军官即给联合省国会服役的不列颠臣民不得不作效忠或放弃原来国籍的宣誓。

不愿接受这个建议，而决定向撒克逊人请求援助。于是，亨克斯特和赫沙带着常被招募的大军到不列颠来，把罗马人[①]全部赶走，成为整个国家的统治者，占据整个国土，建立了撒克逊七头统治。这样，欧洲西部帝国便告覆灭，而君主军政府也瓦解了。我们知道，在罗马帝国的最后一百五十年内，常常从野蛮民族中招募，许多野蛮人酋长因此大大地增强了他们的势力。在霍诺里阿下面的帕特里西阿·伊利阿(Patricius Aelias)，[②]以及许多其他的人都取得了很大的权力。所有亚洲政权也由于同样的原因而瓦解了。他们从鞑靼雇用军队，自己经营手工业和商业，因为人民从商业所得的收获多于从战争所得的收获。意大利和一些其他国家通过红海跟东印度进行的商业，使他们变得非常富裕。古罗马和其他所有国家都愿意和邻近的野蛮头领磋商来保卫他们，而这便成为政权瓦解的原因。

〔第七节　关于自主地的政府〕

我们已经讨论了有明确记载的古代政体，接着我们将说明在

① 在说到罗马化的不列颠人时，"罗马人"一语可正确地加以应用；但在这里也许只是错误地用来替代"不列颠人"，因为稍后我们看到，在提到高卢人时，为了避免"罗马人"一语的不明确性，曾使用了"原居民"一语。

② 系"贵族伊蒂阿"("the patrician Aetius")之误。"Aetius"很容易抄错为"Aelias"。"patrician"(the patrician)可能是由于约南德：《关于格蒂族的由来》一书中所用的短语，例如，"Aetius patricium 来自强族曾统率军队"(第 34 章)，又如"Aetius patricium 有先见之明"(第 36 章)。"patricium"的头一个字母这样用大写字体印出来，如穆拉托里：《关于意大利问题的作家》一书中所做的那样，对于不大熟悉后期罗马帝国术语用法的读者很容易引起误解。伊蒂阿比霍诺里阿晚一些。在霍诺里阿下面的有势力的野蛮人首领是斯蒂里乔，亚当·斯密的讲演很可能提到他的名字，但被笔记者略去了。

古罗马帝国崩溃以后的政体是什么政体并叙述欧洲现代政府的由来。

在这个时期之后的政体，并不是完全不同于上面提到的鞑靼政体，尽管在罗马帝国覆亡以后占据了西方各国的日耳曼人对财产有更明确的概念，而且是比较习惯于土地的划分。国王和其他首领，在成为这个国家的征服者以后，为了自己的目的，当然会占有这个国家的大部分土地。他们凭自己的意志把土地分配给他们的属下和扈从，而只留很小的一部分分给从前的居民。但是，他们没有把这些居民全部消灭掉，他们还对这些居民有一定程度的关心。在法兰克人占领高卢时，一个杀害法兰克人的罪犯只处以比杀害原居民多五倍的罚金。[①] 由于这些民族几乎是无法无天的，而且不受任何人管辖，所以到处不断发生掠夺，商业因此完全停顿了。

由于这样，自主地政府便应运而生，并引进了财富不均的制度。所有这些自主地的领主都占有土地，不缴纳田粮、监护费等。这些大领主中，有一个几乎占有一州的土地。但由于拥有这么多的土地不能得到什么好处，他感到有必要把土地分给他的臣属；他们或是给他一定的年金，跟随他出征，或是给他服类似的徭役。这样，他的收入变得那样的多，以致在无法过奢侈生活的当时，他花不了这么多的钱，只好用来养活为数极多的门客。这些门客是另一种的扈从，他们使他的威权增加，并使他能够平平安安过日子，

① 杀害一个法兰克人，罚款是二百苏(法国旧硬币)，而杀害一个罗马农奴，罚款是四十五苏：见孟德斯鸠：《论法的精神》第28篇第3章；第30篇第25章。

因为他们使佃户敬畏，而他们也敬畏佃户。这些领主有那么大的权力，以致任何一个人要他们的臣仆偿债时，连国王也不敢派使者到领主的领地逼使他们偿付债款。[①] 国王只能向领主洽商，希望领主主持公道。此外，这些领主在他们的管辖区内是各种财产权的最后裁判人，享有生杀予夺、铸钱和制定地方法规的权力。但是，这个权力在很大程度上是介于国王和大领主之间的权力，如果其间没有其他权力存在，就不能保持适当的均势。除这些自主地领主外，还有很多有公民权的人，他们有权在他们自己的范围内询问有关司法的事。每一个州分为若干百户村，每一百户村又分为若干十户村。每一个这样的村都有各自的法院，即十户村法院、百户村法院。在这些法院之上的是全民会议。[②] 十户村的上诉法院是百户村法院，而百户村的上诉法院是州法院。遇到低级法院不主持公道拒绝审理案件时，或遇到案件无缘无故拖得很久时，可向国王法院提出上诉。[③] 有时也可向全民会议提出上诉，全民会议是由国王、自主地领主、郡长或伯爵、主教、修道院院长等组成的。这就是在古罗马帝国崩溃之后在西欧出现的第一种政体。

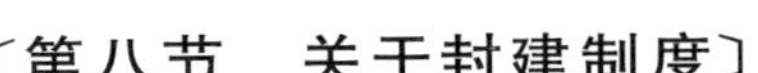

〔第八节　关于封建制度〕

接着，我们要说明自主地政府是怎样被推翻，而封建制度是怎

① 《国民财富的性质和原因的研究》第 1 卷第 3 篇第 4 章第 413 页。

② 是全王国会议（斯帕曼：《英文著述》1723 年出版，第 2 篇第 61 页），而不是“由全体人民组成的会议”。

③ 休谟：《英格兰史——从恺撒到亨利七世》，1762 年出版，第 1 卷第 151、152 页。

样被采用的。

由于这些大领主不断地相互作战，为了使他们的佃户能够跟他们出征，他们年复一年地把土地租借权给予佃户。到后来，由于同样的原因，佃户们取得了终身租借权。[①]

当这些大领主想要进行一件非常冒险的事业时，为了使那些跟他们出去的佃农的家属在最坏场合下不至陷于贫困，同时也为了进一步鼓励佃农跟随他们，他们延长了这个土地租借权的期限，使佃农的子孙能够终身享受。由于他们认为把一个长时期的占有者撵出土地是很残忍的，所以这个租借权最终成为世袭的，并被称为永久租借权（feuda）。[②] 有永久租借权的佃户负担着一定的职务，但主要的是服兵役。如果其继承人不能履行这项任务，就得指派一个人来替代他。正由于这样，就采用了监护制。[③] 如果继承人是女子的时候，封建贵族有权利把她嫁给他所喜欢的人，因为他认为由他选择佃户是合理的。[④] 首先占有是领主的另一种利得。当父亲死去时，儿子要公开宣布愿意接受土地租借权后才对地产

① 休谟：《英格兰史——从恺撒到亨利七世》，第1卷第399页。

② 从上下文看来，“永久租借权”一语应该用单数形式，但这里用复数形式。查阅有关斯密的权威书籍后，证明复数形式并不是笔误。达伦普尔在他的《封建财产》一书第198、199页中说：当土地租借权可任意取消时，“这种租借权应称为暂时授予的租借权……不久以后，土地被终身租借给佃户，这时这种租借权可称为能享受利益的租借权……但是……在父亲死去以后，他的儿子们不能继续享受他们先前曾经享受过的一部分土地利益，这被认为是冷酷的。同时，领主也很容易想到这一点：如果一个人失去生命，而他的家属就跟着没落，这样他在出征时就不愿冒着危险去作战。由于这些原因，领主便把土地租借权扩展到佃农及其儿子。到这个时候，而且直到这个时候，这种土地租借权才被称为永久租借权”。

③ 达伦普尔：《封建财产》第44、45页。

④ 同上书，第45—47页。

享有权利。因此，领主有时把土地掌握在自己手中，并暂时享有土地的利益。继承人把土地收回时要付一笔款，这笔款叫做赎款。[①]还有一个属于领主的利得，叫做土地归还，那就是说，在土地租借权成为世袭以后，如果没有继承人，土地就归还领主。如果继承人不能履行土地租借权所附带的任务时，土地也得归还领主。[②] 此外，在他的儿子被俘赎回时或在他取得侍卫职位时，[③]在他的女儿出嫁时，以及在发生诸如此类的事件时，[④]领主也可得到小笔款项。

使自主地领主把土地租借权给予他们的佃户而后来使租借权成为世袭权利的这种原因，也使国王把他的大部分土地分给藩臣而让他们按永佃权保有这些土地。佃户所获得的永久租借权大体上和房地产永久租借权相同。诚然，他们要对领主缴纳上面所提到的报酬，但他们和他们的后代占有了他们的土地。封建领地，就某些方面来说，可能不如自主领地，但不同之点是微不足道的，因此自主领地不久就变成了封建领地。到十世纪前后，一切地产逐渐都成为按永佃权执业的了，而自主地领主，为了获得国王的保护，都放弃他们的原有权利来换取一块封建领地。[⑤]

应该指出，那些历史家认为封建法律起因于贵族篡夺的说法是十分错误的。[⑥] 他们说：贵族要把国王在高兴时所赐予的那些

① 达伦普尔：《封建财产》第49—59页。

② 同上书，第66—67页。

③ 当然应改为："当他被俘领主把他赎回时或当他的儿子取得侍卫职位时。"

④ 达伦普尔：《封建财产》第61页。

⑤ 休谟：《英格兰史——从恺撒到亨利七世》，第1卷第400页。

⑥ 《国民财富的性质和原因的研究》第1卷第3篇第4章第414页。

土地变成世袭的土地，使国王在不高兴时不能把他们撵出那些土地；封建法律的采用是由于国王权力的衰微。但实际情况恰恰相反：封建法律的采用正是由于国王权力的增加，而封建藩臣能按采邑权利占有土地，也需要国王拥有大权。征服者威廉把所有英格兰自主领地变为封建领地；同样的，马尔科姆·肯谬尔（Kenmure）[①]把苏格兰自主领地变为封建领地。这些乃是最好的证明。[②]

在整个欧洲采用封建制度以后，所有类似平民政权的机构都被废除了。平民法院全被废除，十户村法院、百户村法院以及州法院都不准设立。一切公务都由国王和大藩臣料理。普通人民不得参加议会。其实，除世袭的藩臣外，谁也没有参加议会的权利。那些直接受封于国王的大藩臣被看作国王的僚友，称为参加伯爵会议的贵族。他们提出对于公务的意见，没有他们参与，任何重要公务都不能进行。通过任何法律之前，需要召集他们，并需要取得他们中大多数的同意。男爵或更低的贵族，在他们的管辖区域内，也遵循同样的方法，那些受封于他们的人叫做参加男爵所主持的会议的贵族。同样的，男爵也需要和受封于他们的人磋商，因为这些人也是贵族。不得这些人中大多数的同意，男爵不能进行战争，也不能制定法律。在王国内，不得到绝大多数贵族的同意，什么都无法办到，因此这个王国成为以国王为首的贵族政治。

---

① 应作“Canmore”（坎莫尔）。

② 卡姆斯爵士：《论不列颠古代制度》，1747 年版，第 11—17 页；达伦普尔：《封建财产》第 25 页。

除这些我们在上面所说到的阶级以外，还有其他两个阶级，这两个阶级当时受到极端的鄙视。[①] 第一个阶级是贱民，他们耕种土地，而且是附属在土地上的农奴；第二个阶级是市邑居民，他们的地位和贱民大体相同，或者只比贱民高一些。由于市邑归领主保护而领主对市邑拥有很大的权力，所以国王的利益在于尽量削弱领主的权力，而给予市邑以特权。亨利二世更变本加厉地规定，如果一个奴隶逃到市邑，并安分守己地住在那边满一年，他就可以变为自由民。[②] 他给予市邑许多其他特权，在这些特权中，使它们得到最大利益的乃是：在向国王缴纳一笔款项以后，它们就可取得把自己组成为法人团体的权力。它们是直接[③]从国王得到这个权利的，最初是每一个人向国王缴纳他的那一部分的保护税，[④]但后来改由市邑缴纳而由市邑向市民征收此项捐税，因为市邑认为征税是它分内之事。这样，随着市民人数的增加，这种负担日益减轻，而市邑变得日益富裕，其地位亦日益重要。在约翰王时代，制定了这个法律：如果贵族把他所监护的人和市民结为夫妇，则他所失去的只是他的监护权。[⑤]

① 休谟：《英格兰史——从恺撒到亨利七世》第1卷第404页。

② 把这个说是亨利二世所规定的，也许只是由于格兰维尔在他的《关于英格兰法律》的第5篇第5章中曾说到这一点。布拉迪在他的《英格兰全史》的序文第27页曾引用了格兰维尔的话。在《国民财富的性质和原因的研究》第1卷第3篇第3章第405页，使用了“在当时”这一短语。

③ 马多克斯：《有权力的市邑》第1章第8节第21—23页。

④ 《国民财富的性质和原因的研究》第1卷第3篇第3章第400页。

⑤ “约翰王”似乎是“亨利三世”之误。这里所说的显然是指亨利三世20年第六号梅顿法规：“贵族把他们所监护的人和贱民或可能被轻视的市民结为夫妇，就失去监护权。”

〔第九节　关于英国议会〕

到这里为止，我们已经讨论了当时组成整个王国的几个阶级。接下去，我们将说明每一个阶级是怎样参与政务的，以及分配给各个阶级的究竟是怎样的一份权力。每一个有一份或大或小的领地的人，都有权利出席御前会议，跟国王磋商公务，并提出关于公务的意见。在威廉·鲁弗斯朝代，出席议会的共有七百人。[①] 在亨利三世时代，制定了这样一个法令：不能出席议会的小贵族得派代表出席。这些代表受到贵族的待遇，跟贵族一起出席同一议会。[②] 同样的，市邑后来也有权派代表出席议会，因为市邑已经变得富裕而强大，而且国王觉得，给市邑一定的权力来削弱贵族的势力，对自己是有利的。[③] 因此，在任何法律通过以前，除贵族外，还需征得市邑代表的同意。这些市邑代表相率坐在一间屋子里。那些和大贵族坐在一起的，在地位上远逊于大贵族，且也并不比平民优越许多的小贵族，不久也参加到平民方面来。[④] 在那个时候，国王的收入往往不足以满足他的需要。这些收入主要来自：第一，御地；第二，由于军役而保有的土地；第三，封建利得，例如从监护未成年继承人而得到的利得；第四，罚款、罚俸、赎罪金等；第五，所有无主

① 达伦普尔：《封建财产》第 325、396 页说，根据最初的英格兰土地清丈册，在征服者威廉时代，国王的直接封臣共有 700 个，并且说，“所有直接受封于国王的人都出席议会”。参阅休谟：《英格兰史——从恺撒到亨利七世》第 1 卷第 407 页。

② 休谟：《英格兰史——从恺撒到亨利七世》第 2 卷第 88 页。

③ 《国民财富的性质和原因的研究》第 1 卷第 3 篇第 3 章第 404 页。

④ 休谟：《英格兰史——从恺撒到亨利七世》第 2 卷第 92、93 页；卡特：《英格兰史》1750 年出版，第 2 卷第 451 页。

货物、无主财产等。这些就是国王收入的主要来源。但这些不足以供应政府日益增加的开支。上述两批平民议员，合在一起时，人数非常可观，而国王的大部分收入来自他们。国王不要小贵族参加所有议会会议，他高兴时叫他们来，不高兴时就不叫他们来。[①]当他叫他们来时，就发出令状传唤他们。这就是通过令状或特许状封爵授勋的由来。就现在来说，这是把平民列为贵族的唯一方法。

〔第十节　英格兰的政体是怎样变成专制政体的〕

我们已经说明了下议院是怎样变得强大起来，接下去我们将说明贵族权力衰落和政体变成专制政体的过程。

就所有欧洲宫廷来说，贵族权力都由于同一原因而衰微，这个原因就是技艺和商业的发展。当一个人能够把自己的财产花在奢侈生活方面时，他就不得不遣散他的食客。他们在从前能够很容易地按照古代乡村的款待方式，养活一千个食客，可是现在要他们招待一个贵族过一夜，却不那么容易。沃里克伯爵理查德号称无冕之皇，他每天所赡养的除佃农外还有四万人。[②] 但在过奢侈生活的时候，他就不能这样做。[③] 因此，贵族权力削弱了，而且在下议院还没有确立其权力以前就已经削弱了。由于这样，国王变得

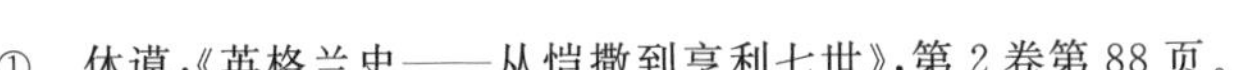

① 休谟：《英格兰史——从恺撒到亨利七世》，第 2 卷第 88 页。

② “四万”也许是三万之误。《国民财富的性质和原因的研究》第 1 卷第 3 篇第 4 章第 411 页只说“三万”。参阅休谟：《英格兰史——从恺撒到亨利七世》第 2 卷第 361、362 页。

③ 安德鲁·弗莱彻：《政治性著作》，1737 年出版，第 11—16 页；休谟：《英国在都铎王朝时代的历史》，1759 年出版，第 1 卷第 63 页。

专横起来。在都铎王朝时，政府是非常专制的，不但贵族没落，市邑也失去了权力。

也许有人认为，由于技艺和商业发展的结果，国王也可能失去权力；但是，如果我们稍稍留心考究，就会明白情况必定和上述恰恰相反。当没有人能够花费一百镑以上的时候，一个每年拥有四万镑收入的人，不可能受到生活日益奢侈的影响。这正是国王的情况。他拥有一百万镑收入，而他的臣民，没有一个能够花费三四万镑以上。所以，国王除把他的钱用来赡养很多人外，没有其他花钱的方法。[①] 这样说来，奢侈生活一定会削弱贵族的权力，因为他们的财产和国王比起来是很小的。国王的财产既然和从前一样没有受到影响，他的权力一定会变为无限制的。虽然大多数欧洲国家的情况都是这样，但在德国，情况却完全不同。德国的君主是由选侯选举出来的，因此君主没有那么大的权力。德国这个国家比其他欧洲国家大得多。在封建政体瓦解的时候已经拥有很多财产的贵族所得到的比其余的人为多。因此，他们的财产增长到大大超过在地位上仅次于他们的人的财产，以致他们不可能把财产都花费在奢侈生活方面，因而他们能够赡养很多食客。所以在德国，贵族权力还保留下来，但在英格兰，贵族权力已完全消失，而国王已拥有绝对的权力。

〔第十一节　自由是怎样恢复的〕

我们现在已经说明了英国政府是怎样变成专制政府的，接下

① 在《国民财富的性质和原因的研究》第2卷第5篇第3章第508页中，这整个论点被轻蔑地加以驳斥。

去我们将讨论自由是怎样恢复的，以及英国人所获得的自由有什么保障。

亨利七世所颁布的允许贵族让与财产的法案[①]，已经把贵族和平民放在完全相同的地位。总是爱好名望的伊丽莎白女王常常不愿向她的臣民课税。为了支付她的紧急费用，她往往把御地卖掉，因为她知道她的子孙都不会继承她的王位。[②] 因此，她的继承人，常常迫于需要，不得不向议会请求拨款。下议院现在已经变得很强大，因为他们代表全体人民。由于他们知道国王不能有所匮乏，因此在付给国王款项时总要在一定程度上削弱国王的特权。在一个时候，他们得到了言论自由权；在另一个时候，他们迫使国王颁布了这样一个法令，即制定每一条法律时都需得到他们的同意。国王由于迫切需要款项不得不接受他们的要求，这样，议会的权力就巩固起来了。在詹姆士一世即位以后，不列颠享有一项特殊的有利条件，即领土以海为界，不需要有常备军，因此国王没有威压人民和议会的权力。在那个时候，[③]规定每年给国王的钱有一百二十万镑。[④] 要不是由于查理二世不知理财，以致弄得和任何一个前国王一般贫困，每年有一百二十万镑收入是可以维持他的独立地位的。他的继承人更处于仰人鼻息的地位，结果不得不

① 亨利七世 4 年第二十四号法案；达伦普尔：《封建财产》第 166 页；休谟：《英格兰在都铎王朝时代的历史》第 1 卷第 63 页。

② 达伦普尔：《封建财产》第 168 页；休谟：《英格兰在都铎王朝时代的历史》第 2 卷第 729 页。

③ 即在复辟时代，见拉平：《英国史》（由廷达尔译为英文）1743 年版，第 2 卷第 621 页。

④ 原稿作“十二万镑”。

放弃王位,离开王国。这样,新的王室进来了。由于御地已经全部卖去,他们得完全倚靠捐税来支付费用,而且为了这个不得不向人民讨好。从这个时候以来,国王的收入尽管比从前大得多,但由于他的收入须经过议会同意,所以绝不会危害人民的自由。现在,这种收入主要是由从下三方面构成:第一,皇室费,这完全供维持王室之用,不能给国王带来什么权力,也不会损害人民的自由;第二,一年征收一次的土地税和麦酒税,这些税的征收全以议会的意旨为转移;第三,作为偿还公债用的抵押基金,例如,由关税和消费税稽征人员征收的盐税、啤酒税、麦酒税[①]等。这些税国王自己不能动用,必须解交高等法院,一般由有财产而公正廉直的人管理,这些人员拥有终身职位,而且和国王完全没有关系。就是他们也只能把款付给国会所指派的人,而且必须偿还对公共债权人的债务。上述抵押捐税的剩余[②]充作偿还公债的基金。公债巩固了现今王室的政权,因为革命如果发生,公共债权人(他们都是有财产的人)的本利就将化为乌有。由于这样,国家收入管理得十拿九稳;也由于这样,在不列颠,实施了一种合理的自由制度。议会是由二百个贵族和五百个平民组成的。下议院主要管一切公务,因为有关款项的法案只能在下议院提出。这样,不列颠政体是权力有着适当限制的各种政体的完善的混合物,是自由和财产的完全保证。

还有一些对自由的保证。被任命来执行法律的法官是终身制,他们和国王完全没有关系。此外,国王的大臣如果失职,下议

① 除第二项所提到的一年征收一次的麦酒税外,还有日常不停地征收的麦酒税。

② 就是说,抵押捐税收入在扣除了公债利息以后的剩余。参阅摩蒂默:《人人都是自己的经纪人》,第五版1762年刊行,第205—207页。

院得提出弹劾，而国王不能赦免他们[①]。人身保障法案是人民自由的另一个保证，使国王不能专横地要把一个人拘禁多久就拘禁多久，也使一个拒不提审犯人达四十天[②]之久的法官，失去服务任何公职的资格。选举方法以及把一切有关选举问题的裁判权放在下议院手里的做法，也是对自由的保障。所有这些成规使得国王不可能企图独揽大权。

除上述外，法院的设立，也是对自由的保证。我们因此将讨论这些法院的由来、他们的历史以及它们的现状。

〔第十二节　关于英格兰法院〕

在英格兰，其实在整个欧洲，在封建法律被采用以后，王国的管理正像贵族管理他们领地一样，而王国内执行法律的情况，也像贵族在其领地内执行法律的情况一样。正如贵族管家管理属于他的主人的那个州的事务那样，最高司法官管理着王国的一切事务。他任命各州行政司法长官和委派其他低级官吏。他自己是个大贵族。由于职位所给予他的权限，在英格兰以外的其他国家，他变得和国王有同样大的权力。但爱德华一世事先看出了这个危险，并加以防止。所有各种民刑诉讼都是在国王出席下由最高司法官或国王法庭来裁判的。国王参加的法庭，对民事诉讼案件的审理必难以避免延搁。为此，把民事案件从这个法庭划分出来，并规定由威斯敏斯特高等民事裁判所来审理民事案件。刑事案件往往判决

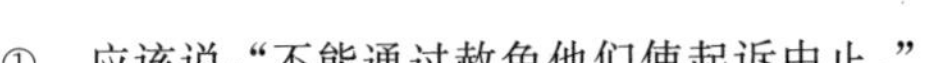

① 应该说："不能通过赦免他们使起诉中止。"

② 二十天是最大的限度。同样的错误也出现在下面第三分部第 11 节。

得比较迅速。[①] 的确，人们也许认为，一个有关人命的案件应该比其他案件有更长时间的辩论，但是这种案件往往激动公愤，因而必须早日执行刑罚。小的钱债案件是怎样裁判，在旁观者看来是无关重要的，但刑事案件，在他们看来却绝然不同。当民事案件从最高司法官法庭划分出来，而最高司法官既拥有审判刑事案件的权力又拥有度支的权力时，他的权力丝毫没有减少。后来，爱德华一世把最高司法官所管理的事务分归以下三个不同法院处理：

国王法庭

高等法院

高等民事裁判所

在上述三个法院中，最后一个审理所有民事案件。第一个审理所有刑事案件，而且最终审理由高等民事裁判所送来的上诉案件。它叫做国王法庭，因为那时候国王常常出席该法庭。但现在国王不能这样做，因为由国王裁判破坏王国治安案件是不适当的。高等法院裁判一切在国王和人民之间所发生的案件，国王对人民的债务或人民对国王的债务，以及任何有关岁入的案件。大法官法庭本来就不是法院。大法官只是裁判所依据的诉讼事实摘要或令状的保管者。我们将讨论诉讼事实摘要所以必须保存的理由。

爱德华一世废除了最高司法官的权力。[②] 他使用普通人士——一般是牧师——来做法官。由于案件要倚靠他们来判决，所以他们战战兢兢地行使职权，对于刑事案件和民事案件，往往犹

① 刑事审判一般是当日完结；累基：《英格兰史》第6卷(1887年版)第252页。

② 休谟：《英格兰史——从恺撒到亨利七世》第2卷第122页。

豫不决地居间调停，在刑事案件充作调解人，在民事案件充作仲裁人，对于那些不能从最高司法官法庭找到前例的案件，不愿意加以裁判。由于这样，所有最高司法官法庭所据以进行裁决的诉讼事实摘要都被保存下来。保管这些摘要似乎本来就是大法官的职责。如果一个人遇有要处理的诉讼案件，他就到大法官法庭去找书记官。书记官检查诉讼事实摘要，要是他找到一个与此案件适切的摘要，案件就依此裁决，要是找不到适切的摘要，案件就无法裁决。由此可见，大法官原来并不是法官。在苏格兰，英格兰大法官所执行的职务是由高等民事法庭来执行的。在英格兰，大法官把诉讼事实摘要送给行政司法长官，行政司法长官因此必须出席国王法庭。在那个时候，法官处理诉讼的不规则性和不正确性曾引起国王很大的猜忌，他因此曾好几次严厉惩罚了他们，有一次由于他们舞弊，他向他们征收了一万镑。① 为此，法官们审理案件时完全拘泥于大法官法庭的诉讼事实摘要，而且总是拘泥于大法官法庭的纪录，甚至错拼的字也不敢更正。这样呆板地依照纪录的做法，在没有法规代替某些纪录的情况下还存在着。一个纯系拼字上的错误，虽然看来很明显，但在很多场合下却使整个成为无效。所以，法官们总是呆板地照诉讼事实纪录判决，或在有法规时，呆板地照条文判决。以上所述乃是大法官法庭的由来及其权限。

当英格兰律典正在改善的时候，曾经发生了各个法院争揽权

① 休谟：《英格兰史——从恺撒到亨利七世》第 2 卷第 68 页，但数额应该是十万元中世纪旧银币（译者注：这种银币每一元相当于 13 先令 4 便士）。

力这个事实。我们因此将说明各个法院是怎样扩展自己极力，侵害别人特权，以及大法官法庭是怎样增加它的权力的。审判刑事案件以及治安案件的国王法庭，首先僭越权限，在诉讼人还未上诉之前，就直接审判民事案件。他们通过所谓违法的令状，就是说他们认为某人犯有侵害罪，侵犯高等民事裁判所的职权。例如，一个人欠着十镑债，不按指定日期偿清这笔债务，国王法庭认为他有意躲避，就发出令状，拘传审问，并按上述侵害罪来处罚他。① 现在，有关契约的诉讼得由国王法庭直接审理。国王法庭就是按上述方式扩展它的权力的。由于它在地位上高于其他法院，其他法院无法侵害它的权限。

高等法院是按以下方式来攫取直接审理民事案件的权力：假定一个人欠了国王一笔款项（这是高等法院所管辖的业务），而且他不能清偿这笔债款，除非他的债务人先清偿对他的债务，高等法院便以所谓清偿能力减低（就是说由于别人未清偿对他的债务所以他不能清偿对国王的债务）为理由，承担起对这个第三者起诉的责任。由于国王的借款是很多的，并由于法官的利益来自判决费，而判决费的多少是以法庭所受理的案件的多寡为转移的，所以他们总是热切地抓住这种扩大权力的机会。所有法院都企图通过迅速的裁决和正确的裁判来鼓励人们向他们提出诉讼。②

接着，我们将说明大法官是怎样取得衡平法案件的裁判权的。

① 正文有所混淆，或是有所脱漏，因为所叙述的诉讼程序，是根据“米德耳塞克斯法案”，而不是根据“关于违法的令状”来执行的。

② 《国民财富的性质和原因的研究》第 2 卷第 5 篇第 1 章第 2 部分第 302、303 页。

在手工业和商业发展以后，许多从前没有发生过的诉讼案件都发生了。这个时候，法律条文的不完善使人民受到很大的不方便。爱德华三世[①]发现有许多侵害行为是诉讼事实摘要或法院规则所没有包括到的。议会因此通过议案说，如果一个人向大法官法庭书记官索阅诉讼事实摘要，而找不到一个能给他提供任何解决方法的摘要，书记官应该寻找一些相似性质的摘要，并且根据这些作出一个可给控诉者提供赔偿损害方法的新的摘要。[②] 这样，大法官法庭给其他法庭定出了规章；但是，由于他们规定了审理案件所根据的诉讼事实摘要以及处理的方法，这就使诉讼者无须到其他法院去，而大法官法庭于是掌握了这些案件的裁判权。不可能有通过国王法庭或高等民事裁判所向大法官法庭提出上诉的案件，但它们往往向大法官法庭征询关于习惯法所不能够解决的问题。大法官因此取得了裁判所有衡平法案件的权力，而且受理大部分的民事案件，在这些案件中，首要的是关于逐项履行契约的争执。按照习惯法，如果一个人依约必须交出一块土地，而后来拒绝这样做，他只需赔偿损失，而无须逐项履行契约。大法官法庭现在被看作债权法院，它可责成有关方面逐项履行这个契约。其次，大法官法庭也处理习惯法所不能处理的信托上的欺诈行为。由于土地交教会保管使国王失去土地上的报酬，所以曾经通过了法案来反对这个做法。牧师们规定说，土地应该交那些会为着教会的利益来处置的人去保管。如果他们不履行任务，那就是信托上的欺诈行

① 应该是“爱德华一世”。

② 威斯敏斯特法规二号，即爱德华一世13年第二十四号法案，达伦普尔：《封建财产》第316页。

为,大法官准许主教把这个任务交给能够履行的人。同样的,当人们在那时候的事态下不得不把财产让与和财产没有关系的人时,大法官就把这种财产交还原主。此外,遗嘱、继承以及类似的事情,也属于大法官衡平裁判的范围。

当我们说到法院时研究一下陪审员的由来,我们这样做是适当的。当自主地政府刚开始时,各个法院还没改善,没有精细地审理案件的经验。在这个时候,任何人向法院提出倚靠他的誓言来判决的诉讼,他就必须带十二个宣誓保证人,向法院宣誓保证他的誓言是正确的。这个做法的遗风,现今在钱债诉讼中还存在着。在这些案件中,如果一个人能带着若干人宣誓保证他的誓言是正确的,他便胜诉了。应该指出,这种审判方法的不完善乃是引起决斗裁判的一个主要原因。一个贵族,或任何意志倔强的人,如果由于一系列发伪誓者而失却他的权利,当然宁愿通过决斗求上帝裁判,而不愿向法院提出诉讼。亨利二世首先规定,行政司法长官和若干最熟悉罪情的人应该审理整个案件,被告应该由他们裁判。英格兰法律总是自由的朋友,在仔细地指定公正的陪审员这一方面更值得称赞。被选定的陪审员,必须是住在犯罪所在地附近而能有机会熟悉罪情的人。被告可拒绝大部分陪审员。他可拒绝陪审员中的三十个,而且当他怀疑行政司法长官偏私时,他可请个别陪审员或若干陪审员回避。在被告怀疑偏私的原因中,可能有许多是微不足道的,这些怀疑是否适当由法院来决定。没有什么制度能比陪审制度提供更大的对生命、自由和财产的保障了。一方面,法官是廉正人士,完全独立地工作,享有终身职位,但他们要受到法律的限制;另一方面,陪审员是你们的邻人,他们裁判和你们

生命有关的事实。你们也可根据某些理由拒绝他们。

英格兰关于陪审员的法律只有一个缺陷，在这一点上英格兰法律和苏格兰法律有所不同。在英格兰，陪审员必须全体一致，这使得陪审员的职务成为非常不愉快的职务。一个案件你可能看得比我清楚，而且实际上你的看法可能和我们大家的看法都不同，但我们必须取得一致，因而在我们当中有一个人必须违背良心来宣誓。在刑事案件中，没有上述危险，因为人们一般都想保护无罪的人，都想保留人的生命。但在民事案件中，人们就不这么惴惴不安，不这么倾向保护无辜者，而且有许多人甚至是十分可疑的。贵族往往不愿意参加具有这么多不便之处的陪审委员团，因此只有普通人陪同法官审理案件。伟大人物往往不愿意常常被招来遣去，不愿意遭受到不是绅士所能容忍的待遇。在这一点上，保证安全的法律做得有点过分了。在苏格兰，陪审员不需要全体意见一致，所以陪审职务不这么不愉快。虽然一个人的意见跟大多数的意见不同，他可坚持自己的意见，无须勉强服从别人的意见，因此属于最高阶级的人也愿意做陪审员。在大法官法庭所处理的诉讼案件中，不需要陪审员，苏格兰的高等民事法庭在民事诉讼方面已不设陪审员。

除上述法庭外，还有几个由国王特许设立的法庭。亨利七世设立了三个法庭：审理教士案件的高等宗教法庭，审理死刑以外的案件的民刑法院，看管国王在监护费方面的利益的保护法院。查理二世在接受了一笔款项以后废除了最后一个法庭。现在，国王非征得议会同意不能设立法庭。欧洲其他国家的法律都没有像英格兰的法律那么明确，因为英格兰法律有悠久的历史。巴黎议会只是到英格兰亨利七世时代才设立。不列颠议会是由很多人组成的，而且这些人都是有大体面的人。① 所有新的法庭都不愿遵守以前制定的规章。所有新的法庭都成为大的祸害，因为他们的权力在最初没有明确地加以厘定，因而他们的裁判必定是不严密的、不正确的。

这样，我们已经讨论了：

1. 野蛮民族政府的由来；

2. 游牧民族政府的由来；

3. 小部落酋长政府；贵族政治发生的方式；侵略性小共和国和防御性小共和国的崩溃，从及专制政治瓦解以后欧洲所发生的各种政体。

〔第十三节　关于欧洲的小共和国〕

接下去，我们将讨论欧洲小共和国的由来，并讨论国王和人民的权力。

先讨论这些共和国的由来。在某些国家中，离开政府所在地很远的省份有时会独立起来，如在查理曼时代德国和法国的大部分地方都有这种情形。休·卡佩是最高司法官，②他把政权掌握在自己手里，但只使用法国国王这一称号。教皇找德国麻烦，在长时期内使阿索皇帝不能占领意大利。但是，当他占领意大利时，由于意大利离开德国较远，他无法守住。每一个小城市都组成共和国，有它自己选择的议会来领导。一些建有很好防御工事的德国城市，如汉堡等，僭取同等特权，而且在一定程度上还保有这种特

① 这一句和前一句似乎都是讹误的。

② 吉耳伯特：《论高等法院》1758 年出版，第 8 页。

权。意大利各城市是由世袭的贵族统治的，尽管古代的共和国是完全民主的。在威尼斯，人民自愿地放弃了管理政治的权力，如同荷兰人民一样，因为他们感到这不胜其烦。荷兰和瑞士共和国组成了联邦共和国，因为他们的力量依存于这种组织。

我们现在稍稍说一说关于这些共和国的投票方法。当选举票有一百张而候选人有三个时，最不受欢迎的人可能当选。如果甲、乙和丙是候选人，甲可能得三十四票，乙和丙可能各得三十三票。这样，虽然有六十六票反对甲，他却当选了。当一个罪犯被提交给这个会议时，情况必定更是这样，因为三十四个人可能认为他犯有谋杀罪，三十三个人可能认为他犯有杀人罪，而另外三十三个人可能认为他犯有过失杀人罪，但他必定会受到谋杀罪的处罚。[①] 为要防止这个弊病，在某些共和国里，他们把问题简单化，就是说，把问题简单化为他是否犯有谋杀罪。如果有三个候选人，他们先举行一次投票，把这三个候选人中的一个淘汰掉。在他们的参议院里，议长没有审议投票权，只有决定投票权，因为他们不允许一个人有两个投票权。当两方票数相等时，问题便不能决定，但没有被否决，留待另一次会议决定。

〔第十四节　关于国王的权利〕

我们现在讨论人民对国王应该怎样尽忠，以及对违抗国王的人的适当惩罚是什么。在任何国家里，企图推翻这个权力都被看作是最大

① 哈彻逊：《伦理哲学体系》第 2 卷第 241 页；格罗提渥：《战时法与平时法》第 2 篇第 5 章第 19 节；普芬多夫：《自然法与国际法》第 7 篇第 2 章第 18 节。

的罪，且被称为叛国罪。应该指出，在君主国的叛逆罪和共和国的叛逆罪之间有很大的区别。就前者说，它是企图杀害国王本身，而就后者说，它是企图扼杀人民的自由。由此可见，暗杀行凶的主义能够在共和国建立起来，但不能在君主国建立起来。就君主国的利益来说，当权的人要加以保卫，不管他的官衔、他的行动是怎样，而且不允许人过问这些。因此，君主国的法律对于暗杀暴君是不利的。在共和国里，暴君的定义是十分明确的。他剥夺人民的自由，征募军队，征收捐税，而且任意残杀人民。由于不能把这样的人交法院法办，所以暗杀被认为是公正的。的确，现今欧洲的共和政府，并不鼓励这种暗杀主义，因为君主国树立了榜样，其他政权模仿了它们的榜样。按照我们现在的观念，克伦威尔的暗杀是最卑鄙的行为，但是如果榜样是由希腊和罗马共和国树立的话，看法可能完全不同。

我们已经说明了君主政府和共和政府之间的不同之点，我们接着将讨论那些被看作叛逆的罪。叛逆罪或危害国本罪有三种：第一，企图通过武力或叛乱推翻现政府；第二，通敌，把炮台、人质等交给敌人，或在政府要求交出驻防地时拒绝交出，这叫做叛国罪；第三，侮辱行政司法长官，这不像上述二者那么严重。这些是古罗马的各种叛逆罪。在皇帝统治下，这些罪往往被混合起来，连最小的罪，甚至用石头投击皇帝雕像，也要处死刑。① 在霍诺留统

① 据马西阿纳斯说（见《罗马法典》第 48 篇第 4 章第 5 节），“修复那些由于历时久远而损坏的皇帝雕像，并不犯叛逆罪，而无一定目标地投掷石头，碰巧击中皇帝雕像，亦不犯叛逆罪——这就是塞佛拉斯和安奈那斯这两个皇帝对卡萨安那斯所作的敕答”。根据上述，当然可作以下的论断：故意用石头投击皇帝雕像，就犯叛逆罪〔译者按：罗马皇帝对法律上疑问所作的敕答是罗马法的一个来源〕。

治下，阴谋反抗皇帝的大臣也算是叛国罪。[①]

英格兰法律[②]看作叛逆罪的有下列几种：第一，杀害国王，想杀害国王，[③]或提供武器反抗国王，有这种企图的人都处以极刑。尽管丢炸弹的阴谋没有实现，但阴谋者却要处死刑。如果他们所阴谋炸死的人不是国王，而是他人，他们就不处死刑。第二，与皇后或长公主通奸，[④]因为这是对国王的侮辱，而且使皇室可能有赝伪的后裔。如果不是长公主而是其他公主，所犯的罪就不那么重大。第三，征募军队反抗国王，帮助国王的敌人等。第四，企图在开庭时杀害大法官或巡回裁判法官；在非开庭期间，这只是重罪。但是，爱德华一世制定法令规定，仅仅打伤这些人，并不构成叛逆罪。[⑤] 第五，伪造国玺，这被认为是篡窃政权，因为国务都是以国玺来进行的。第六，伪铸钱币，但适当地说，这不应该看作叛逆罪，因为它并没有危及国本。这个罪只是伪造罪，通常是按伪造罪来处罚的。[⑥] 这些是宗教改革以前的各种叛逆罪。在这个时候，亨利七世自称为教会领袖，认为对宗教事务的统治权是国王大权的一部分，而且为着这个目的创设了高等宗教法庭来裁判教士的案

---

① 《法典》第 9 篇第 8 条目第 5 节。

② 即指爱德华三世 25 年第五号法案第 2 章。

③ 即图谋杀害国王或女王或他们的长子。

④ 未婚的长女，或国王长子的妻子。

⑤ 按照爱德华三世 25 年第五号法规第 2 章，在开庭时杀害法官（不仅仅企图杀害）是叛逆罪。亚当·斯密认为在这个法规颁布以前，企图杀害法官是叛逆罪，他的话可能也有根据，但要是这样，“杀害”应改为“企图杀害”，而“爱德华三世”应改为“爱德华一世”。

⑥ 犯有这种罪的人被用刑车送往法场绞死，但不剖腹肢解。霍金斯：《公诉》第 3 版（1762 年）第 2 篇第 48 章第 4 节。

件——马利女王废除了这个法庭，但伊丽莎白女王又把它恢复过来。由于那时存在着某种来自教皇党的危险，天主教被认为是对政府生存的一个威胁，所以带进教皇训谕、神的羔羊图像或其他可表明支持教皇权力的东西，[①]支持天主教神学校，[②]或隐匿天主教神甫，[③]都被宣告是犯了叛国罪。这个法律在当时虽是适当的，但现在应该废除，因为现在不再需要这个法律，至于容纳天主教神甫，现在谁都不加以注意。

在内战和克伦威尔篡占时期，在什么程度上反抗政权是合法的，成为一个问题。王权党认为国王是可以独断独行的，而民权党则认为国王只是管事，人民要他走便可把他撵走。在复辟以后，王权党得势，而民权党不受欢迎。在革命时期，由于充分的原因斯迪威王室被废，继任的是现今的王室。于是，王权党党徒被放逐，这对人心的向背有所影响，因此制定法令说，谁在口头上反对现今王室就犯叛逆罪。[④] 现在这个法令完全不需要了，因为政府是那么巩固，说说写写反对政府的人可无须加以注意了。

---

① 按照伊丽莎白女王 13 年第二号法案，带进教皇训谕便犯叛国罪，但带进或接受神的羔羊图像只使犯者受到支持教皇权的处罚。霍金斯：《公诉》第 1 篇第 17 章第 75 节，第 19 章第 24 节。

② 按照伊丽莎白女王 27 年第二号法案，一个俗人违反公告在外国的天主教神学校念书，便犯叛逆罪，但是把钱款寄给这种神学校，只犯支持教皇权的罪。霍金斯：《公诉》第 1 篇第 17 章第 80 节，第 19 章第 26 节。

③ 按照伊丽莎白女王 27 年第二号法案，隐匿天主教神甫，只处以罚款和监禁，但霍金斯在他的《公诉》一书叛国罪那一章中曾说到了这个罪。见该书第 1 篇第 17 章第 81 节。

④ “在口头上”应改为“在书面或刊物上”。单单说说只犯侵害王权罪（按照安娜女王 4 年第八号法案和安娜女王 6 年第七号法案）。霍金斯在叛逆罪那一章第 85 节中曾说到这两种罪。

在苏格兰，法律关于叛逆罪的规定是很纷乱的。使人民对国王起反感，或使国王对人民起反感，这些都是叛国罪。但自苏格兰和英格兰合并以后，苏格兰关于叛逆罪的法律已修改得和英格兰法律一致。[①] 上述是不列颠关于叛逆罪的法律，违犯这些法律的人要受到最严厉的处罚。他被绞得半死刳出脏腑，他的财产、他的妻子的妆奁[②]等都被充公。他败坏了他的血统，因此他的儿子不得继承。

除上述外，还有另外一些违抗国王但不受到叛逆罪处分而受到重罪处分的罪。[③] 第一，铸造不合规格的铸币[④]和输出铸币。[⑤] 根据富裕在于货币这一概念，议会决定，每一个人得申请铸币厂免费把金银块铸为铸币。[⑥] 由于铸币从来不低于金银块的价值，所以存在看把铸币熔成金银块的诱惑。因此议会制定法案，宣布这种行为构成重罪。[⑦] 第二，企图通过任何方法例如点金石来增加铸币都构成重罪。[⑧] 第三，损坏国王的盔甲也构成重罪。[⑨] 第四，

① 安娜女王7年第二十一号法案第3节。

② 应改为"他的妻子的寡妇产"。

③ 霍金斯：《公诉》第1篇第18章。

④ 安娜女王7年第二十五号法案。

⑤ 这是根据霍金斯：《公诉》第1篇第18章第2节错误的说法而作的错误推断。自从1573年以来，输出铸币虽还在禁止之列，但不构成重罪。参阅赫尔：《公诉史》(1736年出版)第1卷第645—656页。

⑥ 卡罗林二世18年和19年第五号法案。

⑦ 卡罗林二世15年第七号法案准许外国金银块的出口。因此英国硬币被熔成西班牙式的锭块。威廉三世6年和7年颁布的第十七号法案禁止这种行为，犯者处以五百镑的罚款。这也许是正文所提到的法案。这个法案没有宣告上述行为构成重罪，但霍金斯把它列入《违抗国王的重罪》这一章，见《公诉》第1篇第18章第1—3节。

⑧ 亨利四世5年第四号法案，但威廉和马利1年的第三十号法案把它废除了。

⑨ 伊丽莎白女王31年第四号法案。

企图违抗国王的官吏也构成重罪。[①] 一般地说，对他人犯了重罪，对国王也犯了重罪。如果国王被扒窃，这就对国王犯了重罪，正如对平民犯了重罪一样，不过上述的犯罪行为是指对国王作为国王来说的。还有一些对国王犯的小罪，不构成重罪，而构成所谓侵害王权罪。这一点需要说明。在约翰王和亨利三世朝代，英格兰是完全在教皇支配之下。他的使节把他的训谕带到英格兰来，并任意在英格兰募捐。因此在宗教改革以前，保卫国王的自由不受教皇侵害是必要的。有的时候，国王指派一个人任有俸圣职，而教皇也指派人员，而且教皇所指派的往往被优先接受。为此，制定法律，禁止把教皇训谕从罗马带到英格兰，或把教皇呼吁书带到英格兰；任何人拒绝把圣职授予国王所推荐的人就按侵害王权罪(Praemunire regem)处罚，借以增强国王权力使能抗拒教皇。[②] 惩罚的办法是没收货物与剥夺法律保护。当教皇宣布亨利七世是教会领袖以后，侵害国王对宗教事件的特权就构成侵害王权罪。[③]

① 亨利七世3年第十四号法案以及安娜女王9年第十六号法案。

② "关于Praemunire(警备)一字的词源，托马斯·斯密斯爵士说：'所谓Praemunire是通过上述法规使国王有所戒备并使国王的权力增强，能够防止外来的、不应有的权力对王权的侵害'——上述的话可从爱德华三世25年第六号法规之c.1得到根据。或者说，Praemunire是从Praemonere即'警告'演变而来，它似乎是对任何人的一个警告，使他不致由于企图侵害王权而犯了罪。至于粗暴地把Praemonere用来替代Praemunire，这个讹误是来自罗马法和教会法的不正确解释者，他们曾经很多次地按照我们的谚语，即有了警告就易于戒备，把结果(Praemunire)倒转为原因(Praemonere)。我是根据《古不列颠语》第143页中所提及的一个令状来推断的。'让我们预先警告教会的主监、检察等等，使他们能在那个时候到案，等等'。这些话只能对那些犯有这种罪的人说。"明沙乌：《语言入门》1696年出版，第572页。柯克在《典章制度》第3篇第53章中说：警告就是戒备。

③ 霍金斯：《公诉》第1篇第19章第23节；参阅该书第17章第72节。

除上述外，还有另外一些叫做隐匿罪的罪。隐匿罪或是消极的或是积极的。积极的[①]隐匿罪是，不揭发他人对国王本人、长公主或王嗣的阴谋。同样的，如果你听到阴谋和反叛的消息不予揭发，你也犯了重罪。消极的[②]隐匿罪是，伪造能在本国流通的外国铸币，例如葡萄牙铸币；但伪造法国或荷兰货币，不构成重罪，因为这些货币不能在这里流通。[③]

最后，还有另外一些违抗国王的罪，叫做轻蔑罪。轻蔑罪共有四种。[④] 第一，对于国王宫廷的轻蔑。在国王的宫廷吵闹是对国王的大不敬。在法院吵闹也要受严厉的责罚，因为在法院里的人易于激动，如果法律不如严厉的制裁，那么法院就会受到扰乱。[⑤] 第二，轻蔑国王特权，例如，在合法征召时拒绝服从国王的征召，在职人员未经国王许可擅离国境，收到印有国玺的传唤拒而不来，未经国王认可擅自接受外国国王的俸金[⑥]（连作家未经国王认可也不能接受外国国王的俸金）。第三，对国王本人及其政权表示轻蔑（许多人都犯有这种罪），例如说国王是懒惰或胆怯的，或如说国王违反了加冕誓言，或者说不敬国王大臣的话。[⑦] 现在已不把这些

① 是“消极的”之误。见霍金斯：《公诉》第1篇第20章第1—6节。

② 是“积极的”之误。见霍金斯：《公诉》第1篇第20章第7节。

③ 正文所说是完全错误的。按照马利女王1年国会第二次开会所通过的第六号法案，伪造国王准予流通的外国铸币构成叛逆罪；按照伊丽莎白女王14年第三号法案，伪造不流通的外国铸币构成隐匿罪。霍金斯：《公诉》第1篇第17章第59节和第20章第7节。

④ 霍金斯：《公诉》第1篇第21章开头的地方。

⑤ 同上书第1篇第21章第1—15节。

⑥ 同上书第1篇第21章第22节。

⑦ 同上书第1篇第21章第23节。

看作轻蔑，因为政府是那么巩固，写写说说不可能发生影响。第四，轻蔑国王尊号，或否认国王尊号，或宁愿称道觊觎王位者的称号，为觊觎王位者而干杯，或拒绝作矢忠与放弃原有国籍的宣誓。[①] 这一切都处以罚款或拘禁，但不按叛逆罪、重罪、侵害王权罪处罚，也不剥夺法律的保护。

我们已经讨论了人民对国王所犯的罪，接下去将说到国王对人民所可能犯的罪。但先说明谁是一个国家的人民，这样做是适当的。

〔第十五节　关于公民权〕

关于谁享有公民权这一点，各国法律大不相同。在大多数瑞士共和国里，除生来就是公民者以外，公民权是无法取得的。在古罗马，一个家庭可能在四、五代中还保留着侨民身份。在雅典，除非父母亲是公民，否则不能成为公民。应该指出，雅典人特别不轻易把公民权给予别人，因为享有公民权就享有很大特权。他们甚至不愿意把这个荣誉给予国王，当他们要对邻国国王表示厚意时，他们所做的只是豁免他的进口物品的进口税。对于马其顿国王菲力普的父亲阿敏达斯，他们就是这样做的。由于外国人缴纳的进口税高于本国人所缴纳的，所以豁免进口税是不小的特权。在打败波斯人以后，他们的军队达到两万五千人，他们的国家耕种得很好，许多亚洲城市向他们进贡。由于这样，他们的公民有权利参加法院，送他们的子女到公立学校受教育，分到某种款项以及许多其

---

① 霍金斯：《公诉》第1篇第21章第24节。

他好处。如果公民人数增加，这些特权就没有那么大的价值了，因此他们非常爱护公民权。我们知道，无论什么人到英格兰教区来，都必须提供保证不成为教区的累赘。[①] 在自由民人数很少而选举权掌握在几个人手里的小共和国里，市民权是很重要的，正如上述保证那样重要；但在像罗马的大城市，市民权并不算什么，因此他们一下子把整个省的人民变为公民。在不列颠，一个在王国出生的人，受到法律的保护，能够购买土地，如果信奉国教，就能充任任何公职。在大的国家里，要成为某一国家的公民就必须出生在那一国家；在小的国家里只有公民所生的儿女才是公民。同样的，各国对于没有公民资格的人的规定各不相同。按照古罗马和所有野蛮国家的法律，一个进入他们国境的人，他的货物都得充公，而他自己成为他所首先遇到的人的奴隶。按照庞波尼阿的法律，如果他是从一个和罗马友好的国家来的，他就受到法律所规定的待遇。[②] 在野蛮国家，对于外国人和敌人，他们使用同样的词语来表

① 或提供"足够的保证"(按照卡罗林二世 13 年和 14 年第十二号法案)或由原住教区出具证明书(按照威廉三世 8 年和 9 年第三十号法案)。见《国民财富的性质和原因的研究》第 1 卷第 1 篇第 10 章第 146、147 页。

② "诚然，和我们没有邦交的国家，或是和我们没有订立友好条约的国家，不一定就是我们的敌人，但是，从我们这边到达他们那边的东西就变成他们的，我们的自由人民，如果被他们俘获，就变成他们的奴隶。同样的，来自他们那边的东西也变成我们的"——这是庞波尼阿在《罗马法典》第 49 篇第 45 章第 5 节中所说的话。格罗提渥在《战时法与平时法》第 2 篇第 15 章第 5 节中曾引用这些话，但格罗提渥和科西都没有提到庞波尼阿，也没有提到《罗马法典》。但是，孟德斯鸠(《论法的精神》第 21 篇第 14 章)在引用这段话时，曾说它是庞波尼阿所说的，并且说它是引自《罗马法典》第 5 章第 2 节和以下各节，这几节所说的都是关于俘虏问题。这也许是"庞波尼阿的法律"一语的来源。

示。在古罗马,每一个外国人都是敌人(Hostis),[①]因为他们认为所有其他国家都是敌国,而一个来自这些国家的人是间谍。利兹菲尔号兵舰在摩洛哥皇帝的国境内失事,由于我们和他没有盟约,所有船员都变成奴隶。我们国王按照那地方的习惯,把他们赎回。[②] 当它们[③]发现输出自己货物和输入他人货物的好处时,他们当然允许跟他们交易的人在人身和货物方面得保安全,而且允许这些人在人身或货物受到损害时提出诉讼。以上就是外国人在大多数欧洲国家的现状。在不列颠,外国人不能购买地产,也不能继承土地财产,也不能提出关于不动产的诉讼。他不能立遗嘱,因为这是财产权的最大延伸,而且是基于对死者表示敬意和深情,外国人不可能享有这个权利。按照一个特定法规,外国商人(但不是小商人)可租借房屋。这是根据一个奇怪原则来的,即认为这样做就可阻止我们自己的小商人留宿外国人。[④] 上述乃是外国人在大多数国家的状况。

在不列颠,取得公民权的方法有两个:第一,通过归化证明书,这是国王特权的一部分;第二,通过入籍法案,这是议会的决议。

① 按古拉丁语,Hostis 一语,只含有"外国的"的意思。

② 利兹菲尔号兵舰在 1758 年 11 月 29 日失事,而船员在 1760 年 4 月用二十二万五千银元赎回。参阅《绅士杂志》1760 年第 200、391 页和 1761 年第 359—363 页。

③ 指上面前几行所提到的国家。

④ 法官决定,商人得租借房屋。见柯克:《利特尔顿》第 2 节之 b。正文所说的"特定法规"是指亨利七世 32 年第十六号法案。这个法案禁止"小商人"(按照亚当·斯密常用的意义小商人是指技工或技匠)租借房屋。那个"奇怪原则"在绪言里曾说明过。这个绪言公然抨击了"不可胜数的外国人。这些外国人日益增加,而且在国王领土内繁殖了那样多,以致这个王国固有的真正家仆和臣民受到很大的损害与损失,陷于贫困,而且大大衰落"。

根据前者，外国人能够购买土地，而且把土地传给后代，如果他的后代是不列颠人民的话，但他不能继承，因为由于国王是外国人财产的继承者，他能够把自己的权利转交给他人，但不能剥夺应该继承的人的权利。归化侨民得继承遗传给他的财产，但要全面继承，就需要有入籍法案，根据这法案他便享有自由民的一切特权。威廉国王执政后，入籍侨民往往被封为贵族。由于许多荷兰家族跟他到英格兰来，所以可想象得到他会给他们一切特权。英格兰人民由于对于国王的这一偏私行为感到不满，便制定法令，宣布议会今后不能再通过给予这些权利的法案。[①] 因为在大多数国家，外国人不享有移转土地的权利，他们无须为此而提出诉讼。在英国和德国，外国人不得立遗嘱。[②] 萨克森制定了一个非常公平的法律，即什么国家不允许萨克森人民享受特权，萨克森也不允许这些国家的人民享有特权。[③] 在古罗马，只有享有公民权的人才能立遗嘱。

① 这个法案在上面第 39 页已经含糊地提到，它是乔治一世 1 年第四号法案。这个法案规定："此后谁都不得入籍，除非在公告的法案上加上一个条款，宣称这个人不能充任枢密院顾问官、上下议院议员，不能充任任何文武官职，不能从国王得到给他自己或他的代管人的任何土地、保有物或世袭财产；议会此后不得通过不带有上述条款的入籍法案。"这个条款往往通过特殊法令加以废除（参阅哈格雷夫的《柯克关于利特尔顿的注释》1788 年出版，第 129 页注释 a）。

② 这是在英格兰的外国友人之误（参阅布莱克斯顿：《注释》第 1 卷第 372 页）。在 1736 年出版的《法律新摘要》中（亚当・斯密在作这个关于外国人的叙述时可能根据这本书），马修・培根在"外国人"项下没有说到这个问题。至于德国，韦特尔在他的《国际法》（1758 年出版，第 2 篇第 8 章第 112 节）对于这一点没有作出明确的说明。

③ "无继承人的土地归还国王，这在萨克森是国王能够行使的权利，但公正的国王只对那些把萨克森籍无继承人的土地收为国有的国家行使这个权利"，瓦特尔：《国际法》第 2 篇第 8 章第 112 节。

应该指出，关于外国人，他们或是外国友人，或是外国敌人。[①] 如果若干外国敌人和国王作战，或损害他，我们不能按叛逆罪提出公诉，因为他不是他们的合法君主，而且他们没向他宣誓矢忠。如果他们不受到法律的保护，那就应该按军法来处置他们。但是，住在这个国家的外国人受到法律的保护，由于他们有对国王效忠的义务，所以可对他们按叛逆罪起诉并处罚。构成本国公民叛逆罪的行为也就是构成外国友人叛逆罪的行为。外国敌人，即来自和我们交战的国家的人民，要是向他们的原来君主供给情报，也犯有叛逆罪。

〔第十六节　关于人民的权利〕

我们已经讨论了谁是一个国家的人民，我们现在讨论国王对人民所犯的罪，或是国王权力的局限性。

关于公法的这一分部，不可能说得很精确。一个人民对另一个人民的职责，各个国家的法律和法院都规定得十分明确，但君主如果做错了事，没有法官来判决。说要审判一个君主，就等于说要更换一个君主。在英格兰，人们能够确定，在什么情况下国王侵犯了人民的权利，或在什么情况下人民侵犯了国王的权利；但国王和议会的最高权力究竟高到什么程度，谁都不能确说。同样的，在绝对统治权掌握在一个人手里的时候，谁都不能说得准确什么是他不可以做的。上帝是君主的唯一裁判者，但我们不能够说他将怎

① 关于敌人一语，这里和在下十行的地方都保持了原稿的拼写法（enemie），因为原作者明显地企图保持法律法语的拼写法。这种企图虽做得仔细但不成功。在原稿的其他地方，敌人一语都是按普通方式（enemy）拼写的。

样裁决。所有关于这个方面的决定都是由当权政党作出的而不是由法庭冷静地作出的。他们的决定对于我们这方面的研究不能有所帮助。要得到最好的概念，我们得研究政府的各个权力及其发展。

在社会刚开始时，所有政府权力都是极其不稳固的。多数人可以开战，但不能迫使少数人去参加战争，尽管这个权力是第一个发挥得很彻底的权力。司法权和联邦权比起来，不稳固的时间更长。在每一个国家，法官在一个时期内只是作为调停人来处理案件的。有的时候，被告得自己选择，是把案件交法官裁判，还是通过决斗、探热水等由上帝裁判。不但如此，如果被告对法官的裁判感到不满，可要求法官跟他在法庭决斗。[①] 但过了相当时间，司法权变成了绝对权力。立法权一经采用就成为绝对权力，但在社会刚开始时，立法权并不存在，因为它是司法权增大的产物。当司法权成为绝对时，人们一看到法官就肃然生畏，因为他们的生命、自由和财产都掌握在他们手里。塔西佗告诉我们，孔蒂利阿·维拉斯在征服了一部分德国人以后，想建立立法院来教化他们，但这激怒了他们，以致他们把他及其全军都惨杀了。[②] 在野蛮民族看来，法官是最可怕的。当财产可以估值、占有、移转的时候，就需要制定法官必须遵守的严格规则，禁止他们专横地裁决案件。因此，立法

① 孟德斯鸠：《论法的精神》第 27 篇第 27 章。

② 这一句所包含的史实，似乎取自弗罗拉：《罗马重大事件提要》第 2 篇第 12 章第 30—38 节。在塔西佗著述或孟德斯鸠《论法的精神》第 19 篇第 2 章，找不到这项记载。在《论法的精神》，德国人对罗马律师所说的"毒蛇！别再发嘶声"一句话，被错误地认为来自塔西佗著述。其实，这句话出现在弗罗拉：《罗马重大事件提要》。

权被采用来限制司法权。在不列颠，国王享有绝对的行政权和司法权。但是，下议院可以弹劾国王的大臣，而国王所任命的法官后来变得和国王没有关系。国王和议会享有绝对的立法权。但是，在一定情况下反抗某些滥用权力的行为，当然是合法的，不管政府是根据什么原则建立的。

假定政府是根据契约建立的，上述权力交托某些人掌管，而这些人大大滥用权力，那么反抗显然是合法的，因为原始契约现在已被破坏了。但是，我们上面说过，政府是根据权能原则和实利原则而设立的。我们也说过，在君主国权能原则占优势，而在民主国，由于人们常常出席公共集会和法庭，实利原则占优势。由于上述民主国的政府似乎排斥权能原则，所以不让平民领袖拥有过大的权力，非到他们得到很大权势以后，不允许他们继续任职；但尽管这样，对于一些公职，还是表示尊敬，不管这些公职是由谁来执行。在不列颠，两个原则都存在着。不论效忠原则是怎样，反抗无疑地是合法的权利，因为任何权力都不是完全无限制的。荒谬的行动可能使一个人和一个议会失去势力，而轻率的举动会使威严扫地。古罗马皇帝的愚蠢和残暴使不偏不倚的历史阅读者也赞同违抗皇帝的阴谋。

应该指出，反抗权在专制君主国家比在其他国家更常被行使，因为一个人和一系列人比起来是更容易采用轻率措施的。在土耳其，在八年或十年时间内，很少没有更换过政府。同一程度的滥用权力也使得反抗参议院或一个团体是适当的。必须承认，反抗在某些情况下是合法的，但要说什么是专制君主可以做、什么是专制君主不可以做，那就非常困难。关于这个问题，存在着不同意见。

洛克说，当君主违反人民意旨征税时，反抗是合法的，[①]但是，除英格兰外，人民对于这个问题是没有表决权的。在法国，只要国王下个敕令就可征收捐税。就是在英国，人民的同意也只是象征的同意，因为投票人的人数和人民的人数比起来是微不足道的。无疑地，苛捐使反抗成为正当，因为谁都不允许君主取去他们财产的一半；可是，尽管君主不是顶规矩的，如果他们有一定程度的节制，人民还不会发牢骚。没有一个政府是十全十美的，忍受一些不便总比企图反抗政府好些。

另外一些作家认为，国王不能让与他领土的任何部分。[②] 这个说法是以原始契约原则为依据的。不错，按照这个原则，虽然人民愿意服从一个政府，但他们不愿意服从别人选择的政府。可是，这个说法是没有根据的。在法国和西班牙，国王把领土的大部分分给他的儿子，没有受到人民的反对；当弗罗利达交给我们时，他们也没有提出什么反对。西班牙国王和帝俄沙皇，如果他们愿意的话，甚至可以变更王位的继承次序。一般地说，这乃是封建管辖区域的情况，这些区域可凭领主的意旨来划分。[③] 长子继承权问题直到最近才在日耳曼各公国发生。据说，法国国王不能变更撒利族法典，按照这个法典，公主不能继承王位。这个法典是由于王子的权力，他们不允许他们以外的人继承王位。但是，如果法国是

① 洛克:《论政府》第 138—140 节。休谟:《论文集》(1748 年出版)《关于原始契约》第 1 章第 307 页曾引用了洛克的话。

② 例如，普芬多夫:《自然法与国际法》第 7 篇第 5 章第 9 节；哥西阿:《关于格罗提渥的战时法与平时法》第 1 篇第 3 章第 12 节；瓦特尔:《国际法》第 1 篇第 1 章第 17 节；哈彻逊:《伦理哲学体系》第 2 卷第 297—299 页。

③ 参阅本书第 138—139 页。

像现今英格兰王室继承王位时那样缺少贵族，撒利族法典可能如同其他法典那样很容易加以修改。

什么事君主可以做，什么事他不可以做，这是很难确定的。但是，当最高权力是像英国那样区分时，如果国王未经议会许可来做他原来应该征求议会同意的事情时，议会就有权反对国王。按议会权力的性质来说，我们可以通过强制力来保卫这个权力，否则就根本不成为权力了。如果国王征收捐税或在征税限期届满以后继续征收，他就犯有滥用权力的罪。詹姆士二世曾企图对进口货物征收这样的税。人民权利请愿书[①]明白规定，在国会法案所规定的征税期限届满以后不得继续征收。

当议会知道詹姆士二世将继承王位时，鉴于他是个罗马天主教徒，议会议定举行两种宣誓：其一，宣誓奉英国国王为主权人而否认罗马教皇的主权；其二，每一个接受公职的人得宣誓在接受公职三个月以后，按英国国教所规定的仪式参加圣餐礼。詹姆士二世在军队和枢密院雇用了罗马天主教徒，此外他还指派了完全不合格的人充任国库职务，而且侵犯了大学的特权。对于他自己没有利害关系的事务，他也僭取权力，不顾法律。几个主教，对于国王这种举动表示异议，他们这样做只是行使每一个人民所应有的权利，但被国王拘禁在伦敦塔里。再没有比这样粗暴地对待主教更震惊全国的事了。有一个叫夏普的从事反对天主教即国王宗教的宣传，国王命令伦敦主教停止他的职务，但主教只向他提出警告。国王感到不满，创设高等宗教法庭（这个法庭从前曾设立过，

① 是“民权法案”之误。

但已经废除很久)，传唤主教和夏普出庭。国王意识到人民对他的憎恶，而且认为这种憎恶是出于两种忧虑：其一，拥有教会土地的人担心国王会夺去他们的土地；其二，人民担心国王会改变国教。于是他宣布他将给人民以信教的自由，并且让每一个拥有教会土地的人继续保有土地。这明显地表明他有改变国教的意图。改变国教是世界上最难办的事，要改变宗教，必须先改变人民对宗教的看法，正如路德、卡尔文、约翰·诺克斯和另一些人所做的那样。詹姆士二世接着向军队呼吁，他看到他们对他毫不表示同情。为作答复，他告诉他们说，他绝不迁就他们，也不再征询他们的意见。① 他的这种举动激起了革命，这是不足为奇的。他被迫退位，因为全国倾向于立奥伦治公爵为王。人民本来可以公正地推翻他的整个王室，但他们慷慨地放弃了污损血统、没收财产的严酷法律，把王位交给他的两个新教徒女儿。他们不接受她们的兄弟，因为他曾受过天主教教育，他们怀疑他是天主教徒。现今王室是新教徒君主的最直接后裔，他们是通过议会法案而立为国王的。议会制定法律说，任何亲王，除非他是新教徒，不得登上不列颠国王的宝座。这样，詹姆士二世，由于侵害国家利益，受到反对，被最公正地废掉了。

我们在上面已经讨论了作为国家成员的人。

由于教士和俗人是一个国家的两大类人，在人作为国家成员这一项目下，本来也可以讨论宗教法律以及上述两大类人的各别

① 他"悻悻地告诉他们说，他将来不再征求他们的意见"。见拉宾：《英格兰史》(由廷达尔译成英文)第 2 卷第 768 页。但是，其他关于革命原因的叙述似乎是根据伯纳：《他自己时代的历史》第 1 卷第 621—714 页，而不是根据拉宾的《英格兰史》。

权利。此外，我们也可以在这里讨论军法，因为考虑到国家有两大群的人——文人和武人。但讨论这一切和我们的目的不相吻合。

〔第二分部　家属关系法〕

〔第一节　夫妇〕

我们现在来讨论作为家庭成员的人，而这样做时，我们就必须讨论家庭中的三重关系，这就是，夫妇关系、父子关系、主仆关系。①

我们首先讨论夫妇关系。在各种动物中，两性的结合只是为了繁殖和保种的需要。就四足兽来说，当雌的怀孕时，它们彼此之间就不再存在着情欲。对于抚养小兽，雌的并不感到负担，因而不需要雄的帮助。在鸟和鸟之间似乎存在着类似婚姻的关系，它们在相当长的时期内保持情侣关系。它们共同抚养小鸟，但当小鸟能够自己谋生时，它们的情侣关系便停止了。② 就人类来说，女人不能长久地用她们的奶来抚养儿女，因此需要丈夫帮助她们抚养儿女。而这就应当使婚姻关系成为永久的。③ 但在基督教还未成为国教的国家，丈夫享有无限的离婚权力，而且对自己的行为不负什么责任。在古罗马，丈夫有权力离婚，但这被认为有失体统。④

① 哈彻逊：《伦理哲学体系》第2卷第149页。

② 洛克：《论政府》第79、80节；休谟：《关于一夫多妻制和离婚》见《论文集》，1748年版，第249页。

③ 哈彻逊：《伦理哲学入门》第257页；《伦理哲学体系》第2卷第150、161页。

④ 就是说，行使离婚权力被认为是有失体统的。海内西：《说明罗马法律的古罗马制度》（《全集》之一）第1篇第10章第45节；孟德斯鸠：《论法的精神》第16篇第16章。

孩子们一般是长久地倚靠他们的父母亲，他们往往放弃自己的爱好来迁就父母亲的爱好；并通过这样的锻炼，最后成为社会的有用成员，我们可从人的这样的天性中看出一种效用。每一个孩子都受到了这种教育，即在最没有用的父母亲的教养下，也受到这种教育。

在这个问题上，我们打算讨论男女双方在结合时各自的责任，这个结合是如何开始和结束的以及双方的权利是什么。

第一个责任是妻子对丈夫的忠贞，不贞是女人所犯的最大的罪。女人的不贞可能给家庭带来私生子女。这样，继承的可能是私生子女，而不是合法子女。但这种实际效用并不是构成罪行的真正根据。公众对不贞妻子的愤怒是由于他们对丈夫的嫉妒表示同情，因此他们对于妻子的不贞感到愤恨，而且想处罚她。嫉妒心理主要不是建筑在私生子女这个概念上，说得确切些完全不是建筑在这个概念上。不贞行为并不构成嫉妒的原因，成为嫉妒原因的乃是丈夫把妻子的不贞看作她疏远了他，把对他应有的专爱分给了别人。这就是他对这个问题的真正想法，这我们可从以下讨论看得出来。我们头脑中所存在的父亲这个概念，并不是由使我们得以出生的肉欲行为产生的，因为这个概念一半是猥亵的、一半是可笑的。儿子对父亲的真正概念是，父亲是他幼年时代的指导者，是使他不至无依无靠的抚养者，是他的监护者，是他的榜样和保护者。这些是子女的真正心情。父亲头脑中的儿子这个概念是，儿子倚靠他，由他在自己家里或由他担负费用养育成人，而这种关系使儿子对他发生情爱。但是，人们厌恶私生子女，那是因为他们对不贞母亲的愤恨。

在人民是野蛮的、没有教养的国家，根本没有嫉妒这回事，每一个生出来的儿女都被认为是自己的儿女。嫉妒是由爱而生的一种微妙心理。在不同国家，嫉妒在程度上或多或少地各不相同，这不同程度是和人民的教养程度成比例的。一般地说，什么地方不尊重女性，什么地方就不重视贞节，而人民的生活也最放纵。这样，我们可以明白，梅纳雷阿斯为什么恨巴力斯，而不恨海伦。他恨巴力斯是因为巴力斯把海伦带走，而不是因为巴力斯诱奸她。在奥德赛史诗中，海伦在她丈夫面前毫无保留地说到巴力斯对她的行为。在斯巴达，人们常常把自己妻子借给别人，或向别人借妻子。当人们变成比较文雅时，嫉妒便开始了，而且最后达到这样的程度，使他们把妻子关起来，正如现今土耳其人所做的那样。当人类变得更为文雅时，从前使他们把女人关起来的钟爱，现在使他们允许她们自由。在古希腊后期，他们让女人走到任何地方去。这种对女人的钟爱，在发展到很高程度时，便产生了放纵，正如不重视贞节产生了放纵一样。在所有野蛮国家，女人都没有像在法国那样放荡。从以上所述，我们可以看出男人在社会的不同时期对女人的不同的自私自利态度。

虽然在社会初期，女人被看作娱乐对象，男人不怎么重视她们、甚至加以轻蔑，但作为理性动物来说，她们在这个时期却比在其他时期更受到重视。在北美，作战和一切重要事务，男人都跟女人商量。[①] 就现今来说，女人所受到的尊敬并不很大，她们只被免除那些会损害她们美貌的工作。男人对于他的朋友，不愿意免除

① 拉斐陶：《美洲野蛮民族的生活方式》第1卷第477页。

他们的吃力工作，但对于他的妻子却愿意免除。当妻子的不贞被认为对丈夫有损害时，未婚女子当然需要加以约束，使得她们在结婚时能够习惯于有约束的生活。因此私通要受处罚。

我们现在来讨论男女之间的这种结合是怎样开始的。由于结婚以后的责任和结婚以前的责任迥不相同，所以需要在结婚开始时举行某种仪式。这种仪式在各个国家各不相同，但一般地说，仪式是宗教仪式，因为这种仪式被认为能造成最深刻的印象。在社会的摇篮时期，虽然人们似乎打算把婚姻弄成永久性关系，但丈夫享有无限的离婚权力，尽管他们认为，除非妻子犯有重罪，否则行使离婚权力是有失体统的。丈夫所以享有无限离婚权力的原因是，政府不敢干涉私人事务，特别是家庭事务。为了自己的安全，政府极力设法加强丈夫的权力，使他尽可能成为家庭的独裁者。在古罗马，丈夫对于自己家庭里的一切事务享有无限权力，生杀予夺悉凭所欲。

在古罗马，有三种婚姻：[①]第一，通过面饼婚式，即宗教仪式；第二，通过独买，即由丈夫购买妻子；第三，通过惯例——如果他和她同居已满一年，那么根据时效，她就属于他所有，而且他也可从退婚。

妻子是在女子继承发生以后才享有离婚权的。一个拥有大财产、在婚前过着幸福生活、而且要怎样做就能怎样做的女子，当然不愿意把她所有财产都给予丈夫。法学家们因此想出一种对女继承人有利的婚姻办法。这种婚姻叫做契约婚姻。在结婚以前，双

① 海内西：《古罗马制度》第1卷第1章第1节。

方议定一些条款，然后丈夫把她带回家来。为使丈夫不能由于时效而得到权利，她每年离开丈夫三、四天。按照契约规定，这能使她保有财产。[①] 这样，妻子变得和丈夫同样独立，而且同样享有离婚权。因为婚姻是基于双方的同意，所以一方如有异议就可解除婚约，这是合理的。

这种婚姻形式和现今的婚姻形式很相似，但有下列本质上的不同，即这种婚姻既不能使子女成为合法的子女，也不能保全妇女的荣誉。[②] 古罗马的婚姻形式引起很大的混乱。当双方分离（这是常常发生的）的时候，他们就跟别人结婚，而女人往往连续嫁了五六个丈夫。[③] 这是那样败坏他们的道德，以致在罗马帝国快崩溃时，几乎没有一个伟人不戴绿巾。混乱达到了十分严重的程度，所以在基督教被定为国教以后，只在一定条件下才可以行使离婚权。居住在欧洲西部的西徐亚民族完全禁止离婚。但在勃艮第，丈夫的权力还是很大的。按照勃艮第法律，男人虐待妻子，只处以罚金，而妻子如有不规矩行为却处以极刑。

民事法庭一般只审理大罪，所以小罪都归牧师审理，这就使牧师享有很大的权力。当民事法庭对于违反契约不加制裁时，牧师

---

① 这是各种婚姻中的一种。关于这个“新的一种婚姻”，海内西说：“所以，如果妻子不愿受丈夫的支配，她跟丈夫订立契约，然后到丈夫家来，但她特别留心，在任何情况下都要离开丈夫三个晚上”。《古罗马制度》第1篇第10章第14节。

② 这也许是根据海内西下面的话所作的轻率的推断：“如果不按照这些仪式而缔订婚姻，妻子就不受丈夫的支配，但这样一来，她就不成为妻子，只是个和人同居的妇女”。《古罗马制度》第1篇第10章第14节。

③ “贵族妇女不是以执政官的数目〔译者按：古罗马执政官每年更换一次〕而是以丈夫的数目来计算她们的年岁的”——这是辛尼加在《关于权利》第3篇第16章中所说的话，海内西在《古罗马制度》第1篇第1章第46节中曾引用了这些话。

却按伪誓罪来处罚犯者;当夫妇不和睦时,牧师往往要他们忏悔赎罪。后来,除非犯有通奸或一方担心另一方要加以身体上的伤害,否则不得行使离婚权。就是这种离婚也不是完全的离婚,而只是脱离夫妇关系,因为双方都不得再与他人结婚。

完全离婚(即离婚以后可再结婚)的理由有以下三个:第一,如果他们是在同血统等亲之内,他们的婚姻无效,除非他们得到教皇的特许;第二,早先与其他女人订有婚约;第三,男人患阳痿或女人系石女。关于婚姻,除这些外,牧师又做了其他修改。应该指出,男人所制定的法律对于女人并非完全有利的。他们认为,丈夫和妻子的不贞应同样处罚;他没有权力离婚,正如她没有权力离婚一样。[①] 通奸、残暴和恐吓被认为是分居的理由,而不是离婚的理由。

教会法是按牧师的意思制定的。他们在大多数情况下抄袭了罗马法,因为只有他们懂得拉丁文,而且他们保存着残余的文献。最初,连教会法也不要求举行结婚仪式。由于在罗马法后期,面饼仪式和独买形式已经废除,所需要的手续只是订定契约,所以在长时期内,按照教会法,结婚只需要订立一个契约,不论是现在的契约或将来的契约。现在的契约有如我说,我娶你为妻或我接受你为夫;将来的契约有如我说,我将来要跟你结婚。如果人们宣告现在结婚或将来结婚,这两种婚约可通过证人或宣誓来证明。教皇英诺森特三世制定法律说,所有结婚应当在教堂举行;但是,虽然

① 正文似乎有讹误。似应该改为:“应该指出,牧师所制定的法律对于女人并非完全不利的。他们认为,丈夫和妻子的不贞应受到同样的处罚;他没有权力离婚,正如她没有权力离婚一样”。参阅孟德斯鸠:《论法的精神》第 26 篇第 8 章。

这种结婚形式被认为是唯一适当的形式,其他形式也常被采用,且在某些情况下也是有效的。如果一个人先按将来的契约结婚,然后再在教堂举行婚礼,而第一个妻子在结婚预告发出以后才提出反对意见,第一个结婚就无效。如果契约是现在的契约,第二个结婚就无效。这就是英格兰在晚近婚姻法未颁布以前的情况。[①] 如果将来的契约能够得到证明,即使男人不承认他在过去所作的誓言,这个结婚在某些国家也被认为是有效的。现在的契约无论在什么地方都是有效的,如果双方在契约订定之后同居,婚约便是有效的。所有这些规定都来自教会法。按照教会法,违反这些规定要受到教会的责罚,正像我们的规定那样。

在英格兰,只有通过议会法案才能离婚,妻子的不贞不能成为离婚的口实。在苏格兰,离婚容易得多。关于这些事体,新教徒从来没有严格地遵守教会法的规定,因为牧师自己也一样结婚。此外,爱情从前是可笑的情欲,现在已变成庄严而高尚的东西。作为证明,有一点值得我们注意,即古代悲剧从来没有以爱情为主题,而现在爱情却被视为高尚的情感,并且对于所有演出都发生了影响。我们只能说这是因为人有了改变。

我们上面所说的婚姻形式,只发生在古罗马、基督教国家和少数其他国家,因为在很多国家,他们能够供养多少妻子就娶多少妻子。这当然使我们要来讨论一夫多妻制的由来。应该指出,自动离婚虽然带来许多不便,但这并不完全违反从下公正原则:一个男

① 上面的笔记过于简略。“晚近的婚姻法”(即乔治二世 26 年第三十三号法案)的目的在于使婚姻契约不再由教会法庭来强制执行。

人，为了一些不像妻子和别人通奸那么重大的原因而与妻子离婚另娶，也是应该的，因为这些原因使他们住在一起很不愉快，而分离却能使他们中的任何一个都过很好的生活。一夫多妻制也是这样。如果一个女人愿意做一个男人的五个、二十个或二十个以上的妻子中的一个，而法律允许她这样做，她并没有受到什么损害，因为她只不过受到她自己所预期的待遇。古代犹太人的法律和东方法律容许一夫多妻制，可是，尽管一夫多妻制和自动离婚并不完全违反正义，但允许这些或把这些作为成例总是很不好的政策。

一夫多妻制往往激起最强烈的嫉妒心，使家庭闹得不安。这些同夫的妻子互相敌视成为仇敌；此外，子女往往得不到良好的照顾。这些妻子中，没有一个不埋怨说，她的子女没受到应得的待遇，因为她用自己对子女的情爱来衡量父亲对子女的情爱。这两者当然是不可同日而语的，因为父亲的情爱要分给四五十个子女，而母亲的情爱只分给四五个子女。在实行一夫多妻制的地方，必定会发生爱的嫉妒和利益的嫉妒，因而缺少安宁。也许有人会说，东方皇帝的后宫，是非常安宁的，但这是由于实施了最专横的纪律——当叛徒被压服时，他们是异常驯顺的。在非洲，我们看到最可怕的纷乱，因为他们的纪律不够森严。这些女人最大的痛苦是，她们被完全关闭起来，除她们所厌恶的阉宦外，没有谁给她们做伴。

后宫充满妻妾的人，表面看来很快乐，其实并不如此。他一定也会嫉妒，像他的妻妾那样，而且由于在他和她们之间存在着不平等状态，他在自己的家庭中不可能有乐趣，同时也没有机会来作社交上的改进。在一个土耳其人面前，你绝对不可说到他的妻子。

任何其他男人看不到她，连她的医生也看不到她，正如图奈弗告诉我们的那样。[①] 丈夫的这种严肃和谨慎态度，对于国家的习尚必定发生很坏的影响。因为男人彼此之间不相信赖，所以他们不能组成政党，而政府因此必定是独裁政府。他们自己的家庭就是独裁的模型，在他们的家庭里没有父母的爱，更没有夫妇的爱。除上述一切外，一夫多妻制还使种族趋于灭绝，因为大多数人不能娶妻子，而很多的人为了照管后宫被阉割了。据说，女人出生的人数多于男人。孟德斯鸠说，在东印度的班搭姆地方，出生的女人和男人的比例是十比一。[②] 荷兰作家说，在几内亚海岸，女人和男人的比例是五十比一。日本的记载，有更好的根据，按照日本的记载，女人和男人的比例是十一比九。[③] 什么地方如果确有这种情况，那么不实行一夫多妻制确实有些不便。

通过缜密的调查，我们发现欧洲各处的情况大致相同。一般

① 《利凡特航行纪录》第 2 卷第 27、28 页。休谟在他的《论文集》(1748 年版)第 253 页《关于一夫多妻制和离婚》一文中曾引用了这本书在这方面所说的话。

② 《论法的精神》第 16 篇第 4 章，第 23 篇第 12 章。

③ 孟德斯鸠在他的《论法的精神》第 16 篇第 4 章的注释⑥中，引用了肯普弗:《日本史》(由斯修泽译成英文，1727 年出版，第 199 页)一节中关于十八万另七十二个男人对二十二万三千五百七十三个女人的统计，而且以“斯密士从几内亚到利比亚航行纪录”作为非洲出生的女子多于男子这一说法的根据。他没有提到“荷兰作家”，也没有说到五十对一的比例。但是，正如《航行、旅行笔记新全集 1745—1747 年》(第 2 卷第 464 页)一书的编辑者所说的那样，威廉·斯密士《几内亚新游记》(1744 年出版)一书大部分是根据波斯曼《几内亚海岸新的和准确的描述》(原书用荷兰文写成，1705 年出版)。波斯曼(参阅他的书第 211、344 页)和在他之后的斯密士(参阅他的书第 200、224 页)都说，女人仍旧最不容易结婚，因为女人的数目大大超过男人的数目，而男人往往有四、五十个妻子。这两个说法合在一起使人们可下结论说，男人和女人的比例必约为五十比一。的确，这些说法对于同一洲的黄金海岸就不能完全适用;但是，亚当·斯密似无须对旅行家的记述过于挖苦。

的情况是，每十三个男人中有十二个女人，或者每十七个男人中有十六个女人。因为男人比女人更容易遇到危险，[①]这就使男人和女人人数大约相等。现在，如果欧洲各处的情况没有差别，我们有理由下结论说，其他任何地方的情况也没有差别。自然规律在各个地方都是相同的，例如地心引力定律在各个地方是相同的，为什么生殖规律在各地方却是不相同的呢？不错，在上述某些地方，女人可能多于男人。在宗教中心地和法院所在地，因而也就是有钱人所居住的地方，女人必定多于男人。原因是只有有钱的人才能有安置妻妾的后宫，并从其他地方购买女人，因此那些没有实施一夫多妻制的国家的女人常被输送到这些地方来。

一夫多妻是在专制政府统治下发生的。当一个国家被野蛮人征服时，这些野蛮人总是随心所欲地从事各种兽性活动，一夫多妻就是这些活动中的一种，因为没有制定法律禁止一夫多妻。在古迦太基或古罗马，一夫多妻从没发生过，但在土耳其曾经发生过。在每一个国家，一有自由，一夫多妻便受到排斥，因为这种独占是自由人所最不能容忍的。反之，专制政治对于一夫多妻总是有利。

孟德斯鸠注意到有利于一夫多妻的另一个因素。这个因素

① 孟德斯鸠对于出生的男人和女人的比例以及活着的男人和女人的比例，没作出区别。上面正文，把这两者截然分开。上面关于几内亚和日本所说的话是指活着的人，所谓"每十三个男人中有十二个女人或者每十七个男人中有十六个女人"，是指出生的人，而"人数"是指活着的人数。约翰·阿伯思诺特博士（孟德斯鸠曾引用阿伯思诺特的话作为他的英格兰出生的男子人数多过女子人数这一说法的根据）曾提到《哲学学会会议录》（1710 年版，第 186—190 页）中关于这方面的一些伦敦的统计，而且说，男子人数必须多于女子人数，因为男子必须在"危险情况下觅食"，因而他们比女子更容易遇到"意外事故"。

是，在某些国家，女人往往一到八、九岁就结婚，但到二十岁就衰老了。[①] 当她们颜色未衰时，她们不可能有很大的理解力，但当她们的理解力增大时，她们的颜色已经衰退了。这样，她们不可能长期地成为惬意的侣伴，因此丈夫需要有一个以上的妻子。[②] 破坏幼女的贞操可能是他们的习惯，[③]但我们不能够很好地证明上述这个事实。当奥古斯都娶克利奥佩特拉时，她已经三十六岁了，但她还能够生孩子。康斯坦夏在五十四岁[④]生了一个儿子。可是，即使上述事实是真实的，[⑤]一夫多妻制总是不合理的，而自动离婚却是差强人意的。如果女人只在十年到十二年内是有用的，另娶一个可能是合理的，但同时娶好几个总是不合理的。

什么地方存在着一夫多妻制，什么地方就不可能有世袭的贵族。由于有了那么多的妻子，长子继承权就很难建立起来，因为在那么多的妻子中，总有几个在差不多相同的时候生儿子。既然有了那么多的子女，他们不可能都得到父母的爱。只有靠着父母的爱，他们才能长大立身。在子女众多的家庭里，情爱必然减低。如果我的朋友有四五个子女，我可能关心他们，但是，如果他有一百

① 原稿作“三十岁”，这和正文的上下文并和《论法的精神》第16篇第2章以下一段话都有矛盾：“在热带地方，女人一到八、九、十岁就可结婚，因此婚姻几乎都是在童年时代发生的。到了二十岁，她们便衰老了。所以，就她们来说，美貌和明理并不是同时存在的”。

② 这是《论法的精神》第16篇第2章头一段的意译。

③ 即孟德斯鸠所说的气候暖和地方人民的习惯。

④ 维兰尼说，在非得列二世出生的时候，西西里的康斯坦夏是“五十岁或五十多岁”（《佛罗廷史》第5篇第16章，见穆拉多里：《关于意大利重大事件的作家》第13卷第140页B）。“五十四岁”可能是“五十岁或五十多岁”之误。

⑤ 指女子幼年结婚而到二十岁就衰老这一事实。

个子女;我就不关心他们了。现在,世袭的贵族是人民自由的很大保证。如果国家的每一角落都有贵族,一旦人民受到压迫,他们就会投奔到贵族那边去,推戴他为领袖。东方国家没有世袭的贵族。每一个人几乎都是一步高升的人,他们不受敬重,只有皇室才受到敬重。巴夏的家属,在巴夏死去以后,就和平民混在一起。什么地方有世袭贵族,国家就不容易被外人征服,或根本不会被外人征服。他们可能被外来敌人打败一两次,但在他们的自然领袖的指挥下,他们还能把局势扭转过来。东方国家由于缺少这些领袖,只能对外来敌人作微弱的抵抗。

一夫多妻对于一国人口的增加是极其不利的。一百个女人嫁给一百个男人所生的儿女必定多于一百个女人嫁给两三个男人所生的儿女。诚然,也许有人会说,在中国、在恒河河口附近和在埃及,虽然实行了一夫多妻制,人口却很稠密。但这些国家都有关于促进人口增长的规定,而且还有其他情况,有助于人口的增长,例如土质非常肥沃。

从上述,我们知道婚姻有两种,即一夫多妻和一夫一妻。一夫一妻又可分为三种:第一,丈夫可任意跟妻子离婚;第二,他们同样地享有离婚权;[①]第三,离婚权力完全掌握在行政司法长官手里。在允许一夫多妻的地方,妻子就完全归丈夫掌握,他可以任意地跟她离婚或处置她。

法律关于一夫一妻的规定,按不同种类的一夫一妻制而不同。

① 这显然应该改为:“妻子同样地享有离婚权”或“丈夫和妻子同样地享有离婚权。”

婚约只通过行政司法长官才能解除的那一种是最便当的一种。诚然,在这一种婚姻下,只有社会认为非常可恨的缘由才构成离婚的原因。但是,就婚姻关系说,限制过严总比漫无限制好。在古罗马共和国后期,无限离婚权的行使产生了最纷乱的后果。防止这些纷乱后果足以抵偿它所可能造成的任何困难。当男女双方都享有离婚权力时,他们虽不能互相信赖,但他们的权益都不至受到侵犯。

我们现在来讨论,按照不同种类的婚姻,丈夫对于妻子的财产有什么利害关系,或妻子对于丈夫的财产有什么利害关系。在实施一夫多妻制的地方,妻子就完全处于奴隶的地位,对于丈夫的财产没有什么利害关系,只在丈夫死去以后,可以获得一笔抚养费。如果只有丈夫享有离婚权,则妻子的财产就变为他的财产,正如他自己的财产一样。如果丈夫和妻子都享有离婚权,则妻子所带来的那一部分财产就安稳地掌握在她手里,丈夫除管理这部分财产外,不能作任何处置。妻子在丈夫死去的时候,除契约有所议定外,不能分享丈夫的财产。就离婚权掌握在行政司法长官手里的那一种一夫一妻婚姻来说,丈夫的权力没有像从前那么大,但妻子的权力却比从前大,因为她在这种婚姻下比在其他种类婚姻下更为独立。如果妻子拥有地产,则丈夫可收取地租,且这笔地租也完全归他支配。如果妻子死去,而且留有一个儿子,丈夫是这个儿子的当然监护人,因而终身享有亡妻地产租金的权利。在英格兰,丈夫在生时能够处置他妻子所有的准不动产,但如果他在生时没作任何处置,在他死去时,这些准财产归于妻子,不归他的继承人。抵押贷款也是这样。如果丈夫要求偿清这个债务,他可任意处置

这笔款项，但如果他在生时没提出要求，在他死去时此款就归他的妻子。如果妻子先死，则所有准不动产和抵押贷款都归她的亲属，要是她的丈夫事前没处置这些的话。如果丈夫先死，妻子享有他的地产的三分之一，[①]不管他们有没有子女，这被认为是她的寡妇产。在英格兰，她得享有他全部财产的三分之一，[②]但在苏格兰，她只享有他所有的证券、金钱、动产和过去租金的三分之一，至于有息债券则归子女所有。在苏格兰，丈夫得到妻子的同意，可出卖妻子的土地，但在出卖之前，她必须到法院，经过法官讯问，而且必须宣告，她同意出卖。这样，她的遗嘱执行人，[③]才不能提出要求。在英格兰和苏格兰，妻子所借的借款，要是不是为了筹划生活费用而借的，丈夫没有偿还的义务。就这方面来说，她被看作和用人一样，因为如果用人以主人的名义购买粮食，主人必须偿还这笔款。在苏格兰，丈夫可取得制止他妻子用他名义借款的令状。在英格兰，只要口头宣称他对这些借款不负责任就够了。如果他们是分居的话，连她购买粮食的款也无须给付。

我们现在来讨论什么人可以结婚。直系尊亲属和直系卑亲属之间的结婚是永远禁止的。母亲和她自己儿子结婚，这是最违反人性的。母子如果结婚，母亲在地位上将变得低于儿子，而且由于年龄悬殊，很少能达到婚姻的目的。所以，除非在信奉邪教的地方，这种婚姻是从来不容许的。同样的，父亲和他自己女儿的结婚

① 即“终身享有”。

② 当然附有上面注①所提到的关于地产的限制，也附有关于动产的“如有儿女”这一条款的限制。因为如果没有儿女，寡妇可获得丈夫动产的一半。

③ 似应改为“继承人”。

也是乱伦的。但应该指出，父亲和女儿结婚并不像母亲和儿子结婚那么违反人性，因为父亲作为丈夫时地位还是高的，因而我们看到，许多野蛮民族容许这种婚姻。[①] 但是，作为女儿的监护者和教导者的父亲变成女儿的爱人，而且娶了她，这还是不自然的。此外，母亲绝不会喜欢可能代替她的地位的女儿。没有任何事情比这更能破坏家庭的幸福了。由于同样的原因，伯叔父和侄女，姑母和侄子从不结婚。诚然，在古罗马和迦太基，他们有时发给伯叔父和侄女结婚的特许证，但对于姑母和侄子，他们从来没有发给过结婚的特许证。

旁系亲属例如兄妹的结婚的禁止，似乎主要是基于政治上的观点，因为他们是在一起抚养长大的，要不是加以适当的限制，就会有共同堕落的危险。由于同样的原因，如果堂兄弟和堂姊妹是在同一个家庭中抚养长大的话，人们也反对堂兄弟和堂姊妹的结婚。在雅典，一个人可以跟同血统姊妹结婚，但不可以跟同母异父的姊妹结婚。许多社会名人都是这样结婚的，例如西门跟他父亲的女儿厄尔皮尼斯结婚。[②] 按照英格兰法律，已故的叔祖父的妻子可跟她丈夫的侄孙结婚，就亲属关系说，前者比后者高四等。[③]

基督教法律把姻亲和血亲看作是一样的。妻子的姊妹和丈夫的姊妹被看作是一样的，妻子的姑母和丈夫的姑母也被看作是一

① 这个论点和孟德斯鸠:《论法的精神》第 25 篇第 14 章的论点是一样的。

② 他跟自己的亲姐妹叫做厄尔皮尼斯的结了婚。他和厄尔皮尼斯结婚，并不一定是出于情爱，而是按照古老的习惯，因为在雅典人看来，同一父亲的子女是可以结婚的。见尼波斯:《西门传》。

③ 这是 1669 年在审理多马士·哈里逊和詹尼·阿博特的案件时决定的。沃芬:《审判纪录》第 206—250 页。

样的。应该指出，上述姻亲规则与其说是自然规则，倒不如说是警察规则，因为一个人跟他妻子的姐妹结婚，并不违反自然。在东印度的许多国家，这种婚姻常常发生，因为他们认为，妻子的姐妹可能成为儿女最好的继母。但对于这个，我们可提出答辩说，这完全可能妨碍那个姐妹和她姐夫家庭之间的来往。可以料想得到，如果她不嫁给他，自己又没有儿女，那么光是住在他家里也可以给他的儿女很好的照顾。教会法和民法对于姻亲[①]的看法有所不同。民法是这样看的，把兄弟姐妹看作共同家系中的一等亲，把亲堂弟兄看作二等亲。教会法是按亲疏的程度来计算的。兄弟是二等亲，因为父亲是一等亲，而兄弟是另一等亲。同样的，亲堂兄弟是四等亲。教会法从家系的两方面计算，而民法只从一方面计算。[②]当民法说二等亲不准结婚，而教会说四等亲不准结婚的时候，所指的都是亲堂兄弟姐妹。教皇往往置这些法律于不顾，通过这种做法，他增大他的威权并且增进他的利益。

我们已经讨论了不同种类的婚姻，我们现在来讨论没有举行婚姻的后果。婚姻的效果在于使儿女合法化。我们因此必须讨论合法子女和私生子女的区别。合法化给予儿女以可继承的血统，使他们能够继承他们的父亲及其亲属的遗产。私生子没有继承的血统，所以在他父亲死去没留有遗嘱时不能继承的遗产，因为人们不知道他的父亲或母亲是什么人，同时也因为非法出生的子女不能继承遗产。由于私生子和任何人没有关系，不能继承任何人，所

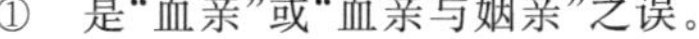

① 是“血亲”或“血亲与姻亲”之误。

② 无疑地，在这个关于等亲不同计算方法的整个说明中，演讲者错误地把“教会法”说成“民法”，把“民法”说成“教会法”。实际情况和正文所说的恰恰相反。

以任何人也不能继承他。[①] 如果他死去时没有遗嘱、没有儿女，他的妻子就获得他的动产的一半和他的地产的三分之一，其余归于国王；但如果他有儿女，妻子获得他的全部财产的三分之一。[②] 国王仍被认为是财产的最后继承人。这在苏格兰还带来另一个困难。由于国王是私生子的继承人，私生子不能立遗嘱。私生子立遗嘱就等于夺取国王的权利。但国王可给他合法化证书，使他能够立遗嘱，因为继承权属于国王，他可随心所欲地处理它。可是，这个证书或议会法案以外的东西，都不能给予他以可继承的血统，只有立法机构的法案才能做到这一点。

教会法和民法通过以下方法恢复私生子的血统：

第一，事后的结婚，即跟为他生了这些儿女的女人结婚。由于当时很多人纳妾，所以制定法令说，谁与自己的妾结婚，就可使她生的儿女合法化。后来，查士丁尼把这个法令定为永久的法令。

第二，献身于教会职务，即子女愿意在教区担任一些工作如执事[③]等，但这只使他们能够继承父亲，而不能使他们继承父亲的亲属。

第三，纳为养子，例如，古罗马人可把他人的儿子收为养子。他可把任何自由人收为养子。私生子被认为是自由人，如果他们愿意，可把他们收为养子。[④]

---

① 就是说，"如果他死去时没有儿女"。

② 参阅本书第 109 页和注释。

③ "decurione"（什长）一语的意译。

④ "因为，尽管私生子的父亲不能在法律上把他们作为儿子，但事实上他们有被亲生父收为养子的权利"。海内西：《古罗马制度》第 1 篇第 10 章第 27 节。

第四，诏敕。这和合法化证书大体上相同。

第五，遗嘱。通过这个方法，私生子也许只能继承他们父亲的遗产。

教会法把上述事后的结婚这一办法传播到英格兰以外的所有其他国家。英格兰牧师在当时①不受欢迎，因为他们和国王联合在一起反对贵族；所以在英格兰，事后的结婚绝不能使儿女合法化。关于事后的结婚可使儿女合法化这一点，教会法曾规定了若干限制(这些限制在古罗马没有施行过)。通奸的人所生的私生子不能继承，就是说，一个女人在她的丈夫还活着时跟别人通奸所生的儿女，或一个人的妾在他的妻子还活着时跟他所生的儿女，都不能继承，尽管他们后来结婚了。血族相奸所生的儿女也不能继承，除非教皇发给特许证，把这些儿女合法化。

由此可见，私生子在普遍实行一夫一妻的地方不能继承，而仅仅这一点就使一夫多妻不能在任何国家流行，因为私生子如果能够继承，男人就不愿意遭受合法婚姻的种种不便。有个完全归他掌握的妻子，而在高兴时另娶其他女人，这当然更为方便。

〔第二节　父母和子女〕

我们现在来讨论父子关系，父子关系是我们所要讨论的作为家庭成员的人的第二个关系。在自由和财产方面，父亲对他儿女的权力最初是绝对的。他可自由决定要否抚养他的儿女，如果拒

① 大抵是指 1235—1236 年。在那个时候，贵族拒绝了主教所提出的修改这方面的法律的请求。梅顿法规，即亨利三世 20 年第九号法案。

绝抚养，这并不是不正当的行为。法律阻止人们侵害他人，但关于仁德行为，不可能有什么固定的法律。法律只能禁止父亲在儿女出生时把他们处死，但他如果愿意，尽可遗弃他们。就我们苏格兰人来说，对于被俘的儿子，父亲没有把他赎回的义务，他可随意决定赎或不赎。同样的，在古代要不要把挨饿的儿子或被野兽攫去的儿子救回等等，也可由父亲自己决定。关于这个，古罗马曾作了若干规定，但这些规定从没有被遵守过。遗弃儿子的习惯一直到基督教确立以后才被废除。现在，在实施一夫多妻制的中国，他们往往不得不遗弃婴孩，一般是把婴孩溺死。[①] 由于父亲完全有权力决定要否抚养儿子，所以如果他的确要抚养儿子，他对儿子就有绝对的管理权。在古罗马，父亲有生杀予夺和出卖儿女之权。此外，儿子所得到的任何东西都属于父亲，如果儿子结了婚，他的子女被视为祖父家庭的成员。不久，父亲对儿子的这个权力被削弱了。儿子跟母亲的亲属发生了关系，而且有的时候，儿子可以承继他的舅父，这个舅父当然要照顾他的将来的继承人。按照努玛·庞比利阿的法律，如果儿子结了婚，父亲就没有权力把他出卖。[②] 的确，十二铜表提到了父亲的这个权力，但所指的可能只是不得到父亲同意而结婚的儿子。同样的，父亲的生杀予夺之权以后也消失了。父亲只能执行国家关于死罪的法律。他能够从行政司法长官手里把权力拿过来，自己处罚他的儿子；但如果他的国家的法律认为儿子犯了罪，他就不能赦免儿子的罪。这说明父亲在这方面

① 《国民财富的性质和原因的研究》第1卷第1篇第8章第76页。

② 见哈利卡内萨斯：《古罗马制度》。海内西在《古罗马制度》第1篇第9章第6节中曾引用了哈利卡内萨斯的话。

的权力并不是绝对的。父亲的这个权力逐渐削弱，最后完全消失了。父亲只照本宣读地宣布行政司法长官所作的判决，因为不这样他也许会在某些形式上有所差错，使整个判决归于无效。这和我们苏格兰绅士的权力大略相同。苏格兰绅士有权无须通过任何法律形式占有欠他们债务的佃户的货物，但尽管他们自己有这个权力，由于他们不晓得应该怎样做，他们不得不像别人一样向民事法庭请求依法办理。

同样的，父亲对于儿子财产的权力不久也消失了。我们知道，在很久以前，按照马西安诺法律，父亲有为儿子寻找适当妻子并给予儿子适当财产的义务，如果父亲不这样做，政府可强迫他们去做。[①] 这说明结婚以后的财产必定是属于他们自己的财产。这个法律似乎是根据这个观点制定的：由于妻子带来了一笔财产，丈夫也必须有一些和他的父亲无关的财产。所以，父亲只对未婚子女的财产享有无限权力，而这不是不合情理的。在古罗马，父亲的权力并不是绝对的，因为我们常常发现，人们被控告没有适当照顾他们自己的儿女。要是他们能够任意处置儿女，上述控告就不会发生。

首先把和父亲无关的财产权给予儿子的是朱利阿·恺撒和在他之后的奥古斯都。最初，儿子把在战争中获得的任何东西归自己所有；后来，他们把从文艺和工艺方面所获得的东西也归自己所有。阿德里安和在他之后的查斯丁尼把这个财产权推广到一切不是从他们父亲那里得来的东西。所有赠送和遗产都完全由他们自己处置。我们也发现父亲剥夺儿子继承权的权力是有限的。只在

① 《罗马法典》第23篇第2标题第19章。

某些情况下，他能够剥夺儿子的继承权。在古罗马帝国崩溃以后，父亲对他妻子和儿子的权力都削弱了。当儿子跟父亲一起住在父亲家时，父亲对儿子的权力，大体上和我们父亲的权力相同，就是说，父亲有监督儿子和注意儿子品行的权力。但当儿子离开他的家庭时，他就不那么直接地关心他了。父亲对于儿子有这个特权：他可作为儿子的家庭教师，但对于管教儿子的疏忽，不负什么责任，其他家庭教师则要对这个疏忽负责。父亲有义务抚养他的儿女，而儿女在父亲衰老或残废时，也有义务赡养父亲。

〔第三节　主仆〕

我们现在来讨论关于主仆关系的法律的来历，这个关系是我们所打算讨论的第三种家庭关系。我们知道，使丈夫得到对妻子的威权的原则，也是使父亲得到对儿子的威权的原则。正如夫权由于妻子有了可向其诉苦的朋友而削弱，父权也由于儿子有了可向其诉苦的朋友而削弱。但就奴仆来说，情况就不是这样，他们不能向人诉苦，他们跟任何人都没有关系；由于没有人支持他们，他们必然陷于奴隶的状态。因此，我们看到，主子对奴仆的生杀予夺权，和丈夫对妻子、父亲对儿子的生杀予夺权完全不相同，因为后者只限于刑事案件，而前者却是完全没有限制的。此外，因为奴隶没有自由，听凭主子支配，他不能享有财产权。他所有的或能够获得的任何东西都属于他的主子。但是，奴隶跟人所订立的契约，除非各条款都得到主子的默认，否则这个契约对于主子没有拘束力。奴隶只能为他的主子取得东西。如果我答应给一个奴隶十镑，我必须把这笔款交给他的主子。除上述不利条件外，古希腊和古罗马奴隶以及今天的黑奴还有许多别的不利条件，不过这些不利条件没受到人们很大的注意罢了。

第一，奴隶不许结婚。他们可跟女人同居，但不能跟女人结婚，因为只要主子不喜欢，两个奴隶的结合就不能继续下去。如果女奴没有生育，主子可把她给予另一个人或把她出卖。在西印度的奴隶中间，根本不存在永久的结合这回事，女奴都是妓女，而且并不因此而觉得可耻。

第二，奴隶制度还带来比上述更大的不幸，因为信奉多神教的奴隶受不到宗教的适当庇护。奴隶没有上帝，正像他们没有自由和财产一样。多神教是由许多本地的神祇组成的。每一个地方都有当地的神祇。奴隶不属于任何地方，因而任何地方的神都不关心他们。此外，异教徒不能空手地求神庇佑。奴隶没有什么可以供神，因此不能希望神把恩惠施给他们。那些在寺庙供使唤的奴隶乃是唯一受到神的庇护的奴隶。的确，主子曾给奴隶祷告，但这种祷告和他给牲畜祷告是一样的。人的迷信，一般是和他的生命、自由或财产的不确定性以及他的无知成比例的。赌徒和野蛮人是特别迷信的。这样说来，一个由于生命、自由的不确定和无知而耽于迷信的奴隶，竟得不到最能镇定他的感情的东西，这真是非常大的痛苦。所以，发现世间有一个主宰着一切的上帝的宗教当然是奴隶所最能接受的。我们知道，犹太教虽然有它存在的理由，但最不适于非犹太人的皈依者，因为他们不属于救世主所自来的亚伯拉罕家系，不能和犹太人处于同等地位，只能成为不履行摩西律例的改宗者，而且必须禁绝很多种食品；但是，尽管犹太教有这些不利之点，却在古罗马奴隶中间传布很快。当基督教被引进的时候，

它没有这些不利之点，因而在奴隶中间传布得特别快。

我们往往认为奴隶制度已经完全消灭，因为在世界的这个部分里，我们不知道奴隶制度是怎么一回事；但是，直到现在，奴隶制度几乎还是很普遍的。在世界上，只有西欧的一小部分没有奴隶制度，但这一小块地区和奴隶制盛行的几大洲比起来是微不足道的。我们将说明，在世界的这一部分里奴隶制是怎样被废除的，以及在世界的其他部分里，奴隶制的仍然存在，而且可能继续存在下去，究竟是由于什么原因。

应该指出，在一切社会刚开始时都发生过奴隶制。我们几乎可以说这是起因于人类所固有的残暴性质。不管建立了什么政体，奴隶制总被保留下来成为政体的一部分。一个自由政府的成员总不愿意制定一个损害他们利益的法律，而他们认为废除奴隶制是最有损于他们的利益的。[①] 在君主国里，废除奴隶制有较大的可能性，因为只有一个人是立法者，而废除奴隶制的法律，既施展不到他的身上，也不会减少他的权力，虽然可能会减少他的臣属的权力。奴隶在专制政府下所受到的待遇可能比在自由政府下好一些，因为在自由政府下，每一个法律都是由奴隶的主子制定的，他们绝不会通过对他们自己不利的法律。而一个君主则较易被感动，而向奴隶们发慈悲。当奥古斯都访问维迪阿·波利沃时，一个奴隶无意中打破了一个大碟子，他就跪在奥古斯都面前恳求保护，使他不致被切成碎块抛入鱼塘。这使奥古斯都十分震动，结果他立即释放了波利沃的

① “宾州教友派最近通过议案，释放所有黑人奴隶，这可能使我们认为黑人奴隶的数目绝不会是很大的。”《国民财富的性质和原因的研究》第1卷第3篇第2章第39页。

全部奴隶，虽然毫无疑义，波利沃是不喜欢他客人的这一个举动的。[①] 在亚德里亚和安托尼阿朝代，即在君主政治时代，曾经制定了几个有利于奴隶的法律，但在共和国时代，连一个这种法律也没有制定过。这样说来，在君主统治下，奴隶制可能逐渐削弱，但不会完全废除，因为没有一个人有这么大的权力，能够一下子剥夺国人的最大部分的财产，因为这会引起全面的叛乱。

在富裕的国家里，奴隶总是受到虐待，因为奴隶的数目超过自由人的数目，而要使他们遵守秩序就需要有最严格的纪律。如果一个自由人在一个家庭里被杀害，所有奴隶就都要处死。[②] 几个作家告诉我们，在古罗马，在夜间只听到奴隶被主子责打时发出的喊声，而听不到其他声音。[③] 奥维德告诉我们：看守大门的奴隶被

① 这个故事见辛尼加：《关于愤怒》第 3 篇第 40 章和卡西阿斯：《历史》第 4 篇第 23 章，但这两个权威作家却没有说波利沃的全部奴隶都被释放。辛尼加说："那种不可思议的残暴，使奥古斯都皇帝十分震动，他下令把那个奴隶释放，把所有水晶器皿打碎并把鱼塘填平。"卡西阿斯则没提到释放的事。在描述了波利沃的贵重的酒杯被毁情况以后，他说："维迪阿看到这个很不高兴，但鉴于全部酒杯已被打碎，他用不着为被奴隶打破的那一个而发怒，而他又不能向那个奴隶泄愤，因此他默不作声。"以上引自亚当·斯密可能加以使用过的卡西阿斯对事实经过所作叙述的拉丁文本（芮马拉斯校订，对开本，1750—1752 年在汉堡出版）。《国民财富的性质和原因的研究》第 2 卷第 4 篇第 4 章第2 节说：奥古斯都"命令维迪阿立刻把他的那个奴隶以及其他奴隶全部释放"。因此，上述错误不能算在笔记者的账上。

② 上述是"在古罗马"发生的。"一个家庭"应改为"他的家庭"。休谟：《政治论文集》（1752 年版）第 174 页"关于古代国家的人口密度"，曾从塔西佗：《年代记》第 14 篇第 42—45 章中引用了四百个奴隶被处死的一个实例。

③ 辛尼加（休谟在他的《政治论文集》第 164、165 页"关于古代国家的人口密度"曾引用了辛尼加的话）说到一个以夜为昼的人，每一个晚上大约三点钟的时候，他的邻人都听到来自他家的鞭打声音。休谟说，"我们说到这个，不把它作为残暴的例子，只把它作为不规则的例子。不规则达到了这样的程度，以致即在最平常、最有次序的行为上也改变了例常的固定时间。"

用链子拴在大门上;[①]耕种土地的奴隶们被链子拴在一起,唯恐他们逃走。[②] 更残暴的是,当一个老奴不能够工作时,他们把他扔在指定作这个用的离城不远的一个岛上,[③]让他在那里死去。奴隶在一个野蛮社会里的遭遇会比在文明社会里好些。在一个未开化的国家,由于人民贫困,任何人所能豢养的奴隶的数目都不会很多,因而他们的纪律不像在奴隶众多时那么严酷。[④] 此外,在一个野蛮国家里,主子自己也像奴隶那样从事劳动,所以主子和奴隶比较接近于平等。在古罗马初期,奴隶和主子一块儿工作、一块儿吃饭。奴隶有不规矩行为时,唯一的责罚乃是背着横木走遍市镇或乡村。在奴隶众多因而成为严密戒备的对象的牙买加和巴巴多,连轻微的罪的刑罚也是可怕的;但在北美洲,奴隶受到极其温厚、极其仁慈的待遇。[⑤]

我们已经说明,社会越文明,奴隶受到越苛刻的待遇。自由和富裕增加了奴隶的痛苦。极度的自由是奴隶的最大束缚。由于奴隶在人类中占非常大的部分,所以在蓄奴成为固定制度的国家里,

① “以一个用链子拴住的奴隶作为看门人,在古罗马是很普遍的,奥维德和其他作家都提到这个。”见休谟:《政治论文集》(1752 年版)第 164 页“关于古代国家的人口密度”。正文所说来自奥维德:《情爱》第 1 篇第六悲歌:“看门人啊,他们用粗链子把你拴起来(这是多么凌辱!)。”

② 海内西在《古罗马制度》第 1 篇第 3 章第 8 节之 n 说:“例如,在农村,有一些人在劳动时被链子拴在一起。”参阅哥伦米拉《关于农业》第 1 篇末、普林尼《博物志》和辛尼加《关于权利》第 7 章第 10 节。

③ 在台伯河中。见休谟:《政治论文集》第 163 页“关于古代国家的人口密度”。

④ 同上书第 223 页。

⑤ 卡姆:《北美游记》(1753—1761 年)第 2 卷(1756 年)第 480 页曾说到这一点,但他的书直到 1770—1771 年才译为英文。亚当·斯密可能是无意中看到了一段摘自德文译本(1754—1764 年)的引文。

厚道的人都不希冀自由。

即对自由人来说，蓄奴也是个坏制度，这一点几乎无须证明。一个为着日薪而工作的自由人的工作量，在比例上大于奴隶的工作量，要是我们计算到豢养奴隶所需要的费用的话。① 在古代意大利，在最肥沃地区，一块由奴隶耕种的土地，主子只得到土地产量的六分之一；但即在我们的贫瘠地区，一个地主能够得到土地产量的三分之一，而佃户过的生活也好得多。奴隶耕作只为满足自己；由于剩余产物都归主子所有，所以对于如何最有效地耕种土地他们是不关心的。一个自由的佃农，把租金以外的剩余产量归为己有，所以有勤勉工作的动机。我们的殖民地，如果由自由人耕种，结果必定好得多。奴隶制的缺点，可以从我国的矿工和盐工的情况中看出来。他们的确享有一般奴隶所没有享受的特权。他们的财产在支付生活费用以后，全归自己所有；主子不能把他们出卖，只能把他们跟企业一起出让与别人；他们享有结婚和信奉宗教的权利；但他们完全没有自由。如果他们获得自由，那对矿主来说肯定是有利的。日工的一般工资是六便士到八便士，而矿工的工资是二先令半。如果他们是自由人的话，他们的工资就会下降。在纽克斯尔，工资不超过十便士或一先令，但矿工往往离开一天可得二先令半工资的煤矿，而跑到纽克斯尔去。因为在那边，他们所得的工资虽然较低，但他们享有自由。

奴隶制还带来另一个祸害，它把自由人人数减少到甚至不能想象的程度，因为每一个奴隶都占据一个自由人的位置。初看起

① 《国民财富的性质和原因的研究》第1卷第1篇第8章第85页。

来，财富的不均似乎是个不良现象，因而人们制定法律来反对财富的不均。人们认为十镑是一个人一年所需要的费用。一个每年有一万镑收入的有土地的绅士，一年就花费了可以养活一千个人的钱。初看时我们很容易认为他是个吃掉许多人的粮食的怪物：但如果我们留心看一看，我们就会发现他的确是个对别人有帮助的人，而且他所吃、所穿的也和别人一样。十镑也够他花费的，而他的一万镑可以养活一千个人。他雇用了这些人，其目的在于通过各种方法来改善他的十镑的作用，使它的价值等于一万镑。这就使各种制品有制造出来的机会。当他雇用奴隶而好比把这十镑从一万镑中“筛分”出来的时候，一个奴隶必定是一个缝工，另一个必定是一个织工，再一个必定是一个铁匠，等等。这样，每一个奴隶就都占据了一个自由人的位置。

我们现在来说明奴隶制在世界的这个部分里是怎样被废除的。在我国和邻近各国的奴隶，主要是那些耕种土地的奴隶，即所谓附着于土地上的农奴，只能随着土地一起出卖。由于他们劳动所得只够维持生活，所以土地耕种得很坏。为补救这个缺陷，实行了由地主借给佃户种子、耕具等物的办法。[①] 佃户自己没有牲畜，因而地主把牲畜和耕具借与佃户，由佃户在租借满期时交还地主。在收成时，地主和佃户均分农作物。这就是第一种自由佃户，他们明显地是解放了的贱民。在这个习惯继续了很长时间以后，佃户积蓄了一些钱，能够跟地主订立契约，由他们给予地主一笔款项来换取若干年的租佃；不管土地能生产多少，他们愿意冒着危险去耕

① 《国民财富的性质和原因的研究》第1卷第3篇第2章第393页。

作。这显然对地主是有利的：土地每年都耕种得更好，而他却不要出什么费用。而对佃户来说，那半数的土地产量，也比他们给予地主的任何一笔款好得多。[①] 按照封建法规，领主对于他的属下有完全的统治权。在平时，他是裁判官；在战时，他们要跟他出征。当政权变得巩固时，君主极力设法削弱领主的权力。这种权力在某些场合下对君主是个威胁，而且使人民不直接请求君主审判案件。由于古代贱民是随意可以撤换的佃户，必须给他们的主子完成一些任务，而且完全归他支配，所以君主制定法律，取消他们的上述任务，但他们的可随意撤换的佃户身份还保留下来。最后，他们的权利扩大，变成根据官册享有土地的人。

奴隶制被废除的另一个原因是牧师的势力，但这绝不是基督教的精神，因为我们的地主都是基督徒。什么事物削弱贵族对下层阶级的权力，什么事物就增加牧师的权力。由于牧师一般受到平民的爱戴，而不为贵族所宠爱，牧师当然竭力扩大平民的权利，特别因为这样做他们还有得到利益的希望。因此，我们看到，教皇英诺森特三世鼓励所有地主解放他们的奴隶。[②] 这样，牧师的势力加上国王的势力，使奴隶制的废除得以在西欧早日实现。但在国王或教会没有很大权力的国家，奴隶制还盛行着。在波希米亚、匈牙利和那些国王是选任的因而没有大权力而教会也没有大权力的国家，奴隶制还存在着，因为宫廷没有足够大的权力来解放贵族

① 即佃户通常交给地主的一半产物，现在佃户留给自己。这一半产物，对佃户来说，比他们交给地主来替代它的货币地租更有价值。

② 《国民财富的性质和原因的研究》第 1 卷第 3 篇第 2 章第 393 页说，亚历山大三世下令全面解放奴隶。

的奴隶。

在人作为家庭成员这一项目下，我们要进一步说明和讨论的是，奴隶是用什么方法得到的以及在我国家仆所处的地位究竟是怎样。我们也要说到家庭的某种特殊情况。

奴隶可用以下五种不同的方法获得。第一，几乎在所有的国家里，战俘都是奴隶。如果征服者不把战俘处死，征服者有权利把战俘作为奴隶。第二，由于战俘变成奴隶以后，没有人去援救他们，所以他们的子女也变成了奴隶。第三，犯有某种罪的人成为奴隶，有时候做其受害人的奴隶，有时候做公众的奴隶。第四，在古罗马共和国，债务人被判为奴隶。如果他们不能还清他们的债务，那么他们应该为着还清债务给别人工作，这在当时被认为是合理的。在所有实施奴隶制的国家都存在着这种情况。第五，有一种叫做自愿奴隶，就是一个贫困的公民把自己卖给别人为奴。当一个人把自己卖给别人时，按照关于奴隶制的法律，他的身价就成为买主的财产。但是如果一个人负了债因而不得不做奴隶，同时由于害怕受到虐待，不愿意做他的债权者的奴隶时，他可以把自己卖给另一个人，只要这个人愿意替他还清债务。古罗马的公民往往负债，并因而变得完全隶属于那些在地立上高于他们的人。在古罗马公民中，有许多人除从他们所投票的候选人那边获得一些报酬外，没有其他生活费来源；由于那些报酬不够维持生活，他们往往向他们所投票的人借款。这些人欣然地把款借给他们，使他们愿意为其奔走。由于这样，他们不能够把票投给其他任何人，除非他把欠债权者的债务还清。但很少人愿意这样做，因为他们所欠的款多半超过他们所投的票的价值。

在古罗马共和国中叶，上述最后两种取得奴隶的方法被明文禁止了，前者被一个关于所谓自由破产的法令所禁止，后者被一个不允许自由人出卖自己的法令所禁止。

西印度的奴隶制是违反法律而产生的。当西班牙征服西印度时，伊萨伯拉和斐迪南竭力设法使西印度人不陷于被奴役状态，他们的意图在于把西印度变成殖民地，跟西印度人通商而且教导他们。但是，哥伦布和科德斯没有遵守法律的心意，他们不服从伊萨伯拉和斐迪南的命令，而把西印度人作为奴隶。这样，奴隶制便在一定程度上在西印度人中间建立了起来。

我们现在来讨论仆人的地位。在我国，黑人是个自由人。如果你的黑仆被别人暗中拉去，你不能提起诉讼，要求身价，只可要求赔偿损失。同样的，如果黑人被杀害，杀害者犯有杀人罪；但是，尽管黑人在这里享有自由人的权利，你能够强迫他回到美洲，在那里你可像从前那样把他作为你的奴隶。黑人所以享有自由，并不是由于基督教，而是由于我国的法律，因为在我们中间根本没有奴隶制这回事。

在我们中间，最大的倚赖者乃是奴仆，这些奴仆在逐期延展的契约所规定的时间内负有给我们使唤的义务。他们几乎享有和他们主子一样的权利，如自由、工资等等。但主子有权适当地惩罚他们。如果主子不使用攻击的武器，没有预谋，也不是无缘无故地惩罚仆人，而仆人在主子惩罚下死了，这不构成杀人罪。仆人得到主子的明白指示或默认，可为他的主子取得财产。如果仆人用主子名义买卖货物，而发生不清偿货款或不交给货物的情况，则其主子可以提起诉讼。由于主子和仆人之间存在着特殊关系，所以对于许多被认为是犯了罪的行为，他们可以互相辩护。如果主子或仆人为了相互防卫杀死了其他任何人，这是正当的杀人行为。如果主子在仆人契约未满以前死去，他的遗嘱执行者有义务付清仆人的全部工资，并维持仆人的生活。

学徒的地位大体上和仆人一样，只有这个不同之点，即师傅领到学徒缴纳的学费，因而有义务教他工艺。如果师傅拒绝教授学徒工艺，后者可提起诉讼，要求前者赔偿时间和其他方面的损失。

〔第四节　监护人和被监护者〕

我们现在来讨论家庭的特殊情况。当父亲死去留有未成年儿女时，这些儿女需要照顾。即在遗弃婴孩成风的时代，当一个婴孩暂时被留下时，人们也认为把婴孩处死是残暴的行为。孩子是无依无靠的，当时没有医院或慈善机构收容他们，因此必须由一个人加以保护。依照法律，这个人就是在父亲这一边血统关系最密切的亲属。在早些时代，所要照顾的只不过是抚养孩子，因为没有什么财产需要管理，而孩子的母亲又须回到娘家去。这种监护一到孩子长到十三四岁便停止，因为孩子达到那个年龄就自谋生活。但当人们拥有财产时，情况就变得复杂些；虽然孩子达到那个年龄能够自谋生活，但他还不能管理财产。因此，监护孩子的时间必须延长到十四岁以后。按照古罗马执政官所制定的法律，孩子到十四岁时，可允许他选择他的监护人或保护人。一个保护人未得到被保护者同意不能有所行动，而一个监护人可以不得到被监护者的同意而行动，不过在被监护者未成年以前，监护人须对自己的行动负责。最初，几乎只有疯人和白痴才有监护人，有监护人是不体面的，谁都不愿意接受监护人。后来，法律规定，在未到二十一岁时，被保护者未征得保护人同意而作的一切行动都不生效力。由于父亲这一边血统关系最密切的亲属往往是第二个合法继承人，把儿子付托给他被认为是不适当的。英格兰法律更彻底地贯彻了这个主张，认为如果一项财产在孩子的父亲活着时留给孩子，就不能把孩子付托给他的父亲照顾。按照我们的法律，在这种情况下，财产应交给第二个合法继承人去保管，因为他大概会最谨慎地保管它，而继承人则交给一个比较疏远的亲戚去照顾。这个亲戚定将很好地照顾继承人，因为他不可能从这个继承人的死亡得到利益。

〔第五节　在家庭中所犯的罪及其刑罚〕

我们现在说到在家庭中所犯的一些罪及其特殊刑罚。妻子对丈夫的不贞应处以最不名誉的刑罚。丈夫不贞从来没有处以死刑的。妻子不贞，也只在人民有极度嫉妒心的地方才处以死刑。一个女人为了私通而被送上绞刑台，这在我国被认为是荒谬的。强迫婚姻和强奸一般都处以极刑。[①] 重婚对于前妻是个侮辱，因而也处以极刑。[②] 由于在家庭成员之间存在着最密切的关系，如果妻子杀死丈夫，这被认为是一种轻叛逆罪，按照英格兰法律，刑罚是活活烧死。[③] 如果仆人杀死他的主子或企图杀害他，刑罚也是

① 霍金斯：《公诉》第1篇第41、42章。

② 同上书第43章，关于杰克逊一世1年第二号法案。

③ 霍金斯：《公诉》第1篇第32章，第2篇第48章第6节。这在名义上是对女人的各种叛逆罪的刑罚，但实际上是先把女人绞死然后用火来烧。参阅勒斯基：《英格兰史》第1卷第506页。

一样。[1] 至此，关于作为家庭成员的人，我们所要说的都已经说了。

〔第三分部　私法〕

〔第一节　取得财产的第一种方法：占有〕

上面我们说明了权利的性质，而把权利分为固有的与取得的两种。前者无须说明，后者分为物权与人权。物权是财产权、地役权、抵押权和独占权。我们先来说财产权。

财产是用五种方法取得的。第一，通过占有，即占有从前不属于任何人的东西。第二，通过添附，即一个人对甲物有权利，因而对乙物也有权利，例如，有马就有马蹄铁。第三，通过时效，即由于长时间不断地占有而对一件属于另一个人的东西享有权利。第四，通过继承我们的祖先或任何别人，不管是根据遗嘱或是根本没有遗嘱。第五，通过自动让与，即一个人把自己的权利让给另一个人。

我们先说占有。关于占有的法律，随着人类社会所处时期的不同而不同。人类社会的四个时期是：畋猎、畜牧、农作和贸易。如果一些人因船只失事流落在一个荒岛上，他们最初是靠土地所生的野果和他们所能捕杀的野兽来活命。由于这些果子和野兽不可能时时都够用，他们不得不把一些野兽养驯，以便要使用时就拿

① “他的”应改为“她的”，因为按上下文的意义，仆人必定是个女子，才可以说“刑罚也是一样”。对于男仆，刑罚是用囚车送到刑场绞死（参阅霍金斯：《公诉》第 2 篇第 48 章第 5 节）。“或企图杀害”肯定是讹误的。参阅霍金斯：《公诉》第 1 篇第 2 章。

来使用。过了相当时间以后，连这些也不够用了。当他们看到土地能生出相当大的数量的蔬菜时，他们就想开垦土地，使土地能生产更多的蔬菜。农业就应运而生。农作需要很大的改善才能成为一个国家的主要职业。对于这个常态，只有一个例外，这就是，某些北美洲民族都开垦一小块土地，但没有饲养牲畜的观念。当然，继农业时代之后的是商业时代。由于人们现在可以只搞一种劳动，他们当然会把自己所生产的货物的剩余和别人交换他们所需要的东西。占有必定随着社会时期的不同而有所不同。当旁观者能同意我占有某一物，且赞同我使用武力来保护这个东西时，占有似乎就有了充分的根据。如果我采集了一些野果，则在旁观者看来，我随心所欲地处置它们是合理的。

在猎人中间，占有时首先要注意的是：什么构成占有；占有是在什么时候开始的，是在发现野兽时就开始的呢，还是在实际占有野兽以后才开始的。关于这方面，法律学家们有不同的意见；某些法学家认为应将猎获物的一部分分给从前曾把这个野兽打伤的人，尽管他现在已放弃追逐，而其他人没有放弃追逐。所有法学家都同意，一个人在别人已经开始追逐一个野兽以后也来追逐这个野兽，这是侵害财产权；但有些法学家认为，如果另一个人在这个野兽逃走时把它打伤，他应该分得一部分，因为他使这个野兽的捕获变得容易。[①] 在野蛮人中间，财产权以占有开始并以占有结束，因为他们对于不在自己身体周围的东西似乎没有这些东西是属于

① 《法规汇编》第 2 篇第 1 标题第 13 节。参阅哈彻逊：《伦理哲学入门》第 154 页；洛克：《政府论》第 30 节；普芬多夫：《自然法与国际法》第 4 篇第 6 章第 10 节。

他们自己的这种观念。

在牧人中间，财产权的观念进一步扩大了。不但他们带着走的东西属于他们，而且放在他们小屋里的东西也属于他们。他们认为那些有了回到他们那边来的习惯的牲畜是他们的。[①] 当大部分牲畜都被占有的时候，连那些已经失去回家的习惯的牲畜，也认为是他们的，而且在它们走失以后的一定时间内，他们还可提出要求。但是，财产权的观念由于农业而得到了最大的扩充。当最初需要开垦土地时，任何人对土地都没有财产权，靠近他们小屋的一小块被开垦土地是全村共有的，它的果实是在全村人中间均分的。在我国，直到现在还有公有土地财产的遗迹。在许多地方，都有一块属于几个人共有的土地，而且在庄稼收割从后许多地方都允许牲畜随意地在那里吃草。私有土地财产直到土地按公共协定划分以后才开始出现，这一般是在城市开始建设的时候，因为每一个人都愿意他所住的房屋（那是个永久的东西）完全归他所有。[②] 动产在社会初期就可加以占有，但土地要到实际划分以后才能占有。一个阿拉伯人或鞑靼人把他的羊群赶过一片辽阔广大的地方，但他并不把这个地方的一粒沙看作是自己的。[③] 可是，按照许多国家的法律，某些东西是私人不能占为己有的。按照不列颠法律，宝藏和无主物属于国王。这是由于有权位的人的自然势力，他们占取一切能够占取的东西只要不违反最明显的法规。同样的，私人

① 《法规汇编》第 2 篇第 1 标题第 15 节。

② 普芬多夫:《自然法与国际法》第 4 编第 4 章第 6 节。

③ 洛克:《政府论》，第 38 节，关于亚伯拉罕；达伦普尔:《封建财产》，第 91 页，关于北美洲。

不能把河海占为己有。除非政府给你的特许状中明白规定,否则你不能在流经你的地产的江河中捕捞大鱼。[①] 一个四周有几个国家环绕着的海不能由一个国家占有,而所有这些国家都应享有一部分统治权;但是,任何一个国家都可以阻止别人在它自己的海湾里捕鱼,或阻止别国战舰驶近它的海岸。

〔第二节　取得财产的第二种方法:添附〕

添附权与其说是基于它的效用,不如说是基于它和它所依存的物要是不连在一起就不适当这一理由。我所购买的母牛的奶,对我来说,可能没有很大价值,但如果另一个人享有以我的母牛来喂他的小牛的权利,那便是很不适当的。最重要的增加物是土地财产上的增加物。土地所有权是根据土地的分划或根据社会把耕种某一块土地的权利转让给某一个人的这种转让。既然他享有这个权利,他对于土地所生产的任何东西例如树木、果子、矿物等必定也享有权利。任何江河的冲积地当然属于附近土地的主人,但如果所增加的土地是很大的,如低洼地区的冲积地,那么所有权属于政府,而附近土地的主人必须通过购买才能获得这块土地。[②]

关于增加物的主要争论是:什么时候基本财产属于我,什么时候增加物属于别人;如果基本财产和增加物是混在一起的,这个统一体属于什么人。法律上有个原则,即谁都不能从别人的损失上

① 正文所说是指苏格兰的捕捞鲑鱼。麦都奥:《苏格兰法令汇编,1751—1753年》第1卷第574页。

② 普芬多夫:《自然法与国际法》第2篇第7章第12节。

得到利益。[①] 如果一个人错误地在我的土地上面建造一座房屋，尽管材料是他的，我占有这所房屋，或得到损失的赔偿，却是完全合理的。一般地说，增加物跟着基本财产走，但在某些情况下，即在作品比原料更有价值时，物质就要让位给形式。不过，法学家们都不愿意直接违反一般的、既定的原则，为了规避这个原则，在基本财产变成新的种类，即在它具有新形式、新名目时，他们把它交给增加物的主人。但这也有例外。按拉丁语，图画和画图画用的木板属于同一种类，两者都叫做 tabula，因此，尽管图画对于木板有所改进，它还是属于没有多大价值的木板的主人。但是，关于增加物，最普通的规则是：当它能够化为它的原始形式而不会减低它的价值，或不会给增加物主人带来任何巨大损失时，基本财产主人可正当地提出对于它的权利，但当它不能这样化为原始形式时，法律公正地把它交给增加物主人，只要求他对原主人作适当的补偿。

〔第三节　取得财产的第三种方法：时效〕

时效是以大家所想象的所有者对于他长期占有的东西的那种依恋心绪以及大家所想象的原所有者对于他长期不占有的东西的那种冷淡情绪为根据的。要享有由于时效而取得的权利，必须具有四个条件。第一，真实。如果一个人意识到他对一个东西的权利没有充分的根据，那么我们来剥夺他对这个东西的权利，对他并

① “再没有比谁都不应该从别人的损失上得到利益这句话更平凡的了”。普芬多夫：《自然法与国际法》第 4 篇第 7 章第 6 节。

不算什么侵害，而且连中立的旁观者也会同意我们这样做。第二，正当所有权。正当所有权并不意味着就各方面来说它是正当的，因而它本身就够确立所有权，不需要其他条件。正当所有权意味着一个人有一定合法根据认为一个东西属他所有，例如他能够提出某种特许状。如果他要求对一个东西的权利，而不能提出这种所有权证据，任何公正的旁观者都不会对他表示同情。第三，不间断地占有也是时效所必需的，因为如果别人常向他提出对这项财产的权利，那就意味着原所有者并没有放弃他的权利。第四，只在存在着有权提出财产要求的人时才能考虑到占有的时间。所以，如果主人是个未成年人、疯子或被放逐的人，则连最长久的、不间断的占有也不能构成权利。

正当所有权是真实的证明，而真实是正当所有权的必要条件。按照罗马法，真实只在最初占有时才是需要的。虽然你后来感到你的所有权有问题，但在那个时候，时效已经发生了。大自然没有规定时效的期限，因此时效是随财产在一国内的稳定性而有所不同。在古罗马，取得不动产权利的时效，有一个时期是两年，但以后需要更长的时间。[①] 在我们的国家，那些不断向邻居提出要求的封建领主，简直不可能使他们承认这种性质的法律。他们愿意恢复非常旧的要求权，最后当他们决定期限时，他们把期限定得尽可能的长，即四十年。应该指出，在古罗马人中间，任何一个人的

① “在古罗马，取得财产权的时效，最初不动产为两年、动产为一年，但后来查士丁尼皇帝作了以下的修改，即在同一个地方的人之间，取得不动产的时效为十年，而在不是同一个地方的人之间，取得不动产的时效为二十年”。海内西：《古罗马制度》第1篇第6章第2、9节。

占有，如果在取得时效权利所需要的期限内由于敌人的侵入而中断，那么他就必须重新开始占有。按照英格兰法律，除原主提出要求外，任何事物都不能中断时效。国王很少允许他们的要求权因过时而失效，至少他们认为不间断的占有时间无论怎样的长，都不足以使他们失去要求权。但是，不知道什么时候开始的占有在任何情况下都能取得要求权。

〔第四节　取得财产的第四种方法：继承〕

继承或是法定的，或是根据遗嘱的。按照某些法学家[1]的说法，法定继承意味着法律应该把死者的财产分配给那些可以臆断是死者所要给予的人。但这就含有遗嘱继承，即按死者遗嘱分配财产，是发生在法定继承之先的意思，而这和事实是完全相反的。在野蛮社会时期，一个人在他生时很少享有充分的财产权，因此不可能设想他具有处置他死后的财产的权力。就所有国家来说，在遗嘱这样的东西还没出现从前很久一段时期里，死人的亲属就已经承继了死人的财产。最初采用遗嘱继承的似乎是古罗马的十二铜表和雅典的梭伦法律，[2]但在遗嘱继承发生之前很久，这两个国家都已经有了法定继承。大家总是认为，嫡亲继承人对于财产有优先权利，但这个权利绝不是根据想象上的死者遗嘱。如果我们考虑到早期的继承，我们就可发现，这种继承的根据，与其说是对

① 例如，格罗提渥：《战时法与平时法》第2篇第7章第3节，以及普芬多夫：《自然法与国际法》第4篇第11章第1节。

② 海内西：《古罗马制度》第2篇第10章第5节。

人的关系，毋宁说是对物的关系。[①] 由于父子在一起生活，而且是任何财产的共同取得者，所以在父亲死去以后，子女对于这些财产有共同的权利。这不是由于他们对父亲的关系，而是由于在取得这些财产时他们所付出的劳动。因此母亲和子女继续占有这些财产。在古代罗马人中间，妻子被看作女儿，因而也得继承一份遗产。如果任何子女已经成家住在外面，或已经脱离家庭，就不能继承一份遗产，[②]因为他们没有和家庭的其他成员合作去取得财产。由此可见，当家庭成员是这样生活在一起的时候，那就必须禁止堂兄弟姊妹之间结婚。当人们的儿子和孙子住在同一个家庭里的时候，如果大家都同样地继承遗产，这就叫做按人数继承，但如果孙儿只继承他的父亲的那个部分，这就叫做按家系继承。如果一个人有三个儿子，他们都已死去，但长子留下一个儿子，次子留下两个儿子，三子留下三个儿子，那么，按照前一规则，在他们的祖父死去时，每一个都分有祖父财产的六分之一；但按照后一规则，长子的一个儿子独得三分之一，次子的两个儿子共得三分之一，而三子的三个儿子共得三分之一。孙儿好像是他们的父亲的代表。代表权和按家系继承是一样的。在古罗马，代表权的被采用，目的在于扶强欺弱，但在不列颠，恰恰与此相反。[③]

在古代罗马人中间，母亲死去时，儿子不能继承她的遗产，其

---

① “对于无遗嘱死者的继承，古罗马人不是根据死者所最宠爱的人应该立为继承人的原则（后来查士丁尼皇帝赞成这个原则），而是根据财产应该留在家门的原则。”海内西：《古罗马制度》第 3 篇第 1 章第 1 节。

② 同上书第 6 节。

③ 这一句可能有讹误，它的意思究竟是什么，不容易猜测。

原因是，母亲被看作家庭中的一个女儿，她所有的任何东西都属于丈夫；如果丈夫先死，妻子跟她的儿女共分他的遗产，然后她回到娘家，另继承她的父亲。但在比较文明的古罗马皇帝时代，母亲能够继承儿子，而儿子也能够继承母亲。[①] 在古代，儿子死去时，谁都不能继承他，因为他和他所有的一切东西都属于他的父亲。恺撒首先制定这样一条法律，规定儿子在战争中或通过学问艺术取得的任何东西可归儿子所有。[②]

由于上系亲属可继承下系亲属，下系亲属可继承上系亲属，同系亲属可相互继承，所以可继承的人有三类，即直系尊亲、直系卑亲和旁系亲属。最初，旁系继承只限于关系最密切的血亲，[③]如果他拒绝继承，财产归公；[④]但后来，执政官把这种继承推广到七等血亲。[⑤] 当一个兄弟死去，而另一个兄弟继承时，这是由于他们跟他们父亲的关系，因为他们都属于他们父亲的家系。所以，直系尊亲的继承必定优先于旁系亲属的继承。但是，直系卑亲的继承权利比上述那些继承权利有更充分的根据，因为儿子对于父亲的要求权明显地比父亲对儿子的要求权有更充分的根据。这样说来，动产继承的原则是基于古代家庭中的财产共有。

我国的家庭情况和上述不同，因而在我们的[⑥]法律和古罗马的法律之间有很大的区别。在我们这里，妻子的地位比女儿重要

① 海内西:《古罗马制度》第 3 篇第 3 章。

② 同上书第 2 篇第 9 章第 2 节。

③ 同上书第 2 篇第 2 章第 3 节。

④ 即归同氏族全体成员所有:海内西:《古罗马制度》第 7 节。

⑤ 同上书第 5 章第 5 节。

⑥ 即苏格兰法律。

得多，因此她所继承的财产多于女儿。当丈夫死去时，要把财产分为三个相同的部分，一部分属于已故的丈夫，一部分属于妻子，一部分属于儿女；但丈夫的部分和妻子的部分有这个不同之点：丈夫能够通过遗嘱处置他的那一部分，而妻子却不能这样。一个在外面居住的儿子的地位跟古罗马脱离了家庭的儿子的地位不同。他也能跟他的兄弟们一起继承，但如果他已经获得了他父亲的一部分财产，在父亲死去时他必须把这部分财产交出来，放进父亲的财产中一起来分。此外，孙儿不能像古罗马人那样代替他们已故的父亲来继承。但英格兰法律允许代表权，而且允许直系尊亲比旁系亲属有优先权，如果直系尊亲是男性。

我们现在来讨论封建法律所采用的不可分割的继承。当那些征服古罗马帝国的民族在西欧居住的时候，财富的不均必定跟着发生。由于高贵的人除把他们的财产用来养活他们的租地人外，没有其他花费的方法，所以他们对于租地人必定有很大的权力。[①] 他们把土地分给他们的倚靠者，其目的只在于养活这些倚靠者。我们可附带指出，撒克逊的田地一语就含有粮食的意义。[②]

领主们，由于有权有势，是他们管辖的地区内唯一的法律执行者。政府为了它的利益，只好把这个权力给予他们，因为这是维持治安的唯一方法，而且因为领主是平时和战时的领袖。直到1745年，这种权力在苏格兰高地还存在着，某些绅士能够带领几百个人出征。[③] 由于

① 参阅本书第60页。

② 达伦普尔：《封建财产》第33页。

③ 但按照《国民财富的性质和原因的研究》第1卷第3篇第4章第413、414页，这种权力是自主地权力，而不是封建权力。

这些领主没有其他方法来处置他们的土地，所以他们把某些土地暂时交给佃农耕种，他们爱退佃时就可退佃，而把另一些土地交给佃农终身使用(benefice)，佃农有终身使用权，但死后土地须交还领主。①

牧师的圣俸似乎是以领主所授予的土地的收入作为基金的，而且使用 benefice 一词来表示。通过给予佃农终身使用土地的方法，领主得到了佃农对他们的忠诚。由于上述第二种土地是终身租借地，这种土地的财产权当然会延伸到已故佃农的儿子，而租借因此逐渐变成世袭、租借地变成了采地。这样，租地人便变得更为独立了。如果一个领主死去，而其遗孤尚未成年，国王就在他未成年时期内指派一个人来充任他的佃农的领袖，并把土地的利得收归自己支配。当佃户的继承人是女人的时候，领主有权把她嫁给他所选择的人，因为她的丈夫要成为他的佃农，由他指定被认为是合理的。由于领主是男系继承人的监护人，继承人结婚必须征得领主同意，这也认为是合理的。由于封建领主占有未成年继承人的土地，所以在后者能收回土地以前，他必须缴纳采地相续税。这是国王法庭或领主法庭所采用的办法。未成年继承人，在能够收回土地以前，必须到这个法庭宣誓对国王或领主尽忠。此外，在占有土地以前，他必须提出保证服从领主。这样，在服兵役、宣誓服从、矢忠、受监督、遵照领主意旨结婚、缴纳采地相续税等条件下，他们才能保有领主的土地。自主的土地没有这些徭役；但是，因为财产所有人，为着财产的安全，吁请一个高贵的人保护他的财产免

① 达伦普尔：《封建财产》第 199 页。参阅本书第 61 页注释③。

受强夺，所以大部分土地变成了采地。由于同一原因，拥有大地产的人向君主缴纳定期税，并向他宣誓矢忠。[①]

由此可见，在初期社会里，取得财产，特别是取得小财产，一定非常困难。因此，分产的结果是最坏不过的。划分法兰西王国的结果是够坏的了，而划分私人财产的结果将是更坏的。但是，由于其余儿子的反对，长子继承权或财产的不可分割，经过了很长的时间才被采用。在德国，在前世纪以前，还没有完全被采用；但因为形势已使得采用成为必要，土地财产终于成为不可分割的。而既然总有一个人是有优先权的，这个人自然是长子。这个法定优先权必须给予具有完全不可争辩的特质的人。如果把它给予一个有智慧或胆量的人，那就会引起激烈的争论；但在兄弟中间，谁是年纪最大，这是个无可争辩的问题。在初期社会里，高龄受到很大的重视。直到今日，在鞑靼人中间，国王不是由他的儿子继承，而是由王室中年纪最大的人继承。

长子继承权一旦采用，由于以下原因，必然会引起代表继承：使弟弟们最初感到难受的是，他们的哥哥要比他们优先，而使他们感到更难受的是，在他们哥哥死去时，他的儿子，一个婴孩，竟比他们优先。因此，在许多地方，都为着这个而争吵，并演变成一对一的决斗。[②] 布鲁斯和巴里奥曾经为了这个而争吵过。按照我们的看法，巴里奥有最充分的根据，因为他是长女的后裔，但布鲁斯跟这个家族的关系比巴里奥密切些。由于长子继承权不容易被采

① 这一段是本书第 61—64 页的提要。

② “人们曾经为了长子的儿子应否比幼子优先这个问题而从事争斗，也为此而从事一对一的决斗。”格罗提渥：《战时法与平时法》第 2 篇第 7 章第 30 节。

用，所以在最初曾采用了另一种继承方法。按照这种继承方法，当父亲死去时，他的财产移由长子继承，但如果他死去时，他的子女都未成人，或如果他死去时，他的父亲还活着，那么继承的不是他的儿子，而是他的兄弟。这就带来一个不合理现象，即在年纪最小的弟弟死去时，他的儿子却比哥哥的儿子享有优先的继承权。按照罗马法，孙儿只能继承他父亲的那一部分，他可以作为儿子来继承，而不能作为长子来继承。兄弟们当然认为他们跟父亲的关系要比他的任何孙儿跟他的关系密切些；但是，正如孙儿继承权使兄弟的权利受到难堪的损失一样，取消孙儿在他父亲假定还活着的情况下的合理期望也会使孙儿感到难堪。上述情况后来使人们采用直系继承方法。当这个困难被克服时，旁系继承的争吵便不再发生。在封建领主制下，女人不能继承，因为她不能服兵役，但在需要其他服役的地方，她们能够继承土地。① 采邑有两种，男性采邑和女性采邑。女人不能继承王位的法国是前者的例子，而英格兰是后者的例子。

在苏格兰关于旁系亲属继承的法律中，有一些细节是很离奇的。在三个兄弟中，如果第二个死去，留有财产，这财产由第三个继承，因为他们认为第一个已经得到足够的生活费。相反的，非继承的、新取得的财产②由兄长继承，但不是由长兄继承，而是由顶

① 达伦普尔：《封建财产》第229—231页。

② “新取得的财产的继承人所承继的财产，是一切授予的可以继承的财产所能够增添或可能增添的可以继承的权利，这些权利是死者自己取得的，那即是说，不是由他在遗嘱人分配遗产之前或从其他方面所继承的。”麦都奥：《苏格兰法规汇编》第2卷第297页。

头兄长继承。按英格兰法律，在同父母兄弟中，长兄得到新取得的财产的一半，而在其他国家，长兄没有这么大的优先权。[①]

我们必须指出，长子继承权妨碍农业的发展。[②] 如果全部土地是由几个儿子来分的话，那么每一个人对自己分到的部分所作的改善必定比一个人对全部土地所作的改善好得多。此外，佃户绝不会像耕种自己土地那样来耕种租借地。长子继承权对家庭也是有害的，因为它只对一个人提供生活费，而使其余的人在几代内沦为乞丐。[③] 但就君主的继承来说，却有个明显的好处，它可防止王室兄弟之间的一切危险争夺。

若干国家还施行或曾经施行过其他种类的继承。例如，在某些国家，由年纪最小的儿子来继承父亲。直到今日，在我们佃户中间还有类似的继承。年纪较大的儿子，在他们长大时生活问题已经得到解决，因此由年纪最小而还和父亲生活在一起的儿子来继承父亲。

关于法定继承已说得不少了。我们现在来说遗嘱继承。应该指出，遗嘱继承是财产权最大的扩充，因此经过了很长久的一段时间才被采用。在一个人还活着的时候，把处置自己财产的权利交付给他，这是很自然的，但遗嘱是假定他在——认真说来——自己已不能在有权利时来处置另一项权利。我们不能说他让与他的权利，因为继承人要到立遗嘱者自己没有权利以后方能取得遗嘱上

① 这一句显然有误。参阅贝利所校订的克莱杰：《封建法律》，1732 年版，第 334—336 页。

② 《国民财富的性质和原因的研究》第 1 卷第 3 篇第 2 章第 386—389 页。

③ 同上书第 388 页。

说的权利。普芬多夫异想天开地根据灵魂不灭来说明这一点。[①]在古罗马，订立遗嘱的权利是逐渐被采行的。最初只允许没有儿女的人订立遗嘱，但就是这个，也要事先征得市民的同意。其实，这大体上和立嗣是一样的。[②] 当一个人快要死去而要把他的财产留给一个被放逐的儿子时，他当然得事先请求他的邻人在他死后把财产交给那个儿子。他们尊重他的请求，不是由于这是他的遗嘱，而是由于对死者的尊敬。我们当然很愿意记取我们朋友临终的话并执行他临终的嘱咐，那个时候的肃穆情景在我们头脑里留下了深刻的印象。此外，我们假如进入了死者的身体，设身处地来想，要是我们临终的嘱咐没被执行，我们将感到怎样的痛苦。[③] 这种心情当然会使人们倾向于把一个人所掌握的财产权扩展到他的身后。

这似乎是遗嘱继承的根据。不依照那个父亲的愿望，是一种不敬行为，但就那个儿子来说，剥夺他的继承权并不对他有所损害，因为并不存在着为他的利益而制定的法律，而他的被放逐也已断绝了他对于继承的一切合理希望。我们认为，不依照死者的愿望，受到侵害的乃是死者。我们设身处地来想，如果他再活起来，他将感到怎样的痛苦。应该指出，遗嘱继承制度体现了人道的一个相当大的进步。野蛮民族绝不会有这种做法。在十二铜表公布

① 作这个说明的人并不是普芬多夫，而是来布尼兹，普芬多夫在他的《自然法与国际法》(第 4 篇第 10 章第 4 节)曾引用了来布尼兹的话。普芬多夫说："我不知道，通情达理的人是否赞同这个作家所发明的新法律方法。"

② 卡姆斯勋爵：《法律论文集》第 1 卷第 186—187 页；达伦普尔：《封建财产》第 152 页；海内西：《古罗马制度》第 2 篇第 10 章第 2 节。

③ 达伦普尔：《封建财产》第 154 页。

以前，古罗马人没有订立遗嘱的权利。[①] 我们的撒克逊祖先也没有通过遗嘱处置自己土地的权利；[②]在旧约历史中，我们也没有看到过关于通过遗嘱处置财产的事。对于死者的尊敬只能在牵涉到直接继承人的情况下才产生，因此遗嘱上的权利最初没有扩展到直接继承人以外的人。除非遗嘱上指定的继承人拒绝承继时，才可以指定另一个继承人。这是上述权利进一步的扩展。此外，如果一个人死去，而把他姐妹[③]的儿子作为继承人时，为了避免财产由不合适的亲属承继，遗嘱者可以说，如果该幼年人在一定年龄死去，财产应由另一个人承继。这叫做幼年人的替换。这样，财产权就更进一步扩大了。

在所有财产权的扩展中，最大的扩展乃是限嗣继承。把管理身后的财产权给予一个人，已经是很大的扩展，但和这个权力的无限扩展比起来，并不算什么。家庭在社会初期的形态，和现今的形态大不相同。由于当时的妻子完全受丈夫支配，充其量只和女儿的身份相同，所以除通过自己的劳动外，她对于丈夫的财产几乎没有什么增益；但当女性继承发生，而女人拥有财产时，她就先跟丈夫立约，然后才和他结婚。按照契约，丈夫得保证给她以良好待遇，而她的财产的一部分在她死后归于她的亲属。这样便发生了一种新的契约婚姻，使双方都处于同样独立的地位。[④] 家庭事务

① 参看本书第 134 页。

② 这个过于确定的说法，也许是根据达伦普尔关于通过遗嘱割让土地财产的历史所作的轻率的推断。见《封建财产》第 3 章第 3 节第 149—162 页。

③ 这是错误的。幼年人必定是遗嘱人所能掌握的后裔。

④ 参看本书第 99 页。

的这个大变动在开始时当然引起了男人的反对,而且由于大变动的首要原因是女性继承,男人极力设法使女人不拥有财富。由于这个原因,古罗马制定了把事情恢复到从前状态的法律,这个法律叫做沃科尼法律。为着规避这个法律,人们创立了一种委托制,即当一个人想把他的财产传给法律所不允许继承的人时,他把财产遗传给另一个人,而且取得这个人的庄严保证,一定要把财产移转给他所要给予的人。奥古斯都曾经制定一个法律,使被委托者一定要交还财产,而且指定一个执行官来督促财产的交还。[①] 接受这种遗产的人叫做受托继承人,接受交还的财产的人叫做真正继承人。这样,财产权就扩展到第一继承人以外的人。当他们成功地走了这一步以后,他们很容易再进一步,实施限嗣继承制度。

最初把限嗣继承引入现代法律的是牧师,他们所受到的教育使他们熟悉古罗马的习惯。[②] 由于他们是这个主义的宣传者,他们当然变成遗嘱的解释者和执行者。到狄奥多西和瓦伦廷[③]即位以后,他们的这个权力才被剥夺。在英格兰,征服者威廉把这个权力交还了他们。[④]

① 海内西:《古罗马制度》第 2 篇第 23 章第 2—4 节。

② 《国民财富的性质和原因的研究》第 1 卷第 3 篇第 3 章认为限嗣继承不是来自罗马。

③ 笔记抄本作"狄奥多西·瓦伦廷"。我们很难阐明正文这一方面的说法,因为它过分夸张了牧师的权力。查士丁尼认为牧师干预遗嘱明显地是悖理的。《罗马法典》第 1 篇第 3 章第 40(41)节。

④ 这也许是根据以下的说法所作的轻率的推断:在古时,遗嘱由州法院查验,而州法院开庭时,主教和州行政司法长官都在座;征服者威廉把宗教法庭和民事法庭分开。参阅培根:《法令新摘要》,关于宗教法庭,第 1 卷第 618 页。

按照我国[①]的习惯，如果一个人死时有妻子和儿女，他只能通过遗嘱处置他的财产的三分之一；如果他死时只有妻子而没有儿女，也只能通过遗嘱处置他的财产的一半。在封建制度被采用以后，土地通过遗嘱只能像兵役那样在征得领主同意后来处置。英格兰本来没有根据遗嘱的限嗣继承制度，而只有根据土地保有权的限嗣继承制度。一个人为了他自己和他的后嗣保有时产，但如果他没有后嗣，他就不能让与财产，而得把财产归还领主。可是，如果他有后嗣，他就能让与财产。这样，领主被剥夺了财产复归权。后来制定了一个法律，使领主能够获得这个权利。[②]

总的说来，永久的限嗣继承是最荒谬不过的。永久的限嗣继承绝不符合遗嘱继承的原则。人们对一个已死的人，只有当脑海里还留有鲜明印象时才会怀抱敬意。对财产的永久处置权显然是荒谬的。世界和它的丰饶属于每一代人，上代不能有束缚后代的权利，[③]财产权这样的扩大是完全不合理的。限嗣继承不知不觉地发展起来，这是由于人们不知道死者的权利（如果死者是有权利的话）究竟会扩展到什么程度。限嗣继承的最大范围应该只限于那些在死者物故时活着的人，因为死者对于还没有生出来的人不

① 即苏格兰。

② 威斯敏斯特法规第二号，即爱德华一世13年第一号关于有条件的授予的法案。

③ “就欧洲的现状来说，再没有比限嗣继承更荒谬的了。限嗣继承是以这样一个最荒谬的假设为依据的，即各代的人对于世界和它所拥有的东西没有同等的权利，而这一代人的财产权应该依照约在五百年前死去的人的意思加以限制”。《国民财富的性质和原因的研究》第1卷第3篇第2章第388页。正如上面正文中所见，“荒谬”一语在《国民财富的性质和原因的研究》这一章里也出现了两次。

可能有什么情爱。限嗣继承对于农村的改善是不利的。在限嗣继承没有实施的地方,土地总是耕种得很好的。限定继承人没有耕种土地的打算,他们往往不能耕种土地。相反的,一个购置土地的人却有耕种土地的打算。一般地说,新的土地购买者都是最好的耕种者。

〔第五节 取得财产的第五种方法:自动让与〕

自动让与需有两个条件:第一,移转者和接受移转者宣告他们的意图;第二,实际支付移转的物件。在大多数情况下,没有后者,前者就没有拘束力,因为不占有就没有权利。如果一个人确实已向别人借到一个物件,而后购买它,在这种情况下就不需要交付,因为他已经占有了它。尽管你有权使那个人遵守契约或履行契约,但在占有以前,你不能享有对那个物件的权利。如果我从一个人处买到一匹马,但在交付从前,他把这匹马卖给第三者,我只能向原卖主提出要求,而不能向占有者提出要求。但如果那匹马已经支付给我,我就能向任何人提出要求。所以,不通过交付,财产是不能移转的。格罗提渥说得对,在移转抵押品时,不需要交付,因为在这种情况下,那个人已经占有了这个抵押品。[①] 在法国,如果一个人宣告要作某种捐赠,但在交付以前他死去了,那么他所打算捐赠的东西还是归继承人所有。这也是西哥特人的习惯。在移转土地财产或其他大的物件时,要怎样才算是已经授予是不容易确定的。由于不可能作实际的交付,我国采用了象征的交付:一穗

① 《战时法与平时法》第2篇第8章第25节。

谷子或一捆谷草象征着整个田地，一块石头和草根象征着直到地中心的地产，门户的钥匙象征着房屋，等等。按照苏格兰法律，如果几块土地同时移转，必须把每一块授予买者。按照英格兰法律，在州法院移转时，[①]授予一块就等于授予全部。[②] 在苏格兰，必须在土地上举行授予，但在英格兰，只要在看得见那土地的地方举行授予就够了。除交付外，为了安全起见，也必须订有说明移转条件的凭证或契据。直到这个习惯被晚近的法规废除以前，租地人或占有者非得到领主的同意没有让与土地财产的权利。[③] 由于他愿意服兵役才保有土地，所以土地必须交还领主由领主交给买主，因为当时认为由领主选择租地人是适当的。但在后来，情况的发展使得有必要承认债权人的要求权，他们往往就利用这个需要来规避法律的规定。卖者出具一纸借款借据，但不说这是个买卖契约。通过这个方法，土地就被认为归债权人所有，而领主也不得不承认他是他的租地人。同样的，由于租地人容易受到新领主的欺侮，所以原领主非得到租地人同意不能处置他的土地。因此，如果一方不得另一方同意而出让他的任何土地财产，他就失去他的权利。

租地人对领主的义务应持续的时间在苏格兰比在英格兰更长；这也许是由于这两者的政治情况不同，因为英格兰一向倾向于民主政治，而苏格兰却倾向于贵族政治。在社会变得十分巩固以后，不需要有相互的同意，因为不论领主是谁，租地人都受到法律

① 应该改为："正如在古时在州法院授予采邑和让与财产那样。"参阅培根：《法令新摘要》，关于采邑授予，第 2 卷第 492 页；柯克：《利特尔顿》第 253 页之 a。

② 即"这一州里的土地"。

③ 这是指苏格兰而言。所说的"晚近法规"是乔治二世 20 年第五十号法案。

的保护。

在内战时期，[①]发生了一种新的交付。一个人如果把他的地产移转给另一个人而土地仍归他自己使用，并不会因此丧失权利，因为受移转的人被人看作是地主的管家，是使用别人名义占有土地的。

〔第六节　关于地役权〕

第二种物权是一个人在另一个人财产上享有的地役权，或一个人把义务加在另一个人财产上的权利。这种权利最初只是人权，因为它是两个人之间所缔结的契约的产物。我需要有一条通往市镇的路，如果一个人的土地挡住我的出路，我就必须跟他磋商，取得通路的权利。虽然通过这个契约我使他受到约束必须在出卖土地时把这个义务转给新买主，但这个契约只产生一种人权。这里存在着一种困难，因为这块土地如果出卖，而新所有者拒绝我使用那条通路，我不能根据我从旧所有者取得的权利来控诉他。我必须向我所从而取得权利的人追究，而他又须向他财产的买主交涉，然后我才能跟新买主打交道。如果这块土地更换了几个主人，那就非常麻烦、非常不便。为了补救这个弊病，法律把地役权变成物权，这样就可向任何所有者提出要求。

地役权或是乡村的，例如对通往城镇或通往江河的道路的权利、在别人牧场上放牧的权利，或是城市的，例如我有把我的屋梁靠在你的三角墙上的权利、我可强迫低层房屋所有者建筑坚固的

① 指兰加斯德人和约克人的战争。

墙来支住我的墙，等等。这些本来都是人权，只是由于法学家们的主意才变成物权的。土地终身租借权以及其他许多东西也是地役权，认真说来都是人权。把封建义务加在别人身上的权利也只是人权，因此每一个新租地人都必须重新向他的领主表示服从、保证忠诚。

在封建法律刚开始时，如果土地所有者不履行各项义务，他就会失去他的永久租借地；同样的，如果租地人侵入领主的土地，他的租借地就得交还领主。租地人的权利是基于领主的租地契约书，这个契约书所列的各项条款都必须遵守，而每一个新占有者都必须表示愿履行原契约。当租地人变成独立且拥有房地产时，我们可以说他们有了能享受利益的所有权，但没有合法所有权。①

〔第七节　关于典当和抵押〕

典当品和抵押品是偿清债务的担保品。最初，对于典当品和抵押品的权利，不能作为物权提出要求，但后来，法律把这个权利看作物权。典当品是动产，而抵押品是不动产。如果一个典当品不在一定时间内赎回，典当者就失去他对这个物品的权利。由于人们在光景不好时当然都是怠惰的，所以债务者的懈怠使古罗马人订出了借款人不偿还借款就失去对典当品的权利的办法。按照这个办法，债权人取得了对典当品的合法权利；如果典当品的价值超过借款的数目，债权人把超过部分交还借款

① 达伦普尔：《封建财产》第200、238页。

人。按照英格兰法律，如果没有限定日期，典当品在交当人死去时归收当人所有。[①] 就不动产说，土地只能抵押，但不能交付，如果借款人不能偿清债务，他就失去对土地的权利。罗马法和我们的法律在这方面大致相同。如果债务人在债权人提出偿还要求的几个月时间内不能偿清债务，债权人就把这块土地收归己有，作为偿清整个借款及债务人应缴的罚款之用。但是，非经过长期占有，他对这块土地的财产权还是不稳固的，因为原所有者在相当时间内还有赎回的权力。可是，由于赎回时查核旧账等等是很麻烦的，所以在英格兰，法律[②]把二十年规定为赎同抵押品的期限。

担保权实际上是由于契约而产生的另一种抵押权，但通过民法，它就变成了物权。在古时，根据担保权，地主在佃户破产时有权扣留佃户的家具和全部农具，而且能够向任何所有者提出要求。这是由于地主借给佃户农具这一办法而产生的；按照这办法，田地上所使用的一切农具都是地主的。现在，地主只有优先要求权。在我们这里没有像古罗马时代那样多的担保权。

所有抵押权本来都是人权，后来通过民法才变成物权的。

〔第八节　独占权〕

独占权是物权的最后一个分类。在这些独占权中，一个是继承权，它不是民法的产物而是自然现象的产物。继承人比任何其他人更有优先要求属于死者的财产的权利，而且在他被承认是继

① 培根：《法令新摘要》，关于担保品，第 1 卷第 239 页。

② 即法院惯例。培根：《法令新摘要》第 3 卷第 635 页。

承人以后，上述财产就是他的财产。此外，如果一个人首先追逐一头野兽，他就有追求这野兽的专有权利。任何人在他开始追逐以后也来追逐，就要受到处罚，因为他侵害了第一个追逐者的专有权利。在1701年，一只英国战舰跟一队由战船护航的法国商船交战。当英国战舰快要捕获它们的时候，一只苏格兰私掠船来到，把这些快被捕获的轮船带走。诉讼由是开始，苏格兰轮船被宣判犯有侵害财产权的罪。但是，通过严密的探究，我们就会看出这只是侵害权利而已。① 虽然上述那些独占权和其他独占权都是由于自然现象而产生的，但一般地说，它们是民法的产物。各种垄断事业和专利公司也是独占权的例子。虽然这些垄断和专利从前曾增进了国家的利益，但就现今来说，对于国家都是不利的，一个国家的财富在于价廉而量多的粮食，但上述垄断和专利的结果却使每一个东西的价格变得昂贵。当若干屠户享有肉的专卖权时，他们可随心所欲地议定价格，而我们必须向他们买肉，无论价格是贵还是贱。就这些屠户来说，这种特权对他们自己也是不利的，因为其他行业也会组成团体，如果他们抬高牛肉的价格，他们就必须付昂贵的价格来购买面包。受到最大的损失的乃是大众。一切东西都不像从前那样容易得到，而一切工作也不会做得像从前那样的好；城

① 上述案件似乎没有在1701年发生过。但在1677年，曾审理了一个案件（即王室法律顾问对兰金一案）。这个案件可能就是正文所提到的案件。夜莺号巡洋舰追逐一只荷兰私掠船，这只私掠船正在把所捕获的一只法国轮船带到荷兰去（英格兰和法国在那个时候正联合起来对抗荷兰）。当夜莺号追罢驶回时，它发现苏格兰私掠船船长兰金已经把上述的三只法国轮船之一捕去。高等民事法庭认为，除非能够证明如果兰金不阻止那只船它就会逃走，否则兰金的举动是有害的，因为他“没有帮助第一追逐者”。摩里逊：《高等民事法庭的判例》，1811年，第11930—11936页。

市的人口变得不稠密，而近郊的人口却增多了。但是，在十四年内独享专卖一本新书或一台新机器的权利，却没有那么坏的影响，因为它是对有功绩者的适当报酬。应该指出，地役权和独占权都可由于时效而获得。

关于各种物权，我们不往下说了。我们现在要说到那些由于契约、准契约或疏忽过失而产生的人权。

〔第九节　关于契约〕

由于契约而产生的办理某事的义务，是基于由于诺言而产生的合理期望。诺言跟意图的单纯的宣告大不相同。虽然我说我想为你做这件事，但后来由于某种事情发生我没有做到，我并没犯违约罪。诺言就是你向所允诺的人宣告你一定履行诺言。因此，诺言产生履行的义务，而违反诺言就构成损害行为。

违约是一切损害行为中最轻微的一种，因为我们倚靠我们自己所占有的东西，当然多于倚靠在别人手里的东西。一个被抢去五镑的人认为他所受到的损害比由于契约而失去五镑的损害大得多。因此，在野蛮时代，除扰乱公共治安罪外，其他各种罪只受到轻微的处罚，要到社会有很大进步以后，契约才可据以起诉，违约才须加以纠正。原因是，在野蛮时代，契约不受重视，语言文字也不明确。

在那个时候，第一种可据以起诉的契约，是损害很大而立约人当初确曾打算履行的契约。因此，在古希腊、罗马人中间，那些隆重订立的契约是首先可据以起诉的契约。在他们中间，除非立约双方都亲自出席，否则契约不能订立，而期票对他们是没有拘束力的。正如按照罗马法，只有诺言没有契约不能起诉，按照英格兰法律，为使诺言有拘束力，最初诺言必须有理由。当时认为坚持践约是不礼貌的行为。如果一个人允诺给予他的女儿一笔款项，这是有理由的，因此他有履行其诺言的义务；但如果他允诺给予其他任何人的女儿一笔款项，那是没有理由的，因此，除非她是他的亲属，否则他的诺言不能构成起诉的根据。如果我向你提出了诺言，这是不能据以起诉的；但如果我又允诺绝不忘记我从前的诺言，那么后者就有拘束力，而前者就成为后者有拘束力的理由。[①]

按照民法，第一种可据以起诉的诺言是在法庭所作的意图明确的诺言，因而每一个诺言都是在法庭具结的。债务人跟债权人同到法庭，由债务人承认他欠债权人一笔款项，这就是具结。具结书一份交给债权人收执，一份由法庭书记官保管。无论在什么时候，当债权人提出他所执的那一份而且这一份和其他一份相符时，他就可追回欠款。后来，在主要城市的行政司法长官面前具结就够了。[②]

第二种可据以起诉的契约是实物契约，即约定由一方交付的某一东西另一方应以原物、铸币或价值偿还的契约。这些实物有四种：贷出物、借主不取报酬的借出物、寄存品和抵押品。

贷出物就是将来要以价值如货币交还的物。这样的契约不久

① 这似乎是对于以下旧规则的言过其实的说明或错误的说明。这个旧规则是："如果被告负有道德上的义务，即在良心上、公道上负有偿还债务的义务，这就构成足够的理由。"见古柏：《审判记录》第294页。所以一个人对于他在未成年时所欠的本来可以不偿还的债务，按照这个规则也有偿还的义务。同样的，出诉期限法所禁止偿还的债务，按这个规则也变成应偿还的债务。

② 培根：《法令新摘要》，关于强制执行，第2卷第330—332页。

就可据以起诉。

借主不取报酬的借出物就是这样一种物品，借用人只要以原物交还借主无需给予报酬，例如借用一匹马，用毕交还就行了。

寄存品是交另一个人保管但不给他使用的物品。

抵押品是债务的担保品。

所有这些在两相情愿下成立的契约都可据以起诉。这些契约也有四种，即关于买卖、关于出租与雇用、关于合伙、关于委托代办。在购买方面，如果你没有履行契约，你就会失去你的定金。出租和雇用从前包括租借地屋、日薪、建筑物以及差不多一切和社会有关的东西。如果委托代办契约是无报酬地执行的，这在最初还不能成为起诉的根据，但如果是有报酬的话，它就和上面所说的借出物几乎相同。如果对借用物品偿付了小额的代价，这就变成出租和雇用。贷出物并没含有要付利息的意思，除非契约明白规定要付利息，否则就不带有利息。

除上述外，在罗马法中还有所谓无条件契约，即没有任何理由的空虚的诺言，这就产生了被告对于原告的抗议或抗辩。[①] 由于契约使人们失去每一个人所要享受的自由，所以提出小小的抗辩就可使他们复得自由。本来关于契约的诉讼都不向宗教法庭以外的任何其他法庭提出，但后来逐渐向民事法庭提出。[②] 教会法[③]根据荣誉和道德原则来裁判案件，它甚至强迫人们履行那些没有理由的诺言。民法仿效了教会法。按照我们的法律，如果一个诺言能够

① “空虚的诺言并不产生义务，只产生抗议。”《罗马法典》第2篇第14章第7节。

② “关于契约的诉讼”应改为“一些背信案件的诉讼”。

③ 抄稿作“习惯法”。

被证实的话,作这个诺言的人就必须履行。一般地说,在大法官法庭未设立以前,法律只允许人们提出赔偿损失的诉讼。的确,法庭的本意只在于赔偿损害,因此一个人如果拒绝履行契约,他只需赔偿另一个人所受到的损失,但大法官法庭却要强迫人们履行契约。

再没有比现今的契约和古代的契约之间的差别更大的差别了。在古代,为了保证契约的履行,人们认为诅咒和最隆重的仪式还是不够的,因此他们想出了喝掺血的水、相互刺胳、在祭坛面前立约、折断稻草以及其他许多使立约者的脑海里留下深刻印象的仪式。在现今,几乎任何东西都会使契约具有拘束力。

关于契约,有一些使法学家们感到很伤脑筋的问题,特别是货币偶然减值的问题。① 如果在我借到一百镑时,硬币价值是每镑四两,但后来减到每镑二两,当我偿还这一百镑时,我应该用一百镑新币来还呢,还是用二百镑新币来还呢?当政府改变硬币价值时,一般是为着适应某种紧急的需要。在1705年,法国皇帝需要一千万金佛郎,但只能筹到五百万。政府因此提高货币价值,用五百万来支付一千万费用。② 由于政府允许私人用新币支付,所以损失并不很大。硬币的减值使各种货物和粮食在一定时间内便宜起来,因为一切都是用新币支付。所以新币可以适用,正像旧币可以适用那样。③

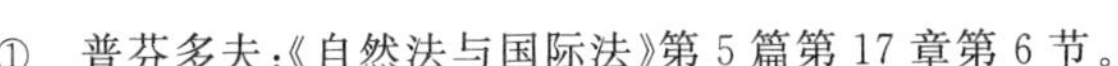

① 普芬多夫:《自然法与国际法》第5篇第17章第6节。

② 抄稿没有明确说出年代,可能是指1703年或1706年。也可能是指梅伦在他的“关于商业的政治论文”(1734年写,见德尔所编的《金融经济学家》第721页)和杜托在他的“关于金融和商业的政治性意见”(1738年写,同上书第797页)所提到的1708—1799年的改铸货币,但在这个时候,货币的价值只提高了百分之二十五。

③ 参阅本书第3篇第2分部第8节。

〔第十节　关于准契约〕

准契约是基于归还的义务。如果你在路上拣到一个表，按照财产权你有义务把这个表归还原主，因为一个人并不会由于别人占有而失去他的财产权。但如果你和我结清账目，你把你我二人认为应当偿还的一笔款交给我，但你后来发现你没有欠我那笔款，你应该怎样要回这笔款呢。你不能根据财产权提出要求，因为你已经割让了那笔款，你也不能根据契约提出要求，因为你我之间没有订立契约，①但很明显我是从你的损失中得到利益的，因此我应当归还。

同样的，如果一个人突然接到国家命令召他到他处去，不能留下律师来料理正在进行中的诉讼，而一个他的朋友，鉴于答辩是需要的，虽没受委托却承担这个任务，那么他应该归还这位朋友所支付的费用，要是这位朋友慎重地承担这个任务的话。罗马法中的反诉也是基本同样的原则。如果你借我一匹马，而我因此支付某些临时费用，按照借出物契约，你可以要求我把你的马照原样还你，但我也能通过反诉要求你归还我所支付的临时费用。对于其他许多情况，同样的原则也可适用。如果一个人借到一笔款并以他所认识的三个人作为保人，联合地和各自地担保偿还这笔款，如果他破产，而债权人只向最有偿还能力的那个担保人追索，这个担保人按照归还的义务得要求其他两个担保人偿还他们所各自担保的款项的三分之一。苏格兰法律把这一点更推进一步。如果一个

① “因为，那个为了偿还而付出款项的人，看来是解除契约，而不是订立契约。”《典章制度》第3篇第27章第6节。

破产者有两块土地，并有两个债权人甲和乙，对甲以两块土地作为担保品，而对乙则以较好的一块作为担保品，那么甲有权随意从这两块土地中任何一块取偿，而且得从对乙的担保品的那块土地取偿。由于乙在这种情况下无所取偿，所以法律强迫甲把另一块土地担保品交给乙。关于保护，罗马法也使用了同样的原则。

〔第十一节　关于过失〕

我们现在来讨论第三种人权，就是和过失有关的权利。

过失有两种：由于有一种该责备的意图而犯的过失和由于疏忽而犯的过失。

损害当然会引起旁观者的愤懑，如果处罚能得中立旁观者的同情，处罚就是合理的。这就是处罚的天然标准。一般认为公共福利是处罚的根据，但应该指出，我们最初同意处罚并不是基于我们对于公共福利的考虑，而是基于我们对被损害者愤懑的同情。处罚的根据不可能是公共福利，这可从以下例子明白地看出来。在英格兰，羊毛被认为是公共财富的源泉，输出羊毛因此要处死罪。[①] 可是，尽管在禁令颁布以后羊毛仍旧被运出口，而且人们相信输出羊毛对国家不利，但不能找到陪审员和证人来定犯者的罪。羊毛的输出本来并不是罪，因而不可能使人们认为输出羊毛应处极刑。[②] 同样的，如果一个哨兵擅离岗位被处死刑，尽管这个处罚

① 卡罗林二世13年和14年第十八号法案。

② 《国民财富的性质和原因的研究》第2卷第4篇第8章第232页所引用的威廉三世7年和8年第二十八号法案的前文说，由于卡罗林二世13年和14年第十八号法案所规定的刑罚过于严酷，“犯者实际上没有按法惩办”。

是公正的，而他擅离岗位所可能发生的损害是很大的，但人们绝不会对这个判决表示同情，像他是窃贼或强盗那样。

愤懑不但能促成责罚的实施，并且可以指出责罚的方式。如果一个伤害我们的人不受应得的惩罚，如果不给他知道由于他伤害了我们所以要受这个刑罚，我们的气愤就不能平。一个罪行总是对某种权利的侵犯。这种权利或是固有的权利或是取得的权利，或是物权或是人权。就不履行契约来说，如果没有欺诈的意图，并不构成犯罪行为。

对任何人所可能犯的最大的罪乃是杀人罪，杀人罪当然要处以死刑，这不是作为赔偿，而是作为合理的报复。在每一个文明国家里，杀人者都处以死刑，但在野蛮国家里，却以金钱上的赔偿作为惩罚，因为在野蛮时代政府软弱无力，不敢干预私人争斗，而只能以中人身份从中调解。特别在畋猎时代，政府徒具虚名，一个有权势的人只能劝双方妥协。当一个人杀害另一个人时，社会的全部成员会集在一起，劝告一方付出赔偿另一方接受赔偿。在美洲，当家庭的一个成员杀害另一个成员时，社会不干涉他们，因为他们认为这不会危害社会治安；只在一个家庭攻击另一个家庭时，社会才加以注意。[①] 政府要经过很长的时间才能召唤一个人到它那边去并告诉他必须做什么事，因为要使人民愿意顺从政府这种绝对权力须经过很长一段时期。

从所有国家的法律中，我们都能看出古代政府这种软弱无

① 拉斐陶：《美洲野蛮民族生活方式》第 1 卷第 486、487、490 页。参阅本书第 41 页。

力的残余。当政府有更大权力时,政府不但能迫使杀人者对被杀者的亲属作出赔偿,且能迫使他对公众也作出赔偿,因为公众在那个时候保护了他,使他不遭受到有关方面的报仇。这就是日耳曼人在古罗马帝国衰落时代的刑法的情况。在这个时候,日耳曼人在这方面比美洲人有更大的进步。虽然他们很少处罪犯以死刑,但他们的刑罚在一定程度上和所犯的罪似乎是相称的。对于每一个人,都按他的身份订出赔偿数目。杀害国王的赔偿是一个数目,杀害奴隶的赔偿又是一个数目。赔偿是和被赔偿者及其亲属的显贵成比例的。至于王公调停的报酬,也是按这种比例增减。杀害一个大贵族家庭成员所缴纳的罚款,大于杀害小贵族家庭成员所缴纳的罚款。妨害国王安宁所缴纳的罚款,大于妨害小贵族或大贵族安宁所缴纳的罚款。如果伤害者拒绝交付赔偿,就把他交给被害者,让他们去泄愤;如果他不能偿付,那就必须请求他的朋友去帮助他。由于这种赔偿还不能和所犯的罪相抵,所以政府在获得权力以后,就向犯罪者收取上述附加的赔偿,作为犯罪者自由的代价。君主所取得的赦免犯罪者的权利就是根据于此,因为他本来没有赦免犯罪者的权利,正像他不能撤销未清偿的债务一样。

古时是从两个角度看待犯罪问题的:第一是侵害一个家庭的罪;第二是扰乱治安的罪。只有政府有权处罚扰乱治安的人和杀害国王的任何臣属的人。上述对于政府的那一部分赔偿后来变为死刑。在被国王赦免以后,犯罪者就恢复自由,而被害者的家属不再有控诉他的权利。在英格兰,犯罪者可由国王加以惩罚,被害者的家属也可对他提出控诉。当人们向国王提出控诉时(appeal),[①]国王不能赦免犯罪者,但人们很少甚至没有使用过控诉,因为它是很难实现的。如果一个人被杀害,只有他的妻子能够提出控诉,如果她是从犯,则只有她的合法继承人才能提出控诉。[②] 诉讼手续要是弄错,例如拼错了字等,诉讼就不能进行下去,[③]因为修正法规关于法庭可以不理睬谬误的规定,对于控诉不能适用。从前,在伤残或伤害等案件发生时,往往提出控诉。[④]

按英格兰法律,杀人罪有数种。杀人罪(murder)一语本来含有偷偷摸摸的意义,因为谋杀往往是在暗中进行的。到后来,各种可以重罪论处的杀害行为都叫做杀人罪,并以赔偿作为处罚。杀人行为有的有预谋,有的是由于突然的触怒,有的是偶尔闯出来的祸。在这些中,只有第一种可适当地叫做故杀,第二种是误杀,而最后一种是过失杀伤。过失杀伤往往是可以宽宥的,而且往往是正当的。为了自卫而杀人是当两人争斗时,一个人为了自己的安全不得不杀害另一个人。这是可以宽宥的,但不是正当的杀人。正当的杀人有两种:第一,为保卫自己身体、财产或房屋而杀人,它跟为着自卫而杀人有这个不同之点,即争斗没有发生,只是在公路上或在一个人的家庭里遭到攻击;第二,为着帮助警察或司法官而

① “Appeal 一语按照我们的法律含有上诉的案件从低级法庭或法官移到高级法庭或法官的意思,但这一语更常地用作和被杀害者有关系的方面对杀人犯所作的控诉或一个同犯者对于他的伙伴重罪犯所作的控诉等意义。”雅各:《新法律词典》(第八版,1762 年刊行),关于控诉。

② 霍金斯:《公诉》第 2 篇第 2 章第 36—43 节。

③ 同上书第 103—125 节。

④ 雅各:《新法律词典》在对盗窃的控诉这一项目下说,“对强奸和盗窃的控诉,现在很少使用,但关于杀人的控诉,现在还继续使用,而且是常被提出的”。

杀人。

以上所述是各种杀人罪，我们接着将说明每一种的性质究竟是怎样。如果一个人埋伏着等待另一个人而且杀害他，这明显地是故杀。同样的，如果一个人没遭挑衅而杀害另一个人，这也是故杀。按英格兰法律，没有殴打就不构成挑衅，仅仅恶言或恐吓不足以构成挑衅。但是，如果一个人打你，由于还手你把他杀死，这不是故杀，而是误杀。如果一个人在开枪射击家禽或在搞其他任何犯法行为时无意中把人杀死，这是故杀。不论在什么地方，如果有犯意或有存心，就是故杀。如果一个人因为上午受到挑衅下午就杀死那另一个人，这是故杀。但如果他受到挑衅，在退后几步后立即回来杀死挑衅者，那不是故杀，而是误杀。至于为自卫而杀人，如果没有逃脱的机会，就可以不惩罚，但如果一个人有退去和拔剑的时间，那就该处罚；因为他本来是可以逃得了的。[①]

苏格兰法律对于误杀和故杀不作区别。[②] 在英格兰，误杀是由于所谓牧师的特权而开始规定的。当政府权力增大时，为了减少扰乱治安的可能性，他们对于各种罪行都定出更为严厉的刑罚。牧师抗辩说，这和上帝的意旨不相符合。由于他们的权力来自基督和教皇，他们不愿意在民事法庭答辩。他们借口说，《圣经》不把没有预谋或没有存心的罪行看作故杀，而且引用《圣经》中《申命

① 霍金斯：《公诉》第1篇第28—31章。

② “由于在我们看来，故意杀人不但意味着预谋的、存心的杀害，而且意味着在遇到对方的一刹那才想到的杀害，这样它就包括所有在打击前怀有意图的杀害。由此可见，按照我们的解释，里克案件或达尔齐案件中所犯的杀人罪都是故意杀人。”亚历山大·贝恩：《苏格兰刑法汇编》，1748年版，第33、34页。

记》第十九章来作证明。所以，当牧师犯罪时，主教有权把他从世俗政权手里要回来。如果犯罪的牧师能够得到十二个人宣誓证明无罪，他就可以免罪。如果不能，就由主教判定他是否可以改造。如果他是不可改造的，他就会受到撤职的处分。这样，主教能够把牧师、教区小吏、教会委员或其他和教会有关的人要回来，但后来民事法庭只允许主教要回那些会阅读的人，因为这和牧师职务有比较直接的关系。安娜女王后来把由于牧师的特权而产生的关于误杀方面的权利同样地给予所有的人。[①] 至于过失杀伤，犯者失去对于他的财产的权利，但他有权为着这个提出诉讼，取得赦宥。对于正当杀人，一个人必须对法庭所可能干涉的罪行提出无罪的辩护；如果他能够提出证据，法庭就不传问。[②]

我们愤懑的对象当然不限于有生物，无生物也是我们愤懑的对象。在许多地方，特别在雅典人中间，伤害人命的剑或工具被看作嫌恶物，因而被毁掉。根据英格兰法律，如果一个人从一个房屋跌下殒命，那个房屋就按供神物律例被没收入官作为供神之用。[③] 供神物含有把物给鬼的意思，正如圣经所用的他在心

---

① “由于当任何享有所谓牧师特权的人被判决犯有重罪，请求给予特权时，通常要他通过有否作为教会书记的阅读能力测验，由于经验告诉我们，这个测验是没有用的，所以制定法律说，”这样的人“无须通过阅读测验，但尽管没有举行阅读测验，得作为教会书记的犯者给予特权，作为教会书记的犯者加以逮捕，也作为教会书记的犯者来处罚”。安娜女王 5 年和 6 年第六号法案(安娜女王 6 年第六号法案见《王国法规》)。按照威廉和马利 3 年第九号法案，这种权利曾经给予妇人(她们当然得不到牧师特权)。上面正文关于牧师特权的由来所作的叙述是很不正确的。

② 正文说得不够正确。参阅霍金斯:《公诉》第 1 编第 29 章第 25 节。

③ 这是错误的，因为自由保有不动产的任何附属物都不能作为供神物。也许是抄写者把“马”(horse)误写为“房屋”(house)了。

里祝福上帝那类隐喻含有他咒骂上帝的意思。后来，牧师把供神物作为慈善之用。如果一个人被静止的物杀害，只杀害人命的部分被没收。如果他是从静止的车轮上面跌下殒命，只车轮被充公，但如果车是走动着的，连车带马都被没收。这在长时间内是人们所怀疑的问题：伤害人命的轮船要否充公？但是，由于船员非常容易遇到危险，人们很难同意伤害人命的轮船应充公入官。①

通过割断身体各部分、切断四肢、胁迫和殴打或束缚自由，一个人的身体也可以受到伤害。本来按照罗马法，把一个人弄残废或把他的四肢切断，所要交付的赔偿和杀人是一样的。如果他得到朋友的帮助，还不能交纳赔偿金，就把他交给残废的人，弄得同样残废——这是撒利族法典告诉我们的，这个法典规定了他们的处置方式。同样的，在许多民族，特别在伦巴底族，各种伤害都是通过赔偿了结的，对于一个牙齿，他们交纳一定数额的赔偿金——如果是前齿，要交纳更多的赔偿金——对于两个牙齿，他们交纳另一数额的赔偿金；但值得注意的是，受伤者虽然被打落二十个牙齿，只能要求三个牙齿的代价。他们对于身体的每一部分，都规定有明确的代价。在古罗马人中间，如果一个人不能交纳他应付出的赔偿，他就必须按复仇规则使对方得到满足，即他打对方几下，对方也打他几下；他伤害对方的一只眼睛，对方也伤害他的一只眼睛；他伤害对方的一个牙齿，对方也伤害他的一个牙齿。这个惯例持续了相当长的时间。一般

① 霍金斯：《公诉》第1篇第26章。

地说，它是合理的，但在一些情况下它是不适当的。如果一个人的手臂在和另一个人角力时被折断，为了抵偿把另一个人的手臂若无其事地折断，这实是令人难以忍受的。在另一些情况下，它是不能实行的，例如一个人迫使一个女人堕胎，为了责罚他，我们不能按以牙还牙的方式，迫使他堕胎。这个惯例因此逐渐消失，而采用了按赔偿者经济状况厘定的各种罚金。在古罗马，执政官要人们接受这种罚金，但在某些国家，上述惯例持续了更长久的时间，直到今日这种惯例的残余还在荷兰存在着。当一个人身体的任何部分受到伤害变成残废，以致不能服兵役时，[1]伤害者就受到更严厉的处罚。

按照考文垂法案，出于存心或预谋而伤残人面的处以死刑。[2]议会通过这个法案的原因如下。约翰·考文垂爵士在议会里说了对国王无礼的话，威尔斯亲王和另外一些人，也许得到国王的允许，埋伏着等待他到来，割掉他的耳朵并伤残了他的面孔。[3] 议会立即制定法律说，出于预谋而伤残人面的应处以死刑。但这个法律只执行过一次，一个叫柯克的埋伏着等待去杀害他的兄弟，但没有杀死他，只伤残了他的面孔。因此，按照考文垂法案，法院断定他犯有故意伤害罪。他抗辩说，他的意图是杀害而不是伤残，但法

① “伤残”一语只适用于这种伤害。霍金斯：《公诉》第1篇第44章第1节。

② 卡罗林二世22年和23年第一号法案。

③ 正文把“国王的儿子”即曼麦斯误为“威尔斯亲王”，是个离奇的错误。按照拉宾的记载，对于约翰爵士的袭击，国王是命令他的私生子孟麦斯公爵执行，但孟麦斯公爵雇用了一些人去执行，这些人在袭击约翰爵士以后躲避在孟麦斯的屋子里。《英格兰史》(由廷达尔译成英文)第2卷第658页。约翰爵士的鼻子被割破。

院从他所使用的工具断定他不但意图杀害而且意图伤残。[①]

通过胁迫和殴打，一个人也可能受到伤害。当一个人被另一个人威吓，感到身体会受伤害时，这叫做胁迫；当一个人实际上被打时，这叫做殴打。本来用言语胁迫并不会受到惩罚，除非在言语胁迫的同时挥拳胁迫、取出工具或这一类东西来胁迫。对于这些罪行，最初的惩罚是偿付一笔和解费，但现今的惩罚则是罚金和监禁。

此外，通过束缚自由，一个人也可能在身体上受到伤害，因此每一个国家的法律都特别注意保障人的自由。我们国家的行政司法长官没有任意拘禁人的权力。行政司法长官照理应该有权力拘禁那些有理由受嫌疑的人，但一个无辜的人可能因此受到一定程度的损害。使人的自由完全得到保障是最难不过的事。如果那个人能够提出事实原委来减轻政府对他的嫌疑，除非所犯的是死罪，他就可取保获释。如果他所提出的保释金或保释人是不够充分的，行政司法长官准许他保释是不正当的；如果是充分的，行政司法长官不准许他保释，就该受处分。如果一个人被错误地拘禁到超过应该审理的时间，则应按照超过的日数和他的身份给予赔偿金。

在英格兰，如果一个人是在巡回审判开庭后的一天被拘禁，那么在四十天[②]以后他就可享受人身保障法的利益，就是说，他将被送

① 在 1721 年，一个叫柯克的律师和他所雇用的同犯伍德本在萨孚克巡回法庭受审判，因为他们伏击了刚和柯克一起吃晚饭的柯克的姻兄弟，把他的面孔毁伤。谋杀在当时不是死罪，但柯克不仅意图伤残他的姻兄弟，而且意图杀害他，这是毫无疑问的。两个犯者都被判死刑而且都被处死，如正文所说那样。《国事犯审问》（1730 年出版）第 6 卷第 212—228 页。

② “四十天”应改为“无论如何不得超过二十天”。参阅本书第 70 页的注释①。

至伦敦,费用由他自己负担。如果他自己不能负担费用,那他就必须等待下一次巡回审判开庭。在苏格兰,没有实施人身保障法的必要。州行政司法长官如果要审理一个人就可审理这个人,但无论如何要把这个人送到爱丁堡国王法庭去。所有这一切都是自由政府对于自由的保障,但就专制政府说,行政司法长官的意旨就是法律。

关于由于恐惧而作的事,应该指出,一个人在这种情况下所作的保证是没有拘束力的;除非他自动地作出保证,否则他的保证无效。但是,如果一个人有被控告的危险,为着避免被控告,他提出保证,这个保证是有效的,因为他的恐惧在程度上不被认为是严重的。

强奸和强迫结婚是死罪,因为那个女人受到奸污,只有死刑才够抵偿。虽然法律禁止强迫结婚,但如果那个女人后来同意,她的亲戚就不能提出控诉,但国王还可提出控诉。

通过言语上和文字上的侮辱,一个人可能在他的名誉上受到损害。在众人面前的侮辱是一个真正的损害;言语上的侮辱,叫做口头侮辱;文字上的侮辱,叫做书面侮辱。对于所有这些,法律都给予补偿。按照古代法律,侮辱跟胁迫与殴打是同样惩处的。在众人面前的侮辱是最凶恶的罪,绝不是五镑或十镑的轻微罚款所能够补偿的。在法律处理得不公平的地方,我们当然就想由我们自己来公平处理。这就是决斗在欧洲产生的原因。决斗带来了新的损害,我不但必须被人打一个耳光,而且必须冒生命的危险,否则我的名誉就完全扫地。应该指出,在苏格拉底的时候,人们对于当面揭穿谎话的侮辱是满不在乎的,连苏格拉底自己也不客气地当面揭穿人家的谎话。

对于口头上的损害,古代法律和现代法律都给予补偿。当一个人被别人用言语攻讦时,他就可向法院起诉。如果他被诬控犯有伪造文书罪、偷窃罪或任何其他罪行时，他应该得到足够的赔偿，因为他可能因此受到很大的损害。同样的，如果一个人的权利或所有权遭破坏时，他就会受到损害。如果我说你对于你自己的房屋没有权利正像我对你的房屋没有权利一样，这就是损害，因为这对于那些冒称对你的房屋有所有权的人可能有所鼓励。即使这是真的事实，也不过是五十步与百步之差，不能使我免受控诉。有一些罪只在宗教法庭才可起诉，例如男人骂女人是妓女。

书面上的损害比口头上的损害受到更严厉的惩罚，因为书面上的损害是更处心积虑的恶意。书面上的辱骂性诽谤可以起诉，但口头上的诽谤不能起诉。对诽谤和讥刺的惩罚按政府的性质而不同。在贵族政治统治下，诽谤受到严厉的惩罚。小诸侯可能由于辱骂性诽谤而受到致命的损害，但一个自由国家的国王及其大臣，绝不会由于诽谤而受到损害。在政府[①]和在古罗马，诽谤在很长一个时期里是不加惩罚的。奥古斯都恢复了诽谤法，处诽谤者以极刑。[②] 一般地说，处于顺境的人对于这种诽谤是不以为意的，只在绝对必须辨明无罪时才注意到它。

一个人可能在实际财产或随身财产上受到损害。关于他的实际财产，他可能在动产上或不动产上受到损害。就他的不动产说，他可能由于别人的故意放火或侵入家宅而受到损害。放火有两种，或是在别人屋子里放火[③]或是在自己屋子里放火而使火燃烧到别人的屋子里去。按照古罗马、英格兰和苏格兰的法律，对放火

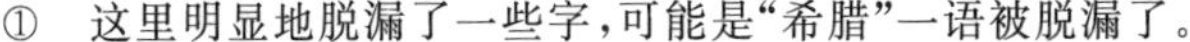

① 这里明显地脱漏了一些字，可能是“希腊”一语被脱漏了。

② 塔西佗：《年代记》第1篇第72章。

③ 贝恩：《苏格兰刑法汇编》第26页。

者都处以死刑。如果失火是由于疏忽而发生的，那就不加惩处。侵入家宅是用暴力夺去一个人的地产。各国法律在这方面都是那么严格，以致被夺去地产的人可用暴力取回他自己的地产。[①] 这是封建习惯所造成的：贵族和他们的佃户往往互相夺取土地，在当时只能用上述方法取回他们的土地。后来，制定法律说，如果任何一个人能够证明他的地产是被他人用暴力夺去的，那么地产应该交还给他。[②] 但如果暴力占有者已经占有三年，原所有者在地产交还以前，不但必须证明他的地产是被别人用暴力夺去的，而且必须征明他对这地产享有真实的权利。[③]

一个人的动产可能由于偷窃、抢夺和海上掠夺这三者而受到损害。偷窃是暗中取去属于另一个人的财产。这个罪当然不会引起使人要处以死罪的那样程度的愤懑，因而在很长一个时期内它不以死罪论处。按照古罗马法律，窃盗必须交还他所取去的东西，而且必须加倍交还。如果他偷去一只羊，他要交还两只羊。但他们对于明贼和暗贼作出特殊的区别。前者由于他是人赃并获，所以要交出等于所偷窃的四倍价值的货物，而后者只要交出等于所偷窃的两倍价值的货物。据说，在这方面他们是模仿斯巴达人。[④]

① “按照习惯法，土地或租借地被强夺去的人似乎可以合法地用武力重新占有那土地或租借地（如果他不能用光明正大的方法来占有的话）。”霍金斯：《公诉》第 1 篇第 44 章第 1 节。

② 里查二世 5 年第七号法案；里查二世 15 年第二号法案；亨利六世 8 年第九号法案；霍金斯：《公诉》第 1 篇第 44 章第 6 节、第 7 节。

③ 伊丽莎白 31 年第十一号法案；霍金斯：《公诉》第 1 篇第 44 章第 8 节。

④ 但海内西在他的《古罗马制度》第 4 篇第 1 章第 12 节中说，他们在这方面是仿效“雅典人”。

斯巴达人教他们的年轻一代怎样偷窃和隐藏，因为他们认为这可以锻炼年轻一代战时所需要的诡诈。但是，斯巴达人从来没有鼓励人去偷窃别人的东西。在他们举行宴会时，他们没有给小伙子们准备食品，他们期望这些小伙子从父亲桌上偷足够的东西来吃。偷琐屑的东西如面包皮等是被许可的，但偷其他东西是不被许可的。古罗马人对明贼的惩罚比对暗贼更为严厉，其原因是，野蛮民族往往按罪行所激起的愤懑程度来惩罚犯者，当一个贼是当场被捕时，他们的愤懑是很大的，因而他们要严厉地处罚他。自从十三世纪以来，这种罪都处死刑。大领主的佃农不断地侵入邻近的领地，把战利品带走。当政府变得巩固时，它当然以最严厉的刑罚来惩处人们所最容易犯的罪，从而制止这种犯罪行为。巴巴罗沙皇帝首先处犯此罪者以死刑，所有文明国家都仿效他的做法，但这种刑罚过于严酷，因为窃盗只是卑鄙人物，他的行为不会引起很大的愤懑，而且他的行为在一定程度上似乎不足以引起愤懑。按照旧的苏格兰法律，一个有土地财产的绅士如果行窃就被认为犯有叛逆罪，[①]因为在那时候大地主被看作是窃盗和流氓的教唆者和帮凶；而且由于他们互相讨伐，看来像是篡窃王位，因此被认为犯有叛逆罪。按英格兰法律，偷窃少于一先令的处以枷刑，多于一先令的处以死刑。在苏格兰，偷窃比一先令多得多的才处以死刑。[②] 就我们来说，只偷窃属于个人的东西才算偷窃。对在森林里偷鹿的人或在不挨近鸽笼的地方偷鸽的人，直到一

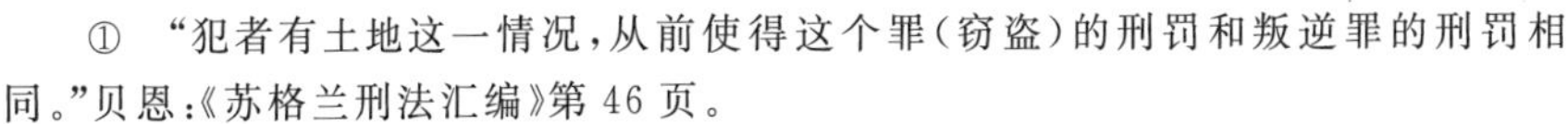

① “犯者有土地这一情况，从前使得这个罪（窃盗）的刑罚和叛逆罪的刑罚相同。”贝恩：《苏格兰刑法汇编》第 46 页。

② 没有具体指明数目，但除考虑到价值外也考虑到许多情况。

个晚近法规[①]颁布以后才加以惩罚。侵入家宅处以死罪,尽管连价值一先令的东西也没有拿走。这些刑罚,在当时虽是必要的,但在现在说来是过于严酷了。最初,政府软弱无力,不能惩罚罪犯,但对于那些和社会利益有关的案件,它不得不出面调停。可是,当政府取得更大权力时,它就施行严厉的惩罚来制止因纪律松弛而造成的放肆行为。因此,我们看到十二铜表法几乎对所有的罪都处以死刑。在欧洲,当赔偿的惯例废止以后,他们把所有的罪都作为叛逆罪论处;有土地的人的偷窃、仆人杀害主子、副牧师杀害他的主教或丈夫杀害他的妻子[②]都是轻叛逆罪。后来,只和国事有关的罪才被看作叛逆罪,而窃盗罪逐渐地被归到它所应归的范围。

强夺要受到最严厉的惩罚,因为它使人惶惶不安,害怕身体会受到伤害。强盗无论提出什么理由,都不能使自己逃脱强夺的罪。即使他在他强迫了一个人把货物卖给他以后,假装要买那个人的货物来掩盖他对那个人的侵害行为,也不能使他逃脱强夺的罪。[③]

海上强夺所受到的惩罚更为严厉。[④]

通过欺诈或伪造文书,一个人的所有物可能受到损害。非法的欺骗本来不处死刑,只处以一种不名誉的刑罚,例如枷刑。但某

① 所说的"一个晚近法规"可能是指乔治三世2年第二十九号法案。更可能是"晚近诸法规"之误。麦都奥:《法规汇编》第1卷第594页;培根:《法律新摘要》关于"猎获物"。

② "丈夫杀害他的妻子"应改为"妻子杀害她的丈夫"。

③ 霍金斯在他的《公诉》第1篇第35章第10节中说,有人认为:"如果一个人遇到另一个把货物挑到市场出卖的人,强迫这个人违反自己意志把货物卖给他,他就犯有强夺罪,尽管他给了这个人超过货价的代价。"

④ 同上书第37章。

些欺诈行为由于可能做得那么灵巧、那么安稳，而所带来的损失又是那么重大，所以对犯有这种欺诈罪的人处以死刑是正当的。例如，如果一只保了险的轮船失事了，就很难证明这是出于欺诈而发生的；但如果它是按全值保了险的，那就有很大的可能是故意使它失事的。所以，为使商人有所恐惧，法律对这种诈欺行为判处死罪。① 这在从前是个问题，轮船应该在它启行的口岸保险呢，还是在它开往的口岸保险；后来决定它应该在启行的口岸保险。如果格拉斯科的一个商人把一只载有价值三千镑货物的船驶往弗吉尼亚，这些货物在抵达弗吉尼亚时可值四千镑以上。如果准许那个商人以四千镑以上的价值投保，那他就很可能会受到很大诱惑而故意使轮船失事。但如果他是自己费很大劲把货物运往弗吉尼亚的，他就不可能有得到比四千镑更多的希望；他也许会遇到赖债的人，但他不可能在保险人那里受到损失。同样的，在古时，偷窃犁上的任何东西都要处以死刑，因为这些东西是那么容易被窃的。②

在英格兰，如果一个破产者自首并交出所有家财，他就可免除债务；但是，由于他能够欺骗他的债权人，所以他如果没有把所有家财全部交出来，就可以处以死刑，③伪造文书罪也处死刑。没有人说这个刑罚过于严酷，因为当契据可据以起诉的时候，除非禁止伪造契据，否则财产绝不稳固，但不是伪造所有契据都处死刑，④

---

① 安娜女王 1 年第二号法案第 9 章。

② 在“不属于偷窃定义范围但由于被宣告可按偷窃论处所以叫做窃盗罪的一些犯罪行为中”，贝恩提到了“切断和损坏属于耕犁的齿轮”这一犯罪行为。《苏格兰刑法汇编》第 47 页。

③ 霍金斯：《公诉》第 1 篇第 57 章。

④ 同上书第 58、70 章。

只伪造见票即付的证券才处死刑，因为伪造关于土地让与的契据，很容易发觉，可能在还没造成损害以前就被发觉了。

伪证罪不处死刑。[①]

由于有几种取得人权的方法，所以也有几种使人权消灭的方法。第一，通过清偿按照契约或准契约所应偿还的款，因为债务一经清理，对方就感到满意。第二，通过免除，尽管债务没有清理。这也可适用于犯罪，因为如果国王或被害人愿意撤回控诉或愿意赦宥时，那个人就获得自由了。第三，通过时效。如果债权人在一定时期内没有对债务提出偿还的要求，那么债务人就免除债务。这是非常合理的，因为债权人如果在长时期内没有提出清偿债务的要求，这就使债务人认为不必清偿。按苏格兰法律，如果债权人在四十年内没对债券的本金和利息提出要求，这个债券就很合理地因过时而失效。一般谨慎的人，对于自己的任何事务，如果还有意干预的话，绝不会把它忽略到四十年之久。按照严格的法律，如果债权人在第三十九年提出对于利息的要求，那么本金的时效就不消灭。同样的，罪的时效也可消灭，而且这也是合理的，不管对罪的惩罚是根据对于被害者的愤懑所表示的同情，还是根据公共福利，还是为着满足大众。愤懑在几年内就会消失掉，而且一个在我们法律所规定的二十年时期内表现得很好的人，不可能对公众有很大的危害。按英格兰法律，控诉的时效在一年内消灭，[②]但公诉状的时效不在一年内消灭，[③]因为国王是为着公共安全而不是

① 霍金斯：《公诉》第 1 篇第 49 章。

② 这只适用于对死罪的控诉。参阅《公诉》第 2 篇第 23 章第 48 节。

③ 同上书第 26 章第 41 节。

为着满足私人愤懑而起诉的，所以法律袒护他的要求。无论如何，对一个人在四十年以前所犯的罪，现在提出公诉是不合理的，因为四十年前的他和现在的他可能是完全两样的人。此外，事情已经被忘记了，而惩罚和警戒的目的也已经完全失去时效了。叛逆罪本身的时效在几年内消失。[①] 但是，根据法律上的愤懑，如果一个人实际上已被宣判，而他逃走了，那么就可以按照前判执行刑罚，因为逃走被认为是新犯的罪。但这绝不是当然如此的。事实上，一个人如果在回来以后安安静静地过日子，他很少会遇到麻烦。我们有这样一个例子：一个在1715年被宣判而且回到本国的伯爵，平平安安地过着日子，一直到1745年，他又参加反叛，才按前判执行死刑。[②] 同样的，卡麦伦博士在苏格兰也遇到同样的命运。[③] 在每一个国家，一个在经过了二十年以后回来的人都没有遇到麻烦。如果司法官干涉他，会惹起人们的恶感。

在这方面还要说一说的是一些关于刑法的一般性意见。

愤懑似乎最能说明对罪行的刑罚。如果一个人把手枪向街上射击，尽管他没有造成伤害，公共福利却要求惩罚他；但按照各国的法律，这种罪只受到比较轻微的惩罚，如果发生不幸事故，惩罚

① 根据威廉三世7年和8年第三号法案是三年。

② 这是查理·拉克列夫，他自称是继承他的兄弟詹姆斯的德文特湖伯爵。在1746年，这两人都被判处死刑，但查里从狱中逃脱了。在1745年，他在一条据说是驶往帮助叛徒的船上被捕，提审后没有经过复审就在伦敦执行死刑。他曾侨居国外，但没有侨居过苏格兰，像正文所说那样。豪威耳：《国事犯审判》(1813年出版)第18卷第430页和以下各页。

③ 卡麦伦博士是罗奇埃的兄弟，1753年根据1753年对他所通过的公权丧失法案，把他处决。同上书第19卷第734页和以下各页。

就重得多。原因是很明显的。除非实际上造成了伤害,否则愤懑绝不会达到很高的程度;某些事情就它们本身来说是犯罪行为,但如果不发生有害的结果,也都不加惩处。一个人在闹市里骑一匹很难驾驭的马并不会激起愤懑,但如果他杀害了任何一个人,愤懑就会达到很高的程度。由于同一原因,供神物虽是无生物,却被认为是讨厌的东西。在许多情况下,社会中为非作恶的人往往会成为愤懑的对象。总的说来,愤懑是一般的天性,和心情很少有关系。

某些人例如白痴、疯人和小孩不看作惩罚的对象。一个疯子的举动并不使我们感到愤慨,但另一个人的同样举动却激起我们的愤怒。我们认为,对于他们所犯的罪行,唯一适当的刑罚是约束他们的自由。

关于作为一个人的人所可能受到的损害,我们所要说的只有这些而已。

我们已经讨论了作为国家成员、作为家庭成员和作为一个人的人,我们现在要说到警察,即法律学的第二分部。

第二篇　论警察

〔第一分部　清洁与治安〕

警察是法律学的第二分部。警察是来自法国的名称，源于希腊语πολιτεία（公民权）。πολιτεία 的意义本来是指政府政策，但现在只指政府的次要部门的管理，如保持清洁，维持治安。设法做到价廉物博等。[①] 前两者即清除街道尘土的适当方法和执行有关防止罪行的规则以及与维持市保安队的方法有关的法律，虽然是有用的，但只不过是很平凡的问题，不能在这个一般性讲演中加以讨论。我们只需对这些问题提出一两点意见，就可进而讨论第三个问题。

我们看到，警察最多和警章最繁的城市，未必总是治安最好的城市。巴黎警章多得连数卷的篇幅也载不了。而伦敦只有两三种简单警章，然而巴黎几乎无夜不发生杀人案，而伦敦虽是较大的城市，一年之中不过有三四起杀人案。由于这种情况，人们往往会这样想，即警察愈多治安愈坏，但其实不然。在英国以及在法国，在

---

① 约翰逊（《字典》，1755 年版）说“Police”（警察）这一名词来自法国，并说 πολιτεία 是“Policy”的原字。他把“Police”解释为城市与国家对于居民的管理和治理，把“Policy”解释为管理国家的技巧，主要是管理外国的技巧。

封建时代，甚至到伊丽莎白女王时代，贵族家里豢养着大批食客，[①]借以威慑佃户。这些人如果被驱逐，那么，除从事劫掠外，无法为生，社会秩序因此大不安宁。法国现在还保持着若干封建习惯的残余，正由于这种情形，所以两国治安状况均存在着上述的差别。巴黎贵族比我们贵族雇用更多的仆人。这些人或因自己行为不端或因主人喜怒无常，常常被主人驱逐。他们一般非常贫困，被遣后就不得不犯最可怕的罪行。在格拉斯科，几乎没有一个人家使用一个以上的仆人，那里发生的应处死刑的案件，就比爱丁堡少。在格拉斯科，几年才发生一起这种案件，而在爱丁堡，这种纷扰无年不有。由此可见，防止犯罪，关键不在于设置警察，而在于尽量减少仰食于人的人数。使人类陷于堕落的，无过于依赖；反之，独立则会提高人的诚实性格。

建立商业和制造业是防止犯罪的最好政策，因为商业和制造业有助于增进人们的自立能力。[②] 一般地说，从商业和制造业所赚的工资，比从任何其他方面赚得的工资来得高，结果人们就变得更诚实。人们如有可能从正当的、勤劳的途径赚到更好的衣食，谁愿意冒险干拦路贼的勾当呢？巴黎贵族和伦敦贵族的品行，无疑地没有优劣之分，但巴黎平民却不能和伦敦平民相比，因为前者的依赖性大于后者。由于同样理由，苏格兰平民和英格兰平民也有所不同，尽管贵族们的道德水平是没有差别的。[③]

---

① 休谟：《英国在都铎王朝的历史》第 2 卷第 735 页。

② 在《国民财富的性质和原因的研究》第 1 卷第 2 篇第 3 章第 338—340 页，亚当·斯密认为王宫和国会所在地的居民之所以不勤勉，是由于缺乏雇用他们的资本。

③ 就是指苏格兰和英格兰的贵族以及巴黎和伦敦的贵族。

〔第二分部　价廉与物博〕

〔第一节　关于人类的自然需要〕

这个演讲的以下部分，将限于讨论价廉与物博，即限于讨论怎样能够最适当地取得财富和达到富足。价廉实际上即等于物博。水之所以那么便宜，就是因为它可以取之不尽，而钻石所以那么昂贵，是因为它稀罕难得（人们似乎还没发现钻石的真正用途）。[①]要懂得怎样能够最适当地获得这些便利品，我们得先研讨如何才能富裕，而要说明这个问题，又得先说明什么是人类必须满足的自然需要。如果我们的意见与一般有所分歧，我们至少将指出我们意见为什么不同的原因。

大自然已给各种动物提供了不需要加以改善就可推持生命的东西。粮食、衣服和住所构成所有动物的全部需要。[②] 就大多数动物而言，大自然已给它们提供了足够的衣食住资料，并且这些资料恰恰适合它们环境的需要。唯有人是那么敏感，以致没有一件天生的东西能投合他们的心意。虽然野蛮人的习惯证明人能够食

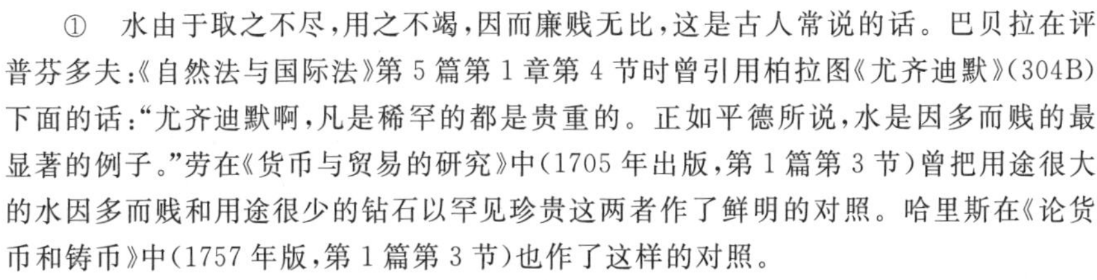

① 水由于取之不尽，用之不竭，因而廉贱无比，这是古人常说的话。巴贝拉在评普芬多夫：《自然法与国际法》第 5 篇第 1 章第 4 节时曾引用柏拉图《尤齐迪默》（304B）下面的话："尤齐迪默啊，凡是稀罕的都是贵重的。正如平德所说，水是因多而贱的最显著的例子。"劳在《货币与贸易的研究》中（1705 年出版，第 1 篇第 3 节）曾把用途很大的水因多而贱和用途很少的钻石以罕见珍贵这两者作了鲜明的对照。哈里斯在《论货币和铸币》中（1757 年版，第 1 篇第 3 节）也作了这样的对照。

② "生活必需品为粮食、衣服和住宅。"坎梯隆：《商业性质概论》，1755 年版，第 163 页。参阅《道德情感论》，第 1 版，第 1 篇，第 1 章；第 6 版，第 3 篇，第 2 章。

生的东西，但懂了火的作用之后，人便发觉经过烹煮的食物更合卫生，更易消化，并且可以免除他们中所常患的许多严重疾病。人不但对食物要求这样的改善，人的脆弱体质也会由于他们所呼吸的空气的冷暖过度而感觉不舒服。空气虽然不容易改良，但也必须加以调节来适合人的体温，由是就有人造空气。人的皮肤受不了酷烈气候的考验，即使在气温高于体温因而不必穿衣服的地方，也要把皮肤染上颜色或涂上油，使能抵御烈日和风雨。但是，总的说来，人类所需要的东西毕竟是有限的，可通过个人的单独劳动来解决。上述一切必需品，人人都有力量自己设法供给，例如以牲口和水果为粮食，以皮革充衣着等。

正如人的微妙的身体比其他动物需要更多的供应，人的同样微妙或说得更正确一点远为微妙的头脑还需要更多的供应。一切技艺都是为着这些供应服务的。在各种动物中，只有人是这样的敏感，以致一件东西的色彩也会使他感觉不舒服。一些东西不同的安排会使人愉快。这种讲究是基于爱好美观。美观在于以下三点：适当的变化，优雅的配合，简易的组织。所有无变化的东西都不能博得我们的喜悦，一个很长的同一式样的墙壁就会使我们感觉不愉快。过分驳杂的东西例如堆满形形色色东西的花坛也会使我们感觉不愉快。单调使人感到索然无味，太多的变化又使人感到精神过于疲劳。优雅的配合使东西格外可喜。当我们看到各种东西没有理由地连接起来时，当我们看到既没有适当的类似又没有显著的对比的东西合在一起时，总是感觉可憎。如果不注意组织的简单平易，使整体不易了解，这也会引起我们的不愉快。此外，模仿和绘画使东西看起来更可爱，看到草原、森林、树木这些东西时，我们往往会心旷神怡。[①] 式样的新颖使东西更能逗人喜爱。我们天天所习惯的东西很少能引起我们的兴趣。宝玉钻石所以为人所珍视就是由于这个原因，同一的理由也可以说明为什么印第安人那样欣赏金色铜和玩具，[②]以宝玉与钻石和我们交换这些东西时，反而欣然色喜，认为做了一批便宜的生意。

〔第二节　一切工艺都是为人们的自然需要服务的〕

那些构成嗜好的基础并使人们或感愉快或感苦痛的特质，就是许多琐细不重要的需要的根源。这些需要绝不是我们不可缺少的需要。人类的辛勤劳动，不是用在取得我们的三种简单必需品即衣食住的供应，而是用在取得投合我们优雅的、细致嗜好的便利品。改进和增加那些成为我们需要的主要对象的物质，这是产生各种各样工艺的根源。

主要以供给粮食为目的的农业，不但引起土地的耕种，而且引起树木的栽植和亚麻、大麻以及许多类似东西的生产。各种制造业因此应运而生，这些制造业具有很大的改良余地。从地下掘出的金属，提供制造工具的材料，许多上述工艺都使用这些工具进行工作。商业和运输业也是从属于同一目标，它们收集各种工艺的制成品。商业和运输业又引起其他附属技艺，如写作、几何学等，前者记载许许多多的交易行为，后者提供很多有益用途。法律和政府似乎也只

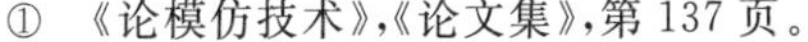

① 《论模仿技术》，《论文集》，第 137 页。

② 约翰逊(《字典》1755 年版)对玩具所下的第一定义为小的、琐碎的、没有价值的东西。他又引艾波特的话如下："他们以大量黄金和珍珠来交换小刀，玻璃和类似的玩具。"

有这个目的:它们保护那些积累了巨资的人,使他们能够平安地享受劳动的果实。由于法律和政府的作用,一切技艺日益蓬勃发展,并且它们所促成的贫富不均现象,也因之持续下去。法律和政府还使人民能够安居乐业,不受外来的侵略。智慧和道德也是由于供应这些需要而得到它们的光辉的。原因是,法律的制定和政府和建立乃是人类智慧和聪明的最大结果,所以原因的影响绝不能和结果的影响有所不同。此外,和我们生活在一起的人的智慧和正直给我们指出了什么是正当行为以及怎样做才算正当。他们的勇敢给我们以安全的保护,他们的善心使我们能够获得所需要的东西。由于这些非凡的特质,饥者有其食,寒者有其衣。因此,根据上面的叙述,一切东西都从属于我们三种生活必需品的供应。

〔第三节　富裕起因于分工〕

在劳动没有分工的野蛮国家,[①]一切东西全是为了满足人类的自然需要。但在国家已经开化,劳动已经分工以后,人们所分配的给养就更加丰富。正由于这个原因,不列颠普通日工的生活享受,比印第安[②]酋长更优裕。不列颠普通日工所穿的毛织衣服,需要很多的配制工作——在衣服穿在身上之前,得使用剪羊毛的人,

---

① “分工”这个名词,似乎不是旧的名词。在《蜜蜂寓言》的第2篇对话6(1729年出版,第335页)中,孟德维尔让克里奥米尼说道,“爱好安宁的人不久将学会如何把他们的工作进行分工和再分工”,但贺拉歇斯在未得到解释之前,不明白这句话的意思。读者也可参阅第2篇的索引,在劳动这一名词下面。

② 自然是指北美洲印第安人。“那里(北美洲)有一个广大富饶地区的国王,所吃的东西、所穿的衣服和所住的房屋还不如一个英国日工所吃、所穿和所住的好”。洛克:《政府论》第41节。

剪羊毛的人和纺织的人以及染匠、织工、裁缝等等。搞这些工作所用的工具的制造，需要更多的技工——纺织机制造者，机械安装工，制索者，至于砖匠、采伐者、矿工、冶工、铁匠、锻工等等更不必说了。除他所穿的衣服外，再想想他家庭所用的家具，所用的亚麻布制品，所穿的鞋，所烧的从地下掘出或从海外运来的煤，所用的厨房器皿和各种碗碟，供给他吃用的面包和啤酒所使用的人即播种的人、酿酒的人、割禾的人和面包师傅，他家中的玻璃窗和制造玻璃窗所需要的技艺（没有玻璃窗，我们的北方气候，就不宜于居住）。检查一下普通日工所使用的便利设备，我们就可以发现就是过他那样简单平凡的生活，也需要大批的人的帮助。他的生活和君王贵人的奢侈生活相比，其优劣有天壤之别；可是，欧洲君王生活超过平民生活的程度，还没有欧洲平民生活超过野蛮国家元首生活的程度那么大。[①] 有钱的人为什么能够过那样优裕的生活，

① 本节从头到尾，重见于《国民财富的性质和原因的研究》第1卷第1篇第1章（第12—14页），没有大的修改。洛克说过："如果把我们所吃的面包的账细算一下，就不但要计及犁田者的劳苦，割禾者和打禾者的辛苦，面包师傅的血汗，而且得计及驯服公牛的人，采掘和搬运铁块与石头的人以及砍伐和加工木材的人的劳动。这些木材是小麦从种子起到烘成面包止的整个生产过程中所需要的犁、磨、炉子以及许多其他器具所使用的木材。"《政府论》第43节。孟德维尔曾经这样说过："制造救贫区所发给贫人的粗呢大衣，不知道要使用多少人、多少不同职业、多少不同种类的技艺和工具。"（《蜂的寓言》第1篇评论部，第二版，1723年，第182页）他又说，"在制出一件漂亮的猩红色或浅红色的衣服以前，世界各地方不知道要经历多么大的奔忙，要使用多少不同的职业和技工。不但要使用这些显而易见的人如梳洗羊毛的人。纺工、织工、制布工、擦洗工、染匠、嵌镶工人、图案设计工人、包装工人等，还得使用似乎和制造这件衣服毫不相干的人如安装机器工人、锡蜡制造工人、化学家以及许多制造上述各业所使用的工具和器具的技工。"（同上书，《关于社会性质的研究》，第395—326页）。在哈里斯所著的《论货币和铸币》中，也有较短一段说及制造一件衣服所需要的各种操作。

并不难理解，他们有力量使许多人为他们服务。农民的勤劳都是为着供奉他们。在野蛮国家，人们的劳动果实，都归自己享受，[①]然而他们的贫困，比任何地方都有过之而无不及。

促进国家的富裕的正是分工。

在文明社会，虽然实行分工，但却没有平等的分工，因为许多工人没有工作。[②] 财富的分配并不是依据工作的轻重。一个商人的工作很轻，但他的财富比他所雇用的全体店员的财富还大，[③]而这些店员的财富，又比同数量的工匠的全部财富大六倍，虽然后者的工作多于前者的工作。[④] 在屋内安闲地工作的工匠，比不停歇地、劳累地走来走去的苦工更有钱。这样，负担社会最艰难劳动的人，所得的利益反而最少。

〔第四节　分工如何增多产品数量〕

我们要说明的第二个问题就是分工如何增多产品的数量，或财富如何由分工而产生。这两者实在是同一回事。为了作这种说明，让我们来看一看某些制造业实行分工的结果。要是一只扣针的各部分都是由一个人制造，要是同一个人又要采掘矿物又要溶解矿物又要剪断铁丝，那么，制造一只扣针就得花他一年的时间，因此，这个扣针的价格，必须足够维持他一年的生活，即使从低估

---

① 《国民财富的性质和原因的研究》第1卷第1篇第6章与第8章，第50、67、68页。

② 同上书，绪言，第1卷第2页。

③ 同上书，第1篇第6章第50、51页。

④ 就是说，工作更繁重。

计，至少要卖六镑。如果分工已发展到这样的程度，即铁丝已是现成的制品，他每日也只能制造二十只扣针。假定工资是十便士一天，一只扣针必须卖半便士。[①] 由于这种情况，所以扣针由许多人分工来制造。剪铁丝、把铁丝弄尖、制针头、镀金等等工作，通通成为专门职业。使用两个或三个人专制针头，一个或两个人专安针头，等等。到扣针放在纸中为止，一共分为十八种操作。[②] 通过这样的分工，一个人一天能够毫不吃力地制造两千只扣针。[③] 关于麻织品和毛织品的制造，情况也是如此。但有些技艺不可能实行这样精细的分工，因此它们不能和其他制造业并驾齐驱。农业和畜牧业就是这样。这是完全由于季节循环的关系，使一个人只能在一个短时期中搞一种工作。在季节变化得不那么厉害的国家，情况便有所不同。在法国，谷物生产得比英国好，又比英国便宜。[④] 但我们所制造的玩具，就比法国优越得多。玩具的制造不依靠气候，并且可以实行分工。[⑤]

① 抄本误作两便士，也许抄手误解了$^1/_2$便士的意义。

② 《国民财富的性质和原因的研究》第1卷第1章第6、7页。1755年出版的《百科全书》第5卷扣针标题下，有德莱尔所写的关于十八种操作的详细叙述。“他叙述某些同种工场的工人制造扣针的情形……当他把他的分析送到巴黎付印时……财政大臣培根……”如果亚当·斯密依赖一个英国权威的话，他也许会提到更多数目的操作。“尽管再没有比扣针更便宜的东西了，可是，在出卖前经过最多人手的东西便是扣针。他们计算由拉钢丝起到扣针扣在纸上为止，每只扣针接连地要经过二十五个工人之手。”钱伯斯：《百科全书》，扣针标题下，第2卷，第二版1738年刊行，第四版1741年刊行。

③ 这个数目不是《百科全书》所列的数目。在《国民财富的性质和原因的研究》中所说的那家小工厂，每个工人一天能生产四千八百只扣针。

④ 《国民财富的性质和原因的研究》第1卷第1篇第1章第7、8页。

⑤ 根据《国民财富的性质和原因的研究》第1卷第1篇第1章第9页，优越得无可比拟的不是英国所制的玩具，而是英国所制的金属器具和粗毛织品。

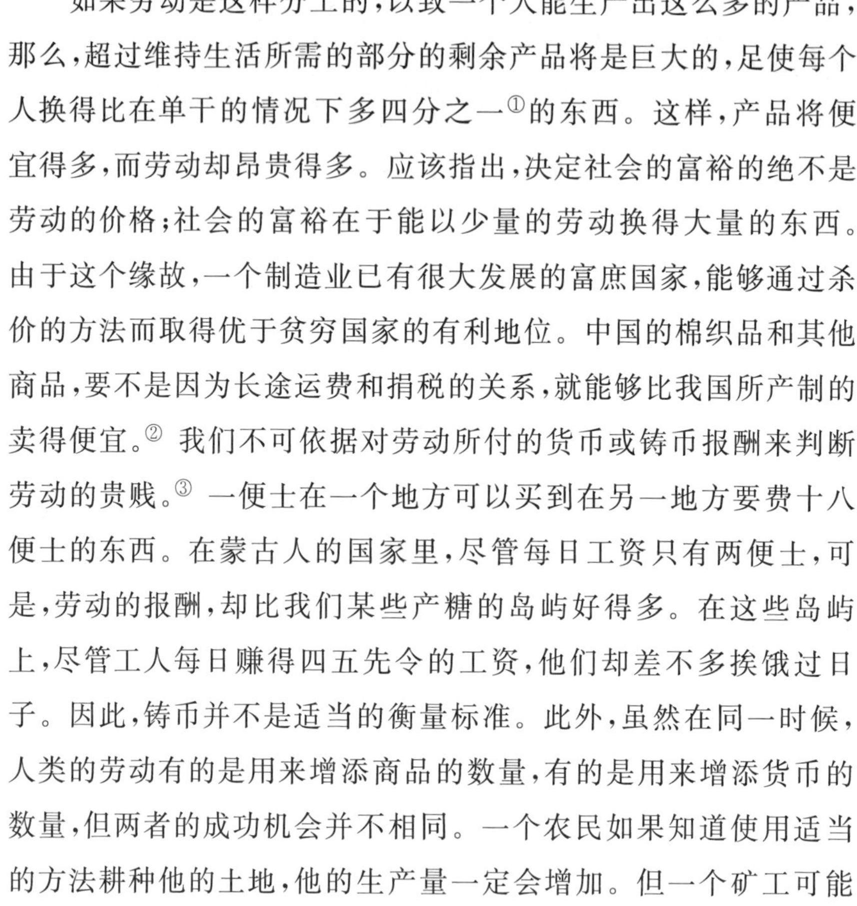

如果劳动是这样分工的，以致一个人能生产出这么多的产品，那么，超过维持生活所需的部分的剩余产品将是巨大的，足使每个人换得比在单干的情况下多四分之一[①]的东西。这样，产品将便宜得多，而劳动却昂贵得多。应该指出，决定社会的富裕的绝不是劳动的价格；社会的富裕在于能以少量的劳动换得大量的东西。由于这个缘故，一个制造业已有很大发展的富庶国家，能够通过杀价的方法而取得优于贫穷国家的有利地位。中国的棉织品和其他商品，要不是因为长途运费和捐税的关系，就能够比我国所产制的卖得便宜。[②] 我们不可依据对劳动所付的货币或铸币报酬来判断劳动的贵贱。[③] 一便士在一个地方可以买到在另一地方要费十八便士的东西。在蒙古人的国家里，尽管每日工资只有两便士，可是，劳动的报酬，却比我们某些产糖的岛屿好得多。在这些岛屿上，尽管工人每日赚得四五先令的工资，他们却差不多挨饿过日子。因此，铸币并不是适当的衡量标准。此外，虽然在同一时候，人类的劳动有的是用来增添商品的数量，有的是用来增添货币的数量，但两者的成功机会并不相同。一个农民如果知道使用适当的方法耕种他的土地，他的生产量一定会增加。但一个矿工可能

① 抄手大概把四倍误抄为“四分之一”了。这个数字大概是依据坎梯隆的估计。他说，二十五个成年人的劳动，足够获得一百个人的生活必需品。《论文集》第 113、114 页。

② 中国在这里被视为富饶的国家，这是按照那时候的看法。参阅坎南《生产和分配学说史》，1893 年版，第 12 页注释。

③ 根据笛福：《英国商业计划》(1728 年出版)，中国、印度以及其他东方国家的制造商，“完全靠着廉价出售的办法立足于世界市场”(第 65 页)。在 66 页或 67 页，他说，中国运河两岸的拉船工人，每日只赚两便士，而在美洲殖民地，经常的工资，是一日五先令；在牙买加，一日六七先令是经常的工资。

一再挖掘，而得不到矿物。所以，商品增加的比例，一定是大于金银增加的比例。[①]

回到我们的主要问题。因实行分工而作出的工作量，可由于以下三个因素而大大增加：(1)熟练程度的提高；(2)从做一种工作改为做另一种工作所造成的时间损失的减少；(3)机器的发明。我们现在照这个顺序讨论这些因素。

第一，一种劳动化成简单操作以后，由于动作的频繁，不知不觉中会使从事这项操作者搞得非常熟练。不习惯于制造铁钉的乡下铁匠，尽他的力量每天不过能制造三四百只铁钉，而且质量一定很坏。至于习惯于这项工作的儿童，一天能够制造两千只，而且质量好得多。可是，在这个非常复杂的制造技艺上，熟练程度绝不能进展到和其他技艺一样。制造铁钉者必须常常更换身体的姿势。他又要吹风箱，又要时时更换工具，等等。因此，生产量绝不能像已经化为非常简单操作的扣针、纽扣等物的制造的生产量那么大。[②]

第二，纵使各种工作有密切的联系，从做一种工作改为做另一种工作，其间总免不了损失一些时间。一个从事阅读的人，在开始写字以前，总要休息一会儿。拥有一小块土地的乡下织工，其情形更是如此。他离开织机去田中工作时，总要先闲逛一会儿。闲逛

① 因此，商品将越来越便宜，所以随着时光的流逝，同一数量的铸币收入将象征越来越大的真正财富。

② 《国民财富的性质和原因的研究》第1卷第1篇第1章第9页。《百科全书》，1751年版，第1卷，在技艺标题下："当工作繁多的时候，每个工人只搞一种工作。一个工人一生专搞这一种工作，另一个工人一生专搞另一种工作。这样，每种工作都搞得更好更快，而质量最好的成品就获得最好的销路。"

是乡下工人的普通习惯，乡下人最会闲逛。播种、割禾、打禾等工作的性质十分悬殊，所以乡下人不期然而然地养成懒惰的习惯，因此很少能使操作熟练起来。如果一个人专搞一种工作，不必时时由一种劳动改为另一种劳动，工作量一定会大大地提高。[①]

第三，机器的发明会使工作量大大提高。使用犁来耕种，一个人和三匹马一天所能完成的工作，可超过在没有犁的情况下二十人一天的工作。使用水磨机之后，磨坊主和他的一个工人一天能够完成在使用手磨机时十二个以上工人的工作，尽管两者都是机器。[②] 无疑地，促成机器的发明的，首先就是分工。如果一个人一生只搞两三种工作，他必定使用他的全副精神去找搞这些工作的最便捷方法。但如果他的精神分散于多方面，就不能希望他能够这样成功。[③] 我们没有关于机器发明的全部历史，我们也不可能有这种完全的历史。原因是，大多数机器最初都是有缺点的，经过使用者逐渐的改良，它们的机能才逐步提高。制出第一把犁的人大概是个农民，虽然它的改良也许是出于其他人的力量。发明用轴支持磨顶的人大概是个长期使用两块石头磨麦的可怜的奴隶。发明以手推转磨轴的人也许是个磨轮机工，但发明利用水力来转动外轮的人必定是个哲学家。哲学家的任务只是静观默察一切事

① 《国民财富的性质和原因的研究》，第 1 卷第 1 篇第 1 章第 10 页。但那里没提到阅读和写字中间所作的休息的例子。

② 同上书，第 1 卷第 1 篇第 1 章第 10 页，那里认为不需要举这种例子。

③ “如果一个人专造弓箭，另一个人专产粮食，第三个人专盖茅舍，第四个人专制衣服，第五个人专制器皿，那么，他们不但对彼此都有所裨益，并且在相同的岁月内，他们的工作比在他们每个人都同时兼搞上述五种职业的情况下能获得更大的进步”。《蜂的寓言》，第 2 篇，对话 6，第 335—336 页。

物而不做旁的事情。那些发明利用前此所未曾用过的新的力量来帮助人类工作像这里所说的人们，他们一定对事物有宏博的知识。做出这种成就的人，不管他是不是技工，不管他在发明以前是哪种人，他一定是个哲学家。火机、风车、水车等都是哲学家的发明物。哲学家的技巧，也可由于分工而提高。[①] 哲学家之间，按照各种不同的部门而分为机械方面的哲学家、伦理方面的哲学家、政治方面的哲学家、化学方面的哲学家，等等。

上面我们说明了劳动生产量如何通过使用机器而增加。

〔第五节　什么引起分工〕

上面已经说明了分工是富裕的直接原因，我们现在来研究什么东西引起分工，[②]或劳动分工主要是出于人性中的哪些本质。不能想象分工是人类深谋远虑的结果。诚然，西索特里（Sesostris）曾定出一项法律，规定人人都得继承他父亲的职业，[③]但这是和人性枘凿不相入的，绝对不能永久推行。人人都希望成为上流社会的人，不管他的父亲是搞什么的。那些力量最强的人，在社会扰攘中征服了力量较弱者之后，[④]总得有若干足以保卫他们的地位的人。所以，由于各种原因，需要有若干人居于上位，就得有这

① 《国民财富的性质和原因的研究》第 1 卷第 1 篇第 1 章第 11—12 页。在《蜂的寓言》第 2 部分对话 3，第 152、153 页，孟德维尔不赞同哲学家堪称有益的发明家这种意见。

② 同上书第 1 篇第 2 章的标题。

③ 同上书，第 2 卷第 4 篇第 9 章第 260 页。但那里没有提到西索特里的名字，只提到埃及和印度斯坦。

④ “世上的一切辛苦和扰攘，到底是为着什么呢？”《道德情操论》，1759 年版，第 108 页。

么多的人居于下位；居于上位的人，必和居于下位的人同样的多，而分工不论分得怎样细也是不会过分的。[①] 但是，这并不引起分工，分工的直接根源乃是人类爱把东西互相交换的癖性。这个癖性只是人类所共有的，其他动物都没有这个癖性。没有人看到过一只狗（最聪明、伶俐的牲畜）用骨头来和它的伴侣交换另一种东西。不错，当两只狗共追一只野兔时，它们之间好像存在着一种默契或盟约，但其实只是同时存在着相同的爱好而已。如果一只牲畜想要进行交换或从人那里获得任何东西，它只能借助于它的取悦求媚的表情。与此相似，当人要想获得他所爱好的东西时，他也是把具有足够诱力的东西排在别人面前，从而打动他们的利己观念。可使用以下的话来说明这个心理："给我所想要的东西，你就也可获得你所想要的东西"。人想望任何东西时，不是像狗一样，把希望寄托在他人的善心，而是把希望寄托在他人的利己主义。除叫化子外，没有人依靠他人的慈善心肠。即使就叫化子而说，如果他完全依赖他人的慈善心肠，也会在一星期内饿死。[②]

由于人们喜欢交换东西，把自己的多余物品交换别人的多余物品，所以，在猎人国里，如果一个人擅长于制造弓箭，比他的所有邻居做得都好，他就先把弓箭送给他们，以后从他们得到猎品作为酬谢。这样继续做下去，他就不必自己去打猎，反能过比从前更好

① 《国民财富的性质和原因的研究》第1卷第1篇第2章第14页里没有这一段。

② 参阅《国民财富的性质和原因的研究》第1卷第1篇第2章第14—16页。孟德维尔说，"整个上层建筑是建筑在人类互助的基础上。怎样能在有需要的时候得到别人的帮助，这是人们几乎时时刻刻关心的最重要事体。希望别人白白替我们服务是不合理的。因此，人们一起经营的商业，必然是出于不断地以物易物的形式。"《蜂的寓言》，第2篇，对话6，第421页。

的生活，因为他的多余产品能够更好地换来他的生活必需品。[①]

人类喜欢把东西互相交换的癖性，并不是基于各人天资和才能的不同。[②] 到底人们的天资和才能是否不同，很有疑问，至少其不同的程度，远比我们所感觉的为小。与其说分工是才能的结果，不如说才能是分工的结果。在出世以后的头四、五年中，搬运工人和哲学家的才能适当地说并无不同。只在他们从事不同职业以后，他们见闻日益广泛，见解逐渐不同。既然人们喜欢把东西互相交换，来供给自己生活上的需要，就无需种种不同的才能。因此，在野蛮人之间，性格总是非常一致的。在其他的同类动物中，我们发现它们之间才能的差异，比搬运工人和哲学家在未受习惯濡染以前大得多。猛犬和长耳犬的力量迥不相同。但这些动物虽各有不同的才能，它们却不能使这些才能成为共同的财富，它们不能把所生产的东西互相交换，因此它们的不同才能对它们没有用处。[③] 人类的情况就大不相同。他们可以按照各人产品的数量和质量进

① 弓箭制造者的例，是在本书第 183 页注②里孟德维尔的书中对话里的一小段里。在《国民财富的性质和原因的研究》第 1 卷第 2 篇第 1 章（第 16 页）中同样的一段里也有孟德维尔的茅舍的例子。

② 这个论点和哈里斯在《论货币和铸币》第 1 篇第 11 节里的一段，大相矛盾。他说，“人各有不同的才能和癖性，这自然使他们倾向于从事不同的职业和适合于从事不同的职业……他们不得不各委身于特殊技艺和事业，因为他们不能从别的技艺和职业同样容易地、愉快地获得一切必需品。这使人们得互相依赖，并且使人们自然地集合起来组成社会。与此相似，由于各个国家所出产的东西，无论天生的或人造的东西，在数量和质量上必定有多寡不同的差别，所以有人觉得即使和最遥远的国家做买卖对他们也有利，并且推而广之对社会也有利。”在《论原始契约》一文中，休谟请读者想一想，人在未受教育之前，“他们的体力甚至智力是多么相等”。《论文集》，1748 年版，第 291 页。

③ 参阅《国民财富的性质和原因的研究》第 1 卷第 1 篇第 2 章，第 16—18 页。

行适当的交换。哲学家和搬运工人彼此都能有所裨益，搬运工人能给哲学家搬运东西，而哲学家通过火机的发明，能给搬运工人节省燃煤的费用。[①]

这样，我们已经说明了才能的不同不是人们爱把东西互相交换这个癖性所建立的基础，而这个癖性正是分工的根源。这个癖性的真正基础是人类天性中普遍存在的喜欢说服别人的这种本质。一个人在提出某种议论想使别人信服时，他总希望这议论能发生效力。假使一个人作出某种关于月亮的论断，即使不是正确的，当遇到反对时总是满肚子不高兴，而当他所要说服的人赞同他的意见时总是非常开心。因此，我们应该力图提高说服人的能力，其实我们不知不觉中时时刻刻都在这样做。由于人们毕生的精力都花在操练说服能力上，必然会获得一种便捷的方法来互相交换东西。上面已经说过，牲畜要说服对方，只能通过获得它所要说服的对象的欢心来达到目的。不错，牲畜有时似乎也能群策群力，但在它们之间，从来没有发生过像互相交换的事。诚然，猴子在劫掠果园时，把果子由一个扔给另一个，直到把果子藏起来为止；但在分赃的时候，总是你争我夺，往往因此招致伤亡。

〔第六节　分工的程度必须和商业的范围相称〕

从上面所说的一切可以看到，分工的程度必须和商业的范围

① 在那时候，火机是主要用以疏泄矿中积水的蒸汽机的名称。当亚当·斯密在作这些演讲时，瓦特正在从事研究，不久就发明了蒸汽机。瓦特是在格拉斯科大学的赞助下进行他的研究工作的。

相称。[①] 如果只有十个人需要某种商品，这种商品制造的分工，绝不能达到像在有一千人需要它的情况下的程度。其次，旨在促进富裕的分工，总随着交通的改良而日臻完善。如果盗贼遍地，如果道路泥泞难行，商业必不能继续发展。英国自从四五十年前大修道路之后，国家急速富裕起来。水路运输是另一种便利。利用水路运输，一只船的消耗费用和五六个船员的工资，即足以把三百吨的货物从一个地方运到另一个地方，而且比使用三百辆每辆用六匹马和一个车夫的马车运得更快。[②] 所以，劳动分工是国家财富增长的一个大原因，而国家财富增长的速度，总是和人民的勤劳程度成比例，[③]绝不是和金银的数量成比例，像可笑的想法那样。至于人民的勤劳，总是和分工的精细程度成比例。

在说明了什么使国家变得富裕之后，在进一步研究这个问题时，我们打算讨论以下四点：

(1)什么东西决定商品的价格。

(2)货币的两种机能：第一，作为价值的尺度；第二，作为交易的工具。

(3)商业史。关于这部分，我们将讨论什么东西在古代和在近代阻碍财富的迅速增长。此外。我们还将讨论这些东西对于农业、手工业和制造业的影响。

① “受市场范围的限制”。《国民财富的性质和原因的研究》第1篇第3章的标题。

② 在《国民财富的性质和原因的研究》第1卷第1篇第3章第19页中说，由六个人或八个人驾驶的船，每只能载二百吨的货；由八匹马和两个车夫驾御的车，每辆可载四吨的货。

③ “一个国家的就业机会愈多，它必然就愈富足”。坎梯隆：《论文集》，第113页。

(4)最后,商业精神对于政府和国民性格与习惯的好影响和坏影响。我们也将讨论如何补救这些坏影响的方法。

现在就按上列顺序进行讨论。

〔第七节 什么情况决定商品的价格〕

每种商品都有两种价格:自然价格和市场价格。这两种价格从表面看来似乎相互没有关系,其实却是息息相关的。[①] 这两种价格都受某些情况的支配。当人们被劝诱去从事某种职业而不选择其他职业时,[②]他必须在被雇用的时期从该职业赚到足以维持生活的收入。一个制箭的人,在他继续从事这项工作的时期内,必须换取足够的收入,使他能够维持生活。但这个原则的应用,在不同的行业必然有很大的不同。原因是,有些职业像裁缝业、纺织业等,不是像普通日工的工作那样,仅凭临时的观察和少许的经验就

① 《国民财富的性质和原因的研究》第1篇第7章的标题。普芬多夫把价格区别为"一般的或自然的价格"和法定的价格,后者即政府规定的价格(《论自然法和国际法》。第5篇第1章第8节)。他的分法就是把亚当·斯密所谓的两种价格一起包括在自然价格内,但他又说,"在决定自然价格之前,必得考虑以下因素:商人从外国输入货物和保管他的货物时所消耗的劳动和所花费的费用……他所适当地估计的在挑选和保存他的货物时所费的时间,所作的研究和所费的苦心以及他的仆人的工资……但大家都知道,由于买者忽多忽少,银根忽紧忽松以及货物忽而过剩忽而短缺,市价常常发生突然的变动"。同上书,第10节,肯纳特译本第三版(1717年刊行)。

② "有子女的人们,为了教育子女使能自食其力,总是不断考虑和请教别人把子女送去学习哪一门工艺或职业最好。成千上万的人,整天都是为这事情焦思苦虑,几乎没有余暇去想其他东西。首先,他们得考虑自己的环境,只有能力出十镑给儿子作教育费的人,绝不会想把儿子送去学习要付一百镑学徒费的工艺。其次,他们考虑哪种职业能得最大的报酬。"孟德维尔:"论慈善和贫民义务学校",《蜂的寓言》,第二版,第1篇第343页。参阅评论A,第45页。

能学会。要学会这些职业，必得花费很久的时间和忍受很大的辛苦。一个开始学这些工艺的人，在很长时间内对他的师傅或任何其他人无所贡献，因此必得给师傅报酬，这个报酬是用作他的生活费和补偿他在学艺期中所糟蹋的东西的损失。到他开始操业时，他所得的报酬，必须足够收回所花去的费用和所付的学徒费。由于他的生命的价值最多不会超过十年或十二年的年收入，他的工资必须很高，否则就有收不回所花的全部本钱的危险。[①] 但还有许多这种性质的行业，它们需要更为广博的学识，这种学识不是在做学徒的时期内所能学会的。一个铁匠或织工学技艺，可以无需先有算术学识；但钟表匠不懂得几门科学如算术、几何以及天文学中关于时差的部分等，就不能做好工作；所以钟表匠的工资，必须比较高一些，以补偿他所耗费的额外学习费用。[②] 一般说来，所有自由职业的情形都是如此，因为人们花很长时间受训练，而能够从这种训练中得到好处的，十人中还不到一人。因此，他们的工资必

① “一个工人的儿子，到七岁或十二岁时就能开始帮助他的父亲，或看守家畜，或搬运泥土，或从事不需要技术和才能的其他田间工作。

“如果他的父亲送他去学艺，那么，在学艺的时期中，他的父亲就得不到他的帮助，而且还得偿付他的生活费和学徒费若干年。这样，儿子成了父亲的负担，非到若干年之后，他的工作不能收获任何利益。一个人生命的价值，不会超过十年或十二年的年收入。由于一个人去学艺就将损失几年时间，而英国大部分技艺要求学艺七年，所以一个工人绝不愿把儿子送去学艺，要是职业专家的收入不太多于普通工人的收入的话。劳动价格的贵贱，必然和学艺时所损失的时间和费用以及不能学好的风险成比例。”坎梯隆：《论文集》第 23、24 页。

② 《国民财富的性质和原因的研究》第 1 卷第 1 篇第 10 章第 1 部分第 106、107 页。参阅以下一段：“物的稀罕性比它的有用性更常地使价格上升，因此，需要很长的时间、很辛苦的学习和很专心的用功才能学会的技艺和科学为什么总得最高的报酬，其道理非常明显。”孟德维尔：《蜂的寓言》，第 2 篇，对话 6，第 423 页。

须较高,必须和他们所花的费用,所冒的不能长命的风险,所冒的不能掌握到足够的机巧来好好地处理业务的风险相称。在律师中,二十个人中没有一个获得了这样的学识、达到了这样的熟练使得他能够赚回所花的教育费,许多人正如我们所说,连置备律师制服的钱都赚不回来。律师所索的报酬并不太高,像一般人所想的那样,律师费按比例来说实在是很低的。使人去当律师的与其说是贪图货币收入,毋宁说是贪图社会地位。必须把律师所享受的尊严地位,看作律师的报酬的一部分。①

与此相似,金银的价格也不算过高,因为开采金银矿失败的可能性非常大。如果有人数相等的两批人,一批采矿、一批种麦、种麦的一批的收入一定比采矿的一批的收入来得大,因为在四五十个采矿者之中,可能只有二十个左右有所收获。不错,在这些人当中,有的发了一笔大财,但种麦者每一个都有收获,因此总的说来,种麦的一批所得的利润,一定比采矿的一批来得大。引诱人们去从事采矿的乃是理想的收获。

这样,如果一个人所得的收入,足以维持他在劳动时期的生活,足以支付他的教育费,足以补偿不能长命和营业失败的风险,那么,他就得到了劳动的自然价格。如果人们能获得劳动的自然价格,他们就得到了足够的鼓励,而商品的生产就能和需求

---

① 《国民财富的性质和原因的研究》第1卷第1篇第10章第1部分第110、111页。参阅下面一段:“鼓励人们去读书学艺的,非名即利,非丰厚的收入即高尚的地位。当我们说,一种职业、技艺或科学没有得到鼓励时,我们的意思就是指擅长或教授这些东西的人,没有得到足够的酬劳以补偿他们的劳苦,这种酬劳或为名誉,或为收入。”孟德维尔:《蜂的寓言》,第2篇,对话6,第414页。

相称。[①]

至于货物的市场价格，它是受完全不同的情况的支配的。买者来到市场时，他从来不问卖者花了多少费用生产它。货物的市价，视以下三种情况而定：

第一，需求或对于货物需要的情况。没有用处的东西，便没有人需要，它不是欲望的合理对象。

第二，和需求对比的货物供应的充裕或缺乏。如果缺乏，价格就会上涨，如果能够应付需求，价格就会下降。由于这个原因，所以钻石宝玉价值连城，而铁却廉贱许多倍，尽管铁是更有用的。但这[②]主要是由于最后一个原因。

第三，需求货物的人的贫富。当一种货物的产量不够供应人们的需求时，竞买货物者财力的大小，便成为决定它的价格的唯一因素。人们传说的阿拉伯沙漠中商人与挑夫的故事，就是一个例证。该商人愿出一万德克(从前流通欧洲各国的钱)来买一定数量的水。这里他的财力决定水的价格，因为如果他没有这么多德克，他就不能付给这价钱，如果他的财力较小，水的价格就较为便宜。当一种商品是缺乏的时候，该商品贩卖者必须满足于购买它的人的财力。这和拍卖的情况差不多。如果有两个人同样喜欢一本书，这本书必定落入财力较大的那一个人之手。因此稀罕的东西总是流到比较富裕的国家去。只有法国国王才有力量购买价值几

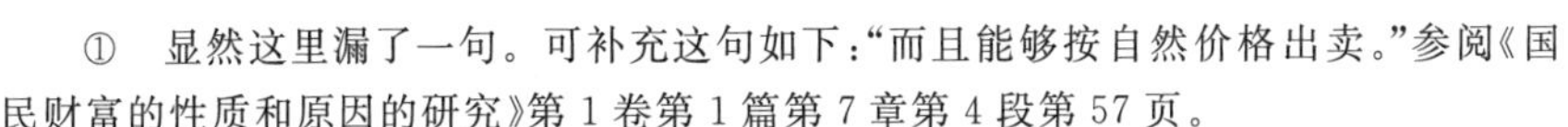

① 显然这里漏了一句。可补充这句如下："而且能够按自然价格出卖。"参阅《国民财富的性质和原因的研究》第1卷第1篇第7章第4段第57页。

② 就是说，宝石和铁的价值的比例。

千镑的大钻石。[①] 依照这个原则，货物的贵贱，是看购买者是上层阶级的人还是下层阶级的人而定。只有具有一定财力的人才有力量购买金器皿。购买银器皿的人属于社会的另一阶层。银器皿的价格决定于多数人民的购买力。小麦和啤酒价格决定于全世界人民的购买力。由于这个原因，普通日工的工资对小麦价格有极大的影响。当麦价上涨时，工资也上涨，当麦价下跌时，工资也下跌。[②] 在小麦供应短缺的时候，正像在航海中一样，总会引起饥荒，这时麦价便扶摇直上。这时小麦变成较高级人民的购用品，较低级人民不得不以大头菜和马铃薯为粮食。

我们已经讨论了自然价格和市场价格，每一种货物都有这两种价格。上面已经指出，这两种价格表面上看来好像各不相干，但其实却有密切的关系。这一点可从下面的说明明显地看出来。如果某种商品价格极高，生产者得利丰厚，那么，该商品便将充斥市场，产量愈来愈多，变为较低阶极人民所买得起的东西。如果十粒钻石变为一万粒，钻石就会变成大众购用品，因而钻石将非常便宜，市价跌到和自然价格相等。再者，如果市面上某种存货太多，制造该货品的劳动得不到足够的报酬，那么，就将无人去制造它。人们不能从这种劳动得到维持生活所需的报酬，因为它的市场价格当时已跌到自然价格之下。据说当麦价下跌时，普通工人工资也应该下降，因为这时候他的报酬太高。不错，如果粮食价格在相

---

① 根据圣·西门，这是“摄政”钻石，1717 年以二百万利弗给法国国王购买的。圣·西门自称，他和劳先生合购这块宝石，几乎把自己弄得破产。《回忆录》，彻鲁尔和雷尼尔合编，第 14 卷第 12—14 页。

② 《国民财富的性质和原因的研究》第 1 卷第 1 篇第 8 章第 90 页。

当久的时间内很便宜，由于更多的人去搞这个工资较高的劳动，工资自将下降。但我们发现在麦价高涨了两倍的时候，工资却依然像从前那样，没有增加，因为普通工人没有其他地方可去。仆人的情况也是如此。[①]

从上面所说，我们可以看出那种政策倾向于使市场价格升涨到自然价格之上，那种政策就倾向于使国家富裕趋于低减。价贵和物缺实在是同样的东西。在货物充足的时候，便能把货物卖给较低阶层的人民，他们有力量付较低的价格；但当货物缺乏的时候，他们便买不起。因此，就货物是社会的便利品来说，如果只有少数的人能拥有货物，社会就过着比较不愉快的生活。所以，使货物市价永远停留于自然价格之上的事物，都会减少国家的财富。这些事物如下：

(1)对工业所课的一切的税，对皮革、鞋（人民对这种税反对最烈）、盐、啤酒或酒（因为任何国家都有酒）所课的税。人是多愁善感的动物，必须有一种能够振作精神的东西帮助他消忧。据说征收啤酒税的目的，在于防止酒醉，但如果细心观察一下，我们就可发现它并不能防止酒醉。在酒价便宜的国家如法国、西班牙，人民一般是清醒的。而在酒价昂贵的北方国家，人们所以醉酒并不是由于喝啤酒，而是由于喝酒精含量很多的酒。没有人坚劝友人喝啤酒，除非他自己选择啤酒喝。[②]

① 《国民财富的性质和原因的研究》第 1 卷第 1 篇第 8 章第 90—91 页。显然记录者在这地方记得过于简略了。

② 《国民财富的性质和原因的研究》第 2 卷第 4 篇第 3 章第 2 部分，第 66－68 页。

(2)专利制度也会破坏国家的富裕。专利品的价格,总是高于足以鼓励人们去从事这种劳动的价格。如果只有某一个人或某几个人有权利从外国输入某种货物,这种货物的进口,必定少于在没有这种限制的情况下的进口数量。因此,这种货物的价格将较高,而那些可从经营这种货物取得生计的人也较少。如果有许多人同时售卖一种商品,价格一定会下降。在独占企业如哈得逊海湾公司和东印度公司等,经营这些企业的人们,要卖多少价格,就索多少价格。

(3)把独占权给予公司也有同样的结果。面包商和屠宰商往往任意提高他们货物的价格,因为除他们公司外,没有其他人可以在市场上出售肉和面包,因此,不论好肉坏肉,人们都得去买。由于这个原因,必得设置一个官员来规定价格。人们可以自由贩卖的货物如大幅面黑色厚呢等,不需要由官吏规定价格,但对面包商就需要这样,因为他们可以通过协议任意规定烘多少面包和卖多少价钱。但就是设置官员也不是够好的办法,因为他不得不从宽规定价格,否则将招致更大的祸害,因为没有人会愿意去制造面包,结果饥荒会随之而发生。由于这个原因,面包商和酒商总是获利丰厚。①

正像把市价抬高到自然价格之上的措施不利于国家的富裕,使市价跌到自然价格之下的措施也有相同的影响。

使用法律或章程把价格抑低到自然价格之下的措施,只可用

① 参阅关于面包法定价格,《国民财富的性质和原因的研究》第1卷第1篇第10章末,第150、151页。也参阅第1篇第7章第64—66页。

之于出口货，例如当粗麻布卖十二便士以下一码时给予一定的津贴。通过这种津贴，麻布就可能出口贩卖。[①] 人们偿付麻布的价格的大部分，所以麻布能够以低于足以鼓励人去制造它的价格卖给外国人。又如，政府对售四十先令以下一夸特的麦，[②]每夸特给五先令津贴。由于人民付了八分之一的价格，麦就能够以便宜这么多的价格在国外市场出售。由于发给津贴，这种货物就变为容易出售，而且产量也增加了；但另一方面津贴破坏了所谓生产的自然平衡。人们从事这种货物生产的倾向，现在不是和自然需求相称，而是和自然需求与附加的津贴相称了。它的影响，不但限于这种货物本身，而且把从事没有得到这么大鼓励的货物的生产的人吸引过去。这样，产业的平衡就被破坏了。

此外，在渔猎时代已经过去而制造业开始发展以后（在渔猎时代，人们劳动的直接产品都是粮食），一切东西的生产，都需要较长的时间。纺织者买进亚麻后，要等很久才能有布匹运到市场出售。所以，各种行业都必须储备一定数量的粮食、衣服和住宅，才能继续经营下去。[③] 假定有一定数量的衣服、粮食和住宅的储备（实际上每个国家都有这种储备），那么，所雇用的劳动者的人数，必然是和这个数量相称的。[④] 如果某种货物价格跌到自然价格之下，而

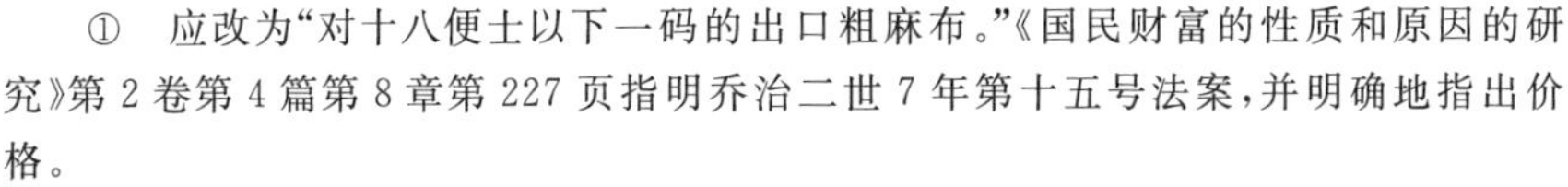

① 应改为“对十八便士以下一码的出口粗麻布。”《国民财富的性质和原因的研究》第2卷第4篇第8章第227页指明乔治二世7年第十五号法案，并明确地指出价格。

② 是四十八先令之误。威廉和马利1年第十二号法案。见《国民财富的性质和原因的研究》第1篇第11章第208页。

③ 《国民财富的性质和原因的研究》第1卷第2篇，绪言，第273页。

④ 同上书，第1卷，绪言，第2、3页。

另一种货物价格涨到自然价格之上，那么，所剩以扶养全体人民的粮食、衣服和住宅的储藏量便将减少。由于在这个储藏量中，各行业存在着自然的关系，所以，对一行业给予津贴，就会减少其他行业的衣食住资料的存量。这就是对麦给予津贴的实际结果。

麦价下跌之后，农场租金自然也下降，但麦的津贴目的在于提高地租（这种津贴与土地税同时施行[①]）。它在一段时期中的确发生了这种作用，因为无论在国内或在国外售麦，佃农都得到了价格上的保障。但对农业鼓励起着作用的津贴，虽然使麦价降低，却把草价抬高了，因为麦一增产，草就减产。畜牧依靠青草，草价增长之后，肉价一定也增长。因此，麦价如果降落，必定引起其他货物的涨价。诚然，麦价由四十二先令降到三十五先令，[②]但干草的价格却由二十五先令涨至五十先令左右。干草涨价之后，养马便比较困难，于是运费也上涨。任何使运费上涨的因素，都会减少市面货物的供应。[③] 因此，总的说来，最好的政策，还是听任事物自然

① “英王威廉的政府……不能不接受乡村绅士的任何要求，那时他正吁请他们同意他开征每年的土地税”。《国民财富的性质和原因的研究》第 1 卷第 1 篇第 11 章第 208 页。

② 根据伦敦纪事新闻报，红麦的市价，1763 年一月二十八日为三十三至三十五先令，十月二十日、二十七日及十一月三日、十日为三十三至三十六先令。在 1762—1763 年中以及在 1763 年十月到十二月中，红麦的每星期平均价格比上述价格稍低一些。

③ 在《国民财富的性质和原因的研究》第 1 卷第 1 篇第 11 章第 208—210 页和第 2 卷第 4 篇第 5 章第 81—84 页，亚当·斯密否定津贴会使国内价格降低的原则。他指出，津贴既然会刺激国外的需求，必然有助于抬高国内价格。他甚至说，津贴使每夸特小麦的价格增长四先令的想法是非常适当的。发表了这些意见以后，他接下去说，麦价的每次变动一定都是名义上的变动而不是实际上的变动，因此他认为不需要上面正文所举关于干草的例子。

发展，既不给予津贴，也不对货物课税。

上面讨论了支配物价的情况，它是我们所计划讨论的第一个问题。

〔第八节　关于货币作为价值的尺度与交易的媒介〕

我们现在来讨论第二个问题，即把货币首先作为价值的尺度，其次作为交易的媒介加以讨论。当人们经营许多种类货物时，就不得不选择其中之一作为价值的尺度。假定只有三种货物即牛、羊和麦，我们便不难记忆它们的相对价值。但如果共有一百种货物，在比较时，每种都有九十九个相对价值。由于这么多价值不容易记忆，人们自然会想到把其中之一作为共同衡量标准，通过它来对其他货物进行比较。首先选作这种标准的自然是人们最熟悉的货物。因此，在荷马时代，被选的是黑牛和羊。荷马的一个男主人公的甲胄值九头牛，另一个主人公的甲胄值一百头牛。[①] 在古希腊，黑牛是共同价值标准。在意大利，特别在多斯加尼，一切东西，都是和羊比较的，因为羊是他们的主要商品。上述是所谓价值的自然标准。与此相似，还有数量的自然标准如㖊(即 6 尺)、腕尺(约 18—22 寸)、寸等。这些量衡标准是从人体的长而来的，各国从前都曾经使用过这些标准。但稍加注意，人们就可发现人臂长

① 见格劳克斯和迪奥米德：《描写特罗伊战争的叙事诗》第 6 篇第 236 行；《国民财富的性质和原因的研究》第 1 卷第 1 篇第 4 章第 24 页。这是常用的引文，见于普林尼：《博物志》第 33 篇，第 3 章；普芬多夫：《自然法和国际法》第 3 篇第 5 章第 1 节；马丁·里克：《英国货币史》(第 2 版，1745 年刊行)第 4 页；钱伯斯：《百科全书》(第 2 版，1738 年刊行)货币一条下。

短是参差不一，不能互相比较的，于是留心这些东西的人就多方努力制定比较精确的标准，使得同等的数量能有同等的价值。当人们所交易的东西种类又多数量又大时，比较精确的衡量标准便非常必要。在交易只限于几码的情况下，一寸之差也许无关重要，但当交易达到几千码时，便需要更大的精确性。在买卖规模不大的国家，现在还可发现这种不精确的残余。在它们粗糙商品的交易中，天平的铸型，被看作无关重要。

由于需要这样的一般标准，使得同一的数量具有同一的价值，所以金属似乎最适合这个条件。在各种金属中，金银的价值最易确定。钢的品质不能精密地加以确定，但金银中含有多少贱金属成分，却能够准确地化验出来。因此，人们把金银规定为比较各种货物的最准确标准，因而也把它看作是最适当的价值尺度。

由于金银成为价值的尺度，它也就成了交易的工具。很久以前，人们就需要把货物拿到市场上去；但除非价值尺度同时也是交易媒介，否则就不能适当地进行货物交易。[①] 在牧人时代，以牛羊为交易媒介没有什么大不便，全国土地都是公地，而饲养牛羊几乎无须费用。但在土地已经被分割并且实行分工以后，如果再以牛羊作为交易媒介，必将导致极大的不便。屠商和鞋匠有的时候并不需要互相交换货物，农民除自有的牛外，往往没有余地多养一头。如果用一头牛向一个格拉斯科商人交换他的一种商品，这会

---

① 约翰逊(《字典》1755 年版)对 Clever 这个字所下的第二种定义是“正当”、“适宜”、“适当”、“合宜”等。他说，“这个字不是文雅的字，除在游戏文章或谈话外几乎无人用它。它没有确定的意义，可以随心所欲地用在任何东西上”。参阅墨莱在《新英文字典》中的引文。

使他感到困难。作为补救措施，人们把已经看作价值的尺度的东西，同时用作交易的手段。金银具有一切优点。金银保管时不会发生损耗。金银不会损坏，并且便于携带。但金银的效用，并不是完全由于作为交易媒介而来的。金银虽然从前未曾用作货币，但已经比其他金属贵重。金银更为美观，能擦得更光亮，更适合于制造器皿，只有锐利工具不好用金银来制造。由于这些原因，金银成为最适当的价值尺度与交易手段。但为使金银能够更完满地充作这些用途，必须有方法确定它们的重量和成色。起初，称金银的天平并不十分准确，因此发生了欺骗行为。后来，情况逐渐改善，但一般买卖行为不允许采用那些为确定金银成色所必须使用的试验。金银纵使含大量的混合物，它们的色泽仍然很好。因此，为便利交易起见，必得想出方便的办法来准确地确定金银的重量和成色。铸币能最有效地达到这些目的。人们觉得如果在铸币上打上印记，使人一见就知道它们的重量和成色，这样做可以便利交易，而这种印记就是首先加铸在铸币上的印记，因为它是极重要的印记。①

① 见亚里士多德：《政治学》，1257a 37—41。普芬多夫在《自然法和国际法》第 5 篇第 1 章第 12 节中曾引用过它。关于被认为优良的价值尺度和交易媒介所必具的条件的金银品质，参阅格罗提渥：《战时法与平时法》第 2 篇第 12 章 17 节；普芬多夫：《自然法与国际法》第 5 篇第 1 章第 13 节；洛克：《降低利息和提高货币价值的后果》1696 年第 2 版，第 31 页；劳：《论货币和贸易》第 1 章；哈彻逊：《伦理哲学入门》第 211 页；孟德斯鸠：《论法的精神》第 22 篇第 2 章，坎梯隆：《论文集》第 153 页，第 355—357 页；哈里斯：《论货币和铸币》第 1 篇第 22—27 节。上述各节合在一起包含杰文斯所列举的一切特质（《货币和交易的机构》1875 年出版，第 5 章），即有用性、轻便性、不可毁灭性、同质性、可分割性、价值稳定性、可认识性以及另一种特质，即不必给予饲料像对牛羊那样。上面正文所举的五种特质，哈里斯书中都有提到。他也曾提到的可分割性这个特质，也见于《国民财富的性质和原因的研究》第 1 卷第 1 篇第 4 章第 24—25 页。

因此，一切国家的铸币，似乎都是以相当于金银的重量的名称为名，[①]而且含有所表示的重量单位。英国的镑，最初似乎含有一磅重的纯银。[②]

由于以金兑银是很容易的，所以总是用银作为价值的标准或尺度。因为不能有两个标准，而大部分交易必须用银来进行，所以我们从来不说某人的财产有多少几尼，而总是说某人的财产有多少镑。[③]

应该注意，数量的标准总是愈变愈大，而价值的标准总是愈变愈小。英镑本来值六十三先令，现在已经减少到仅仅值原来的三分之一弱。另一方面，数量的标准却变大了。原因是，这适合于政府利益的要求。面包商和酒商的利益在于数量标准尽可能地缩小，因此政府设置检查员监督他们，每当标准被缩小的时候，就把它放大一些。我们所有来自罗马尺、罗马吋、罗马寸等的标准，现在都比原来大了许多。与此相似，所谓特洛伊金衡(由香槟省[④]特洛伊城而来的量衡，那时候该城是商业最繁盛的城市)，产生了一个较重的量衡。因为当采取一个量衡时，往往同时采取它的铸型，由于这使交易变得不准确，所以必须规定铸型。由是常衡规定为十三盎司，但由于十三盎司不易分，又改定为十六盎司，同时调整盎司使和它相称。[⑤]

数量的标准就是这样愈变愈大的。现在我们来说明价值的标

① 哈里斯《论货币与铸币》第1篇第28节。

② 《国民财富的性质和原因的研究》第1卷第1篇第4章第27页。

③ 同上书第1卷第5章第41页；哈里斯《论货币与铸币》第1篇第34、35页。

④ 在《国民财富的性质和原因的研究》第1卷第1篇第4章第27页，亚当·斯密写道："香槟省特洛伊城"和"特洛伊金衡。"

⑤ 关于常衡来源的这个说明，也许是马丁一里克记忆错误的结果(《英国货币史》第二版，1745年刊行，第30—31页)。根据该书，常衡本来以十五盎司为一镑。

准怎样变小。当政府把铸币权收到手中时,它自然要负担铸币的费用。私人如果也铸币,必得把它的真值减小,否则无利可获。此外,由于私人没享有这样的威望,能使他所铸造的铸币通行作为一般支付手段,所以他必须伪造政府的印记。但政府既然负起铸币的责任,它自须设法防止欺诈并杜绝伪造国王的铸币和侵犯国王的权利。此外,由于事关国民的信心,所以必须防止一切欺骗,因为政府需要强迫人民按照铸币的额面金额接受它,如果任何人拒绝接受铸币作为法币,债务人就可免除偿债的义务,而债权人就犯了重罪。[①] 在野蛮时代,有种种诱力使政府减低铸币的成色,或者用造币厂的术语来说,提高铸币价值。例如,在公债还本届期时或在发给军饷时,政府需要二百万枚铸币,但只有一百万枚可得利用,于是政府收回流通中的全部铸币,把它重新改铸,保持原来的外观,但掺杂以更多的贱金属,从而把原来的一百万枚改变为二百万枚。各国都曾行过这个办法,但英国由于一直享受自由,没有像其他国家那样常常改铸铸币。现在英国铸币的价值,已降到从前三分之一左右,而许多国家的铸币,只值从前的十五分之一了。

这种做法有很大的不便。减低铸币成色会使商业受到阻碍,至少会使商业遇到很大困难。人们必须重新计算要给付若干新币才合一定数量的旧币。人们将无意把货物运到市场,因为他们不知道会卖得多少钱。这样,商业便萎靡不振。此外,减低铸币的成色会使人民对政府失去信心,他们将不敢再把钱借给政府或和政府打交道,因为害怕将来也许只能收回一半的钱。由于政府自己

① 从未把拒绝接受法币看作重罪。

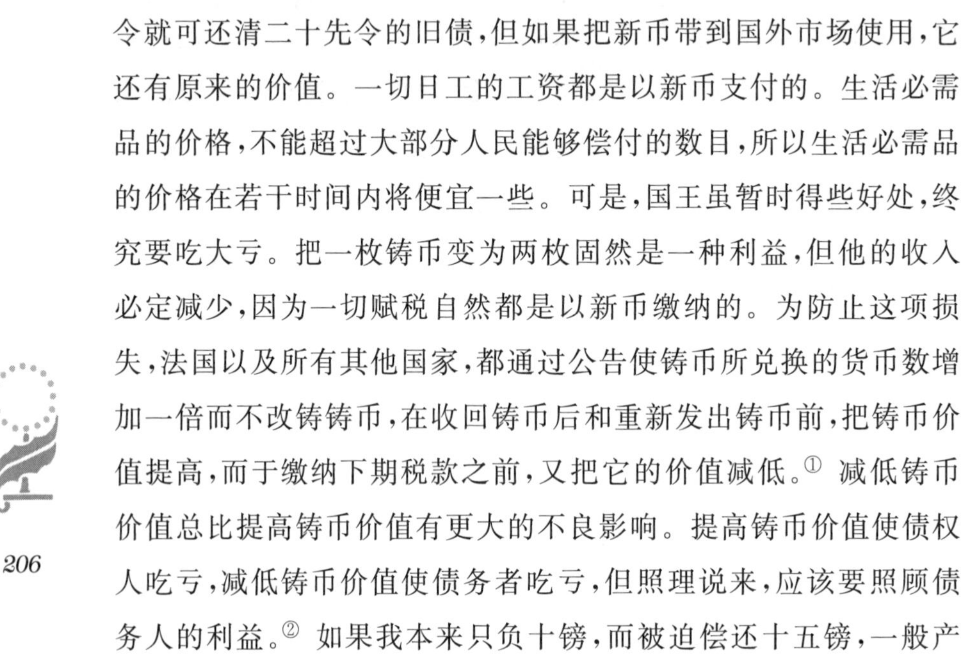

行诈，自然也得允许人民同样行诈，以新币偿还旧债，而这就是没有还清足额。可是，由于以下原因，减低铸币成色是暂时有利的。货币有两种用途，一为还债，一为购物。在铸币成色减低时，十先令就可还清二十先令的旧债，但如果把新币带到国外市场使用，它还有原来的价值。一切日工的工资都是以新币支付的。生活必需品的价格，不能超过大部分人民能够偿付的数目，所以生活必需品的价格在若干时间内将便宜一些。可是，国王虽暂时得些好处，终究要吃大亏。把一枚铸币变为两枚固然是一种利益，但他的收入必定减少，因为一切赋税自然都是以新币缴纳的。为防止这项损失，法国以及所有其他国家，都通过公告使铸币所兑换的货币数增加一倍而不改铸铸币，在收回铸币后和重新发出铸币前，把铸币价值提高，而于缴纳下期税款之前，又把它的价值减低。[①] 减低铸币价值总比提高铸币价值有更大的不良影响。提高铸币价值使债权人吃亏，减低铸币价值使债务者吃亏，但照理说来，应该要照顾债务人的利益。[②] 如果我本来只负十镑，而被迫偿还十五镑，一般产

① 按照法国人的理解，所谓不经改铸而提高铸币的价值，即指增加一定重量的硬铸所兑换的利弗（一种记账货币，不是实际铸币）的数目。所谓不经改铸而减低铸币的价值，即指减少一定重量的铸币所兑换的利弗的数目。梅隆曾举一例如下：一个债务人借入当时可兑一百个金路易的两千四百利弗，如果金路易贬值六分之一，因而一个金路易可兑得的利弗数由二十四个减至二十个，则该债务人得偿还同等重量的金路易一百二十枚。见1743年的《政治论文》第12章，载德尔的《金融经济学家》第715页。

② “减值对债权人有利，增值对债务人有利；如果在其他方面对国家都是一样的话，应该照顾的是债务人。”同上书，第12章末尾。杜托对这个主张以及所用的支持该主张的历史事例，加以严厉的批判。《关于财政和贸易的政治性意见》，1738年出版，第1章（同上书，第789页和以下各页。）

业必定会大大受到阻碍①。

多数国家使用的铸币有铜币、银币、金币等等。我们甚至不得不以六便士币作为支付手段。这常常造成混乱现象和时间上的损失。各种铸币的价值决定于金银的市价，而不是政府所能任意决定的。金银的比价就是根据金银的市价而定的。这比价有时稍有变动。有的时候几尼值二十二先令，有的时候值二十先令。② 和其他国家的情况相比，英国金价比银价上涨较多。由于这使银的价值变得较低，这是一个真正麻烦现象的根源。银在国外既然比在国内能买得更多的金，把银运往国外买金运回，则这金可在国内比在国外买得更多的银。人们把这作为一种生意，于是金币日增，银币日减。③ 不久以前，有人提出纠正这种情况的建议，但由于人们认为情况非常复杂，他们决定听其自然，不如干涉。

① 在《国民财富的性质和原因的研究》第1卷第1篇第4章第28—29页，亚当·斯密严厉斥责提高铸币价值或减低铸币成色的不当，但没有论及铸币的减值。

② 几尼在1663年刚铸出的时候，每一枚值二十先令，不久升至二十一先令，以后又涨至二十一先令六便士。在大规模重铸银币的前夕，它值三十先令。威廉三世第7年和第8年第十号法案规定几尼价值最高不得超过二十六先令，但没有对最低价值作出规定。同年第十九号法案把上述最高限额减为二十二先令，但在1699年国会通过决议宣布威廉三世7年和8年的第十九号法案并不强迫任何人按照二十二先令接受几尼以后，几尼市价跌到二十一先令六便士。这个价值得到收税官吏的承认。1717年12月22日，按照牛顿的建议（《货币问题文选》，1856年，第274—279页），英政府布告把几尼最高价值减为二十一先令。参阅鲁丁《铸币年鉴》，1817年出版，第2卷第405—410页和第427、446页；斯奈林：《关于英国金币和铸币的意见》1763年出版，第30—32页；《伦敦公报》1717年11月21—24日。

③ 《国民财富的性质和原因的研究》第1卷第1篇第5章第42—46页；哈里斯：《论货币和铸币》第2篇第25、39节；本书第214—215页。

〔第九节　国家的富裕不在于货币〕

我们已经说明了什么东西使货币成为价值的尺度，但应该注意，货币并不是价值的真正尺度，价值的真正尺度乃是劳动。[①] 因此，一国的富裕在于货物的数量和物物交换的便利。下面就讨论这个问题。

货物流通所需的货币愈多，货物的数量便愈少。假定苏格兰所有的米麦、牛羊、货币等共值两千万镑，而需要一百万镑现金来进行货物的流通，那么，便只剩一千九百万镑的粮食、衣服、住宅，换句话说，和在没有使用货币的情况下相比，人民所有的这些东西减少了一百万磅。因此，显而易见，一国货币增加，贫困也随着增加。货币本身是一种死宝，[②]并不提供生活用品。从这个观点看来，货币好像一国的公路，它本身不生产米麦和青草，但它能促进米麦和青草在国内的流通。如果我们能节省公路所占的地，我们便能大大增加货物的数量，而有更多的货物运到市场[③]去。正如一个地区的价值不在于通过该地区的公路的多少，一个国家的富裕不在于用以实现货物流通的货币的数量，而在于生活必需品的丰富。因此，如果我们能想出一个方法把一半的货币运往外国换成货物，而同时又能供应国内流通的需要，我们便可大大增加国家的财富。

① 《国民财富的性质和原因的研究》第 1 卷第 1 篇第 5 章第 30—38 页。

② 哈里斯建议储蓄一定数量的永不动用的贵金属以备不时之需。《论货币和铸币》，第 1 篇，第 51 节。

③ 《国民财富的性质和原因的研究》第 1 卷第 2 篇第 2 章第 322 页。

因此，银行的设立和纸币的发行会产生很有益的影响。我们不难证明设立银行对于一国的商业是有利的。假使苏格兰的全部财富还像上述一样共值两千万镑，其中二百万镑用作流通手段，其余一千八百万镑是货物。这样，如果苏格兰各银行发行二百万镑钞票，而以三十万镑现金作为准备以应付随时的需要，那么，就将有一百七十万镑现金在流通中，此外还有二百万镑钞票。可是，自然的流通数量只有二百万镑，不能容纳更多流通媒介。多余的数量将被运到国外交换衣食住的资料。可以一望而知，这会使国家富足，原因是，无论输入的是什么货物，这些货物都增加国家的富裕。反对纸币的唯一理由，就是它会使国内的金银渐渐枯竭，钞票不能在国外市场流通，因此必须用金银偿付所买的外国货物的价格。这固然是对的，但我们如果细细思量一下，便可明白这对国家并不发生真正的危害。国家的富裕不在于铸币的数量，而在于生活所需要的货物的丰富。凡有助于增多这些货物的东西，都有促进一国财富的作用。

货币不能用作生活必需品，肚子饿的时候不能把货币拿来吃，冷的时候不能把货币拿来穿，货币也不能用作住宅。必须把货币交换各种货物来供给衣食住的用途。如果把国内的铸币全部运往外国，我们的货物就将成比例地增加起来。在必要的时候，我们能够很快地收回流往外国的铸币，其可能性大大超出一般人所想象的。货物总可以换得货币。一国只要货物有所增加，就有力量在必要时通过把货物运往外国交换金银来增加铸币的数量。我们有事实可以证实这个推论。欧洲所有国家的商业，于设立银行后都有长足的进展。我们的国民，没有一个不感觉到银行的便利。我们美洲殖民地的大部分贸易,都是使用纸币进行的,这些殖民地非常繁荣。①

设立银行的最初动机,就是便利货币的转移。这是阿姆斯特丹银行现在唯一的目的。在商业高度发展的时候,运送金银要耗费很多的时间。如果一个商人需要运出一万镑或两万镑的货币,点数几尼和先令就得花费他一星期左右的时间。银行汇票制度可以解决这个麻烦。在阿姆斯特丹银行开业之前,商人解决点数巨额货币的困难的办法,不过是把一定数额的货币放在袋中,以备不时之需。这样,你必须二者择一,相信商人的诚实,或把袋中的钱倒出来重新加以点数。如果你相信商人,一定会发生层出不穷的欺骗事件,如果你不信任他,你的麻烦就依然存在。阿姆斯特丹银行的设立,就是为了解决这项困难。它的全部业务可概述如下:你把一定数额的款项存入该银行,它按照这笔款项的金额给你一张汇票。这笔款一直存在那里,可保无虞,原因是上述汇票通常能卖得票面以上的价格,所以让它一直存在该行是对你有利的。阿姆斯特丹银行没有设置分支机构办理付款业务,因为很少有人要求付款。阿姆斯特丹银行对促进商业起很有益的作用;它的票据只在本地流通,阿姆斯特丹当地的信用没有因为银行而受到丝毫的损害。1703年②法军侵入乌特勒支时,存户突向阿姆斯特丹银行提取存款,荷兰全国大为震动,料想该银行即将垮台,但它安然无恙。在这事件发生之前,社会怀疑该银行经常挪用存款经营生意,但这次发现该行付出的货币,大部分是在五十年前被附近大火灼

① 同上书第2卷第5篇第3章第542页。

② 是1672年之误。这个年份是《国民财富的性质和原因的研究》第1卷第4篇第3章,第59、61页中所举的年份。

焦的货币。[1] 这显然证明上述疑心没有根据，因而该银行的信用未受损害。有人说该银行随时都有八九千万镑现金存在库中，但最近一位聪明人已证明这个说法是不正确的。他是从比较阿姆斯特丹和伦敦两市的商业情况得出这个结论的。[2]

不列颠的银行组织，和阿姆斯特丹的银行组织大不相同，在不列颠，银行只保留六分之一的资金以应付临时的需要，其余全投在商业上。在开始的时候，我们银行的营业方针，和阿姆斯特丹银行无异，但以后董事们任意把资金提出利用。于是逐渐变成现在的情况。银行破产所招致的危害，并不如一般所想象的那么严重。假定苏格兰所用的通货，全是独家银行所发行的，而该银行破产，只有很少的人将因此破产，人数不会很多，因为人们手边所留的现金或纸币，一般只占他们全部财产的很小部分。全国的财富，也不至因此受到大损失，因为在

① "在该银行成立后不久。"见《国民财富的性质和原因的研究》第 2 卷第 4 篇第 4 章第 61 页。

② 这聪明人是马根斯（即《国民财富的性质和原因的研究》第 1 卷第 1 篇第 11 章第 218、222 页里所提到的"马根斯先生"）。他说："我们现在懂得，虽然在阿姆斯特丹，居民中商人所占的比例，比伦敦来得大，可是，伦敦的人口，四倍于阿姆斯特丹，因此，伦敦各银行的商人存户，一定比阿姆斯特丹银行的商人存户多。见于《伦敦工商界人名录》的名字，最多时达两千八百人，而阿姆斯特丹的商人，大概还不及此数的一半。虽然阿姆斯特丹银行有很多外地存户，伦敦银行也有很多外地存户。纵使承认阿姆斯特丹银行有三千存户，每户存一万盾，总共也不过三千万盾，就是提高每户存款的估计，把它增至两万盾，一共也只有六千万盾。我相信这个数字比上面所举的更近事实"［即梅隆所说的八千万镑和戴文波特所说的六千万镑］。《万能的商人》，无名氏著，威廉・霍斯利校订，1793 年出版，第 33 页。灼焦的货币的故事，不是来自马根斯。《国民财富的性质和原因的研究》第 2 卷第 4 篇第 8 章第 54—62 页所述的关于阿姆斯特丹银行的一切，来自亨利・霍普先生。在《国民财富的性质和原因的研究》第 4 版的绪言或"广告"中，亚当・斯密说他没有看到过一种明了的、令人满意的关于阿姆斯特丹银行的印刷品。

一国的财富中，处于货币形式的一般不及百分之一。防止由于银行破产而产生的不良结果的唯一方法，就是不给予一家银行以垄断的权利，而尽量鼓励银行的设立。当一个国家同时有几家银行时，同业间就有互相嫉妒的心理，于是便不断地互相作突然的挤兑，这就使它们不得不时时保持警惕，准备充分现金以应付这种需要。如果苏格兰只有一家银行，由于没有其他银行竞争，它可能更为积极，但由于管理不小心，可能最终破产。有多家银行存在，就可避免这种危险。即使一家银行关门，每个人所持有的它的钞票，一定不会很多。由于上述原因，可见银行是有益于商业的机构，限制银行是很坏的政策。

若干写政论性文章的人，曾发表文章说明银行和纸币的危害性。一个姓孟的伦敦商人，发表一篇论文反驳一本以前所写的采取相反看法的书。他断言英国由于货币源源外流，最后势必破产。他认为纸币的流通会把金银驱往外国。我们所拥有的其他一切货物，由于用在维持生活，必愈来愈少，最后至于耗竭。货币永远不会坏，可保存至万古千秋。如果我们贮积大量的货币于国内，只要世界存在一日，我们的财富也可保险无虞。这种推论在当时被认为非常有理，但从上面关于国家富裕的性质的说明看来，它显然是错误的。①

① 孟氏没有发表过旨在揭发银行和纸币的危害性的文章。由于他的主要著作——《英国得自国外贸易的财富》1664 年出版——是于 1755 年在格拉斯科重印的，亚当·斯密不可能在未看过它以前就加以批评。表面上最讲得通的解释是，斯密那时候以已被证实的银行和纸币和效用为根据来反驳那主张国家的富裕体现在金银数量的学说。他可能说，如果像孟氏和祁氏这样的作家的论点是正确的话，那么，纸币一定是最有害的东西，而笔记者却误认为他意思是说，孟和祁主张纸币是有害的。《国民财富的性质和原因的研究》第 2 卷第 4 篇第 1 章第 4—7 页包含关于孟氏论点的摘要以及几乎按字照抄的《英国得自国外贸易的财富》第 4 章的一段引文。

不久之后，又有一位祁先生也为着同样目的发表了一篇文章。[①] 这位先生也是商人。他力图证明英国因和外国通商，不久会沦于破产。他估计国际贸易的差额，总是不利于英国，所以我们所有的对外贸易，差不多全是吃亏的。[②] 他认为由于这些贸易使我们的货币渐渐枯竭，我们不久一定会破产。依照上述论点，祁先生的意见显然也是不对的。我们虽然没有制定任何条例限制对外贸易，但我们的富裕，已大见增加，而且还在增加。[③] 他提出某些规定来防止我们从这方面所可能遇到的危险。政府如果无知到竟然采纳他的建议，也许我们会变穷。[④]

休谟曾发表几篇论文，[⑤]指摘这些和类似的学说的荒谬。他非常巧妙地证明：在一切国家，货币的数量必得和货物的数量维持一定的比例。无论什么时候，[⑥]如果货币的数量超过上述比例，物价就会上涨，使外国人能以较廉于我们的价格在国际市场出售货物。其结果货币就将流往外国。反之，无论什么时候货币的数量要是少于上述比例，物价就会下跌，使我们得以较廉于外国的价格在国际市场出售货物，其结果大量货币将流入我国。由此可见，在

① 就是据上面的注所说，“以坚决主张累积金银为目的”。祁：《英国的商业和航运业》，1730 年出版，1750 和 1755 年在格拉斯科重版。

② 第 1—12 章，第 34 章。

③ 休谟在《论贸易差额》中，也使用同样论点来驳斥祁氏的谬论。《政治论文集》，1752 年出版，第 81 页。

④ 祁所提出的“规定”，主要是使用各种鼓励性和限制性措施从殖民地榨取财富。

⑤ 《论货币》、《论贸易差额》，载《政治论文集》1752 年出版；《论商业猜忌心理》，载《论文集》1758 年出版。

⑥ 笔记作“任何地方”。

任何国家，货币或货物的数量，总不能和某一定水平相差太多。[①]休谟先生的理论是非常巧妙的，但也有一些倾向于国家的富裕在于货币这一种看法。[②] 这看法已在上面讨论过了。

关于这个问题，我们可从指出：人类的勤劳总会使货物和货币同时增如，但两者不一定按照同一比例增加。人们的劳动，总是投在生产者所爱好的东西上面，而各物的增加量，总是和人类生产它们的能力的大小成比例。谷物和类似的东西的生产，总比黄金宝石等的生产来得多，因为前者的生产，更在人类的勤劳所能达到的范围之内。差不多任何一块土地，只要耕种得法，就可产出谷物，但黄金却不是俯拾即得。即使找到金矿，金也是深藏地下，花费很久的时间和很大的工夫才能采出少许。[③] 由于这些原因，货币增加的比例总不能和货物增加的比例并驾齐驱。国家愈富裕，货币价格愈低。在野蛮国家，货币价格奇昂，原因是他们不晓得怎样在自己国内创造货币，他们除劫掠所得外，没有其他货币。但在一国已在技术方面达到一定的发展以后，货币的价值便降低，他们开始采掘金银矿和自己制造货币。从罗马帝国崩溃到发现西印度这一段时期中，货币价值都很高，并且不断上涨。自发现西印度以来，货币的价值已降低了许多。[④]

---

① 《论贸易差额》，《政治论文集》1752年版，第82页和以下各页。

② 也许是指他反对纸币的论点。《论货币》、《论贸易差额》，《政治论文集》，第41—45页、第89—91页。

③ 参阅上面第7节。（188页）

④ “暂离本题来谈最近四个世纪中银价的变动”，《国民财富的性质和原因的研究》第1卷第1篇第187—277页。所谈的是关于以下三个时期：1350—1570年银价上升时期。1570—1640年左右银价下降时期，1640—1766年银价稳定时期。

洛克先生也曾发表一篇论文，说明听任货币外流的危险性。他的意见也以国家财富在于货币这个看法为根据，但他能比较科学地来讨论问题。和孟先生一样，他断言一国如果没有货币，不久必然破产。一切货物不久总会耗尽，但货币可永远存在。[①]

总之，对于这个问题，我们可以指出：富裕所以不在于货币而在于货物，原因是货币不能当作生活必需品，而货物则能用来维持我们的生存。货物的可消费性（如果我们可使用这个名词的话）是人类勤劳的根源，[②]一个勤勉的民族所生产的东西，总比他们所消费的数量来得多。不难证明现金在国民财富中所占的比例是多么的小。据一般的设想，在不列颠，流通的现金约有三千万镑，[③]但每年总消费量却在一亿镑以上，因为，如把这个岛国的人口作为一千万人，并且估计每人每年花十镑作生活维持费（非常低的估计），我们便得到上述总消费量。由此可见，流通中的货币在国民财富

① 很难看出这个摘要和洛克的几篇文章有什么关系。这几篇文章是：《论降低利息和提高货币价值的结果》；在上述著作出版时以《关于货币、利息和贸易的论文》这个名称再版的其他两本小册子。但由于这个摘要和《国民财富的性质和原因的研究》第2卷第4篇第1章第2、3页中的摘要相符，不能认为这是笔记的错误。也许亚当·斯密所想的是《论降低利息和提高货币价值的结果》的第17、18页和77—79页以及《论政府》的第46—50节。在那里，洛克坚持货币是永远不会消灭的这个意见。

② “所谓商业，就是指由于自然条件而分布于各地方的货物的交换。它们的相互利益造成我们的富裕。

“供我们使用的货物，由一个地方流到另一个地方，等到这些货物满足了我们的需要而后已。所以流通是商业的本质，消费是最后的目标。”参阅杜托：《对于财政和贸易的意见》，1738年出版，第3章第7节头一部分（德尔：《理财经济学家》第838页）；《国民财富的性质和原因的研究》第2卷第4篇第8章第244页。

③ “据我的记忆，这是我所看见或听见的非常夸张的估计。”《国民财富的性质和原因的研究》第2卷第4篇第1章第15页。

中所占的比例是非常小的。很有可能，在流通中的现金还不到三千万镑；要是这样，上述比例将变得更小。

在拥护国家富裕在于货币这一种看法的人中，有些人说一个人离开商界以后，往往立即把他所有的存货变为现金。但是，他这样做显然是因为货币是流通的手段，可以比任何其他东西都容易地换取生活必需品和美术工艺品。守财奴把黄金锁在箱中也是出于这个动机。没有一个头脑清楚的人是为了货币而窖藏货币的。他的想法是：把货币留在手边，就能随时给自己和家庭供应所需要的东西。

由于富裕在于货币的看法是不合理的，因此，在实践方面引起了许多危害性很大的错误措施，其中几个如下。

〔第十节　禁止铸币出口〕

由于上述主义，政府禁止铸币出口。这对英国商业非常不利，原因是，无论在任何国家，超过流通所需要的任何数量的货币，都是死的、无用的货币。

在英王威廉时代，共有两种铸币：一种是轧有花边的铸币，一种是没有花边的铸币。后者在流通中常被切去边缘，在民间造成混乱。因此国会通过一项决议，规定一切被剪削的铸币应该送造币厂改铸。政府为此花掉二百万镑左右的铸造费。由于政府负担这笔浩大的费用，它认为将来禁止铸币出口是公平和正当的。[①]

① 这里显然有所遗漏，也许可补充如下："的确，直到查理二世复辟时为止，输出金银都是犯法的。"参阅爱德华三世9年第二号法案第一、二两章和亨利四世2年第六号法案以及赫尔在《公诉史》(1736年出版，第一卷第655—656页)中关于这方面的摘要。

可是，商人感觉不便，大发牢骚，于是政府又准许他们输出少许铸币。[①] 但人民老是埋怨货币不敷需要。政府为补救起见，特开设造币机构，任何人都可把金银拿到那里铸成货币，免纳铸造费。[②]其结果是，由于铸币的价值不能高过其所含金属的价值，大量铸币便被熔化出口。为杜绝这种情况起见，政府宣布熔化铸币构成重罪。[③] 然而熔化铸市是很简单的工作，容易着手，所以逃避这个法律毫无困难。这个规定的直接结果，反有比以前多的硬币被运出口。如果政府对金银铸成货币规定一定的代价，或规定所有把金银送请铸币厂铸成货币的人都得付给造币厂厂长一定的手续费，则上述流弊可能很容易防止，但没有人想到作这种规定。

任何和上述规定相似的措施都是非常可笑的。如果听任事势自然发展，任何国家绝不会缺乏足够的货币来使货物流通。所有禁止货币出口的措施总不会生效，往往反而使更多的货币运出口。例如，要是葡萄牙禁止人民输出货币，处犯者以极刑，那么，由于他们只有很少货物可以拿出来交换我们的货物，他们的对外贸易，必将完全停顿。如果他们企图走私，英国商人必定抬高他们的货物的价格，以补偿所冒的败露的风险。葡萄牙商人由于必须付出高价购买货物，自然是损失的一方。总而言之，这种性质的禁令，对

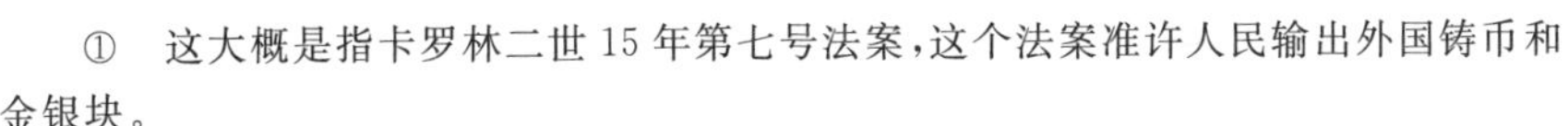

① 这大概是指卡罗林二世 15 年第七号法案，这个法案准许人民输出外国铸币和金银块。

② 自由和免费铸币办法，是卡罗林二世 18 年、19 年第五号法案所规定。参阅本书第 82 页，《国民财富的性质和原因的研究》，第 2 卷第 4 篇第 6 章第 131 页。

③ 熔化铸币虽然是该罚的，但似乎从来没有被视为重罪。所指的法令大概是威廉三世 6 年和 7 年第十七号法案。该法案第 2 节禁止仿制西班牙银锭。关于这错误的解释，请参阅本书第 83 页注释⑦。

一国的商业总是有害的。所有不必积累而积累的货币都是死货,它们本来可以用在对外贸易上以促进国家的富裕。它们并且还会使物价上涨,使外国人能在国际市场以较低于我们的价格出卖货物。

应该注意,西班牙、葡萄牙的贫穷,禁止货币出口是一个重要原因。他们在获得墨西哥和秘鲁银矿之后,认为掌握了从这些地方源源而来的白银,只要能够不让其外流,他们就有力量对全欧发号施令。因此他们禁止货币出口。但他们所得的结果,恰恰和所希冀的相反。原因是,当货币堆积过多,超过流通的需要时,对国家就会发生非常不利的影响。他们不可能完全停止金银的外运,因为贸易差额一定是对他们不利的,就是说,他们购入的货物一定多于他们出卖的货物,而这差额必须以货币来偿付。一切货物的价格都涨到了惊人的高度。葡萄牙人购买英国布匹时,除付布的自然价格外,还得付把布运到葡萄牙的运费和风险代价,因为没有一个人看见过一只西班牙船或葡萄牙船停在英国海口。所有运往这两个国家的货物,全由我们自己运输,交给那儿的代理商出售。此外,除运费和保险费外,他们还得对英商偿付因禁运之故货币有在葡萄牙被没收的风险。一切没收风险和罚金都必须由货物来负担。[①] 这对这些国家的国内实业有非常不好的影响,使它们的制造业陷于停顿的状态。虽然没有人曾在别的国家看到过一块西班牙布,但西班牙有世界上最好的原料,如果他们掌握到我们所具有的技术,他们便能够独占全欧的布业。有一次某将军率领一支穿着西班牙布制成的服装的联队朝见英王时,它吸引了和西班牙做

① 劳:《货币与贸易》,第2版,第2章,第21、22页。

这些商品的买卖国家的注意。一般地说，除刀和甲胄外，西班牙和葡萄牙不输出其他工业制造品。它们所出口的只是天然的产品如水果、酒等。它们输出刀和甲胄，因为它们的钢是众所公认的世界上最好的钢。

在英王威廉时代，英国也实行过这种限制。[①] 由于认为富裕在于货币，因此积累货币便成为众目所注的事体。政府给人民免费铸造他们拿来的金银，所耗的铸造费达十四万镑之多。[②] 这笔钱实在是花得冤枉的。此外，货币的出口受到很大的鼓励，因为金银既然得免费铸造，铸市的价值就不能高于金银块的价值。由于金银块可以自由出口，人们就熔化铸币，运往国外，现时还存在着很大的诱力使人们去这样做。一盎司纯银按铸币价格为五先令两便士，但一盎司的银块常常可卖到五先令六便士。由于熔化铸币无所损失，每盎司可得四便士的利润。正由于这种情况，我们很少或从来没有看到过新铸的先令币。银和金比起来数量是那样的少，这也是一个原因。[③]

〔第十一节　贸易差额〕

一国的富裕在于货币的这一错误观点还产生其他不良结果。某些危害性大至无以复加的条例，就是根据这个观点颁行的。导致货币外流的贸易被认为不利的贸易，引起货币增加的贸易被认

① 演讲者在前两段中把话扯到了题外，现在才回到本题。

② 抄本作“一万四千镑”。这个数字显然过低。据利物浦勋爵所著的《英国的铸币》，1808年出版，第75页，造币费达十七万九千四百三十一镑六先令。

③ 参阅本书第207页及注释②。

为有利的贸易，因此前者被禁止，后者得到鼓励。由于法国被认为比英国生产更多的生活舒适品，由于我们向法国购买很多的东西，而法国需要我们的产品较少，因此贸易差额对我们不利，于是，通过高关税的办法，几乎完全禁止对法的贸易。西班牙和葡萄牙向我们购买的货物，多于卖给我们的货物，贸易差额有利于我们，因此对这两国的贸易，不但未受阻碍，而且受到多方面的鼓励。我们只要稍稍想一下，就可看出这是可笑之极的政策。两国进行贸易，必对双方都有利益。贸易的目的，在于以你所有的货物交换你所认为对你更有用的东西。当两个私人把东西互相交换时，双方无疑都得些好处。某甲所拥有的某些货物，多于自己所需要的数量，于是他把一部分货物换取那些对他更有用的货物。某乙也是出于同一的动机愿意和甲交换。这样，甲乙双方都从这交换行为得到好处。国与国之间的贸易[①]也是如此，英商打算从法国输入的货物，当然比他们卖给法国的货物对他们有更大的用途，我们打算去买这些货物，这本身就足以证明无论和货币比较或和卖给法国的货物比较它们的效用都更大。不错，货币永远不会坏，而葡萄酒、亚麻布等物不几时就会消耗掉。但是，勤劳的目的，如果不在于生产可供人享用的东西，或可增进人类生活上的方便或舒适的东西，还在于什么呢？如果我们不把勤劳的果实拿来享用，如果勤劳不能使我们有力量养活更多的人和给人更美满的生活，勤劳究竟有什么利益呢？如果我们有钱买外国货，那么把这些钱留在国内，究竟作什么用呢？如果货物的流通需要这些钱，那就不会有多余的

① 《国民财富的性质和原因的研究》第1卷第4篇第2章第29页。

钱。如果已经有足够数量的流通媒介，那就不需要更多的钱。如果只需要一定数量流通媒介，何必把更多的钱投于流通呢？

此外，禁止货物输出会大大妨碍国内的产业。鼓舞勤劳的推动力，主要是人们享有把劳动果实换取所心爱的东西的自由。要是这个自由受到限制，人们一定不会那么积极地改善制造技术。如果我们禁止小麦和布匹运往法国，那么，那些为法国市场生产小麦和布的产业，势必陷于停滞。固然可以这样说：即使对法贸易畅通无阻，我们也不是以本国货物交换法国货物，而是以钱换取法国货物，因此不会妨碍人们的勤劳。但如果深思一下，我们就可明白最终的结果是一样的。阻碍人们花钱的自由，就等于阻碍钱所由来的制造业的发展。所以，国与国之间互相猜忌的心理以及类似的偏见，无一不极端有害于商业，也无一不有害于国家富裕的增进。[①] 在战时，我们和法国的关系一直处于这种状态。

一般地可以这样说，互相猜忌和禁止通商，对愈富裕的国家危害愈大。这种情况正如愈是实行自由贸易好处就愈大一样。譬如一个富人和一个穷人互相交易，如果他们谨慎从事，两者都可变得更富裕，但前者财富的增长，在比例上将比后者来得大。与此相似，当一个富裕的国家和一个贫穷的国家通商时，前者所得的好处将更大。因此，如果通商被禁止，前者将受到更大的损失。我们对法国的贸易，由于对一切法国货物都征收很高的进口税，实际上已被禁止。其实比较明智的政策，却是鼓励对法的贸易。如果有什么国外贸易需要禁止，那就是和西班牙及葡萄牙的贸易，因为这样

---

① 散见于休谟：《论文集》(1758 年版)中《论商业猜忌心理》，一文的各处地方。

做将更有利于英国。和我国相比，法国人口更多，土地更大，各种技艺和制造业更发达。和法国通商，我们国内的工业会得到更大的激励。由于上述分工的利益，两千万人在一个大社会里通力合作所能生产的货物，会比仅仅拥有二三百万人口的社会所能生产的货物多一千倍。因此，如果铲除种族偏见，维持畅通无阻的贸易，无论对法国或对英国都有好处。

总之，我们从来没有听到过一个国家由于国际贸易差额的关系而沦于破产。当祁先生的著作出版时，英国对一切国家的贸易都处于逆差的地位，只有对西班牙和葡萄牙的贸易是例外。[①] 在那时候，很多人料想，不要几年，英国就要沦于赤贫的地位。的确，自从查理二世以来，所有政论家，都这样大声疾呼。可是与此恰恰相反，我们却变得更富裕。如有必要，我们能够筹措比在任何时候所能筹措的更多的资金。一位前任阁员一年内，征收一千二百万镑，[②]比安娜女王时代哥多芬勋爵征收六百万镑还容易得多。信奉同一原则的法国与荷兰作家，也常常以同样无稽的恐怖恫吓他们的国人，但法国和荷兰还继续繁荣。应该指出，一个国家绝不会由于和外国通商而变得贫穷，如果这种贸易是经营得法和小心从

① 据海关统计，对荷兰的贸易也是如此。但祁先生认为海关统计在这一点上是靠不住的。《商业和海洋运输》第12、24章。

② 为支付1760和1761年的经费，议决征收的数目1760年是19 619 119镑，1761年是18 299 153镑。这两个数目都大大超过亚当·斯密离开格拉斯科之前任何一年议决征收的数目(辛克莱:《赋税史》，1790年版，第3篇第69页)。庇特于1761年10月1日卸任，但钮卡斯耳到1762年五月才离职。因此上面所指的年份可能是1760年，也可能是1761年。在《国民财富的性质和原因的研究》第2卷第4篇第1章第17页中，亚当·斯密说过这句话:“例如1761年的支出达到一千九百万镑以上。”应该把“征收”改为“筹到”，因为上述数目的半数是借来的款。

事的话。使一个国家变为贫穷的原因，和使一个私人变为贫穷的原因没有什么不同。一个人所消费的如果超过他从劳动所得的收入，那么，除非他有其他生活之道，否则必定会弄到山穷水尽。同样的，一个国家所消费的如果超过它所生产的，它也必定会变得贫穷。如果它每年生产九十万镑的东西，但消费一百万镑，那么，它每年所花的、所吃的、所喝的、所损耗的就比所生产的多十万镑，而它的财富将逐渐减少，以至于零。

〔第十二节　关于国内消费没有一种是有害的看法〕

国家的富裕在于货币这一个可笑的看法，还产生一种不良影响。一般有这种想法，只要对进出口贸易加以注意，人民在国内的消费，无论是哪一种消费，都不会减少国家的财富。孟德维尔的学说，就是建立在这种看法的基础上的，他认为私人的不良习惯都是公众的利益，凡花在国内的钱，都是花在自己人中间，没有点滴流到外国去。[①] 但是，很明显，如果一个人光消费而没有从事任何职业，把他的资本用尽，那么在年终结算时，国家的财富就减少了这么多。如果他只花掉他的资本的息金，他就不会造成什么危害，因为他的资本还存在，并用在促进产业上。但如果他花掉他的资本，那么什么都完了。让我们再提出一个假设来阐明这一点。假使我父亲死时，没有留任何现款，而只留给我可值一千镑的生活必需品和生活舒适品。这实在无异于留给我一千镑的现款，因为我以后总是要用

① 在《蜂的寓言》第1篇评语(L)中，孟德维尔反对这种学说。

钱来买这些东西的。现在我跟一批游手好闲的朋友光吃光穿光消耗，把我父亲所遗留的财产全部花光。我的这种做法，不但使自己陷于穷困，并且使国家丧失了一千镑的财富。因为一千镑已经化为乌有了，但没有什么东西从这一千镑生产出来。让我们再作一假设来说明这种举动对于国家的危害性。假定一大批的鞑靼人侵入本岛——这个民族还过着游牧生活，到处流浪，毫无勤勉的观念。在这里，他们发现他们爱拿就可以拿的种种货物；他们穿上华美的衣服，对于可以拿到的东西，一概吃掉、喝掉、消耗掉。其结果，我国将由最富裕的国家变为最贫穷的国家，回复到上古时代的生活，也许三千万镑的货币还会继续存在若干时，但一切生活必需品都耗尽了。这个假设可以说明国内消费不妨碍国家的富裕的看法是多么荒谬。

根据凡用在国内的一切国家支出都是无害的这个原则，对德战争被认为是可怖的灾难，因为它使国内的货币耗竭。由于同样的理由，陆上战争被认为比海上战争为害更大。但如果考虑一下，便可发现不管财物是怎样花掉或在什么地方花掉的，对于国家都没有什么不同。如果我购入价值一千镑的法国酒，进口后就把它喝光，国家将因此丧失两千镑，因为酒喝光了，钱也一去不复返了。如果我在国内消耗掉一千镑的货物，国家只丧失一千镑，因为钱还存在。但就维持一支在国外作战的军队来说，把钱付给他们或把货物付拾他们都是一样，因为无论如何同是消耗。也许用货币来偿付乃是较好的政策，因为货物对国内人民的生活更有用。[①] 由

① 在《国民财富的性质和原因的研究》第2卷第4篇第1章第18、19页，亚当·斯密说，"支付在远地作战的军费的最好的东西是更漂亮的、更精美的工业制造品"。

于同一理由，陆战和海战并无不同，像一般所想象的那样。

基于上面的考虑，似乎必须把不列颠宣布为自由港，并对国际贸易不加任何阻碍。如果可能使用其他方法支付政府的费用，应该停征一切的税，关税、消费税等。应该准许和一切国家通商与进行交易的自由，应该准许和一切国家买卖任何东西。

根据上述原则，有些人还给公债作辩护。他们说，虽然我们负的债已达一亿镑以上，[①]但我们是欠自己，至少我们欠外国人的钱非常有限。这实是像左手欠右手一样，总的来说没有什么危害或危害很小。但应该注意，这一亿镑的利息是由勤劳的人支付的，并且是用以扶养被雇来征收这笔款的懒惰人的。这样，我们简直是对勤劳课税来维持懒惰。假使没有发行公债，通过慎重理财和节约政策，英国可能比现在更富足。我们的产业将不会由于那些靠它生活的懒惰人的压迫而受到损害。假使酒商不必常常纳不正当的税，他就可以把这笔资金贷给勤勉的人，这些人可能利用这资金博取六厘或七厘的利润，能给酒商较高于政府所付的利息。这样一来，这笔资金就可用于促进国家福利的用途。在要缴纳现在这样繁重赋税的情况下，每个商人都得缩小他的营业规模，因为在货物还未卖出之前，就得先纳若干赋税。这使他的资金减少，以致他的买卖不能扩充到像在没有这些赋税的情况下那么大。[②] 为了平息上述反对征税之议，华波尔

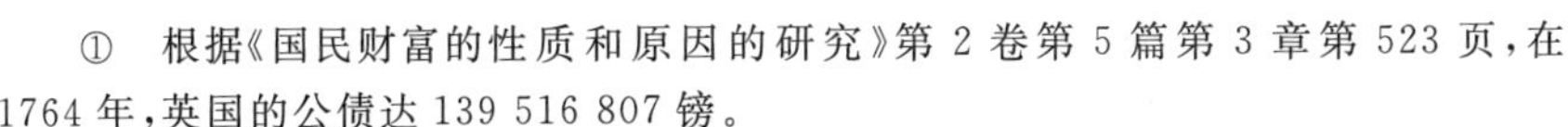

① 根据《国民财富的性质和原因的研究》第2卷第5篇第3章第523页，在1764年，英国的公债达139 516 807镑。

② 《国民财富的性质和原因的研究》第2卷第5篇第3章第526—529页。

勋爵力图证明公债是无害的。[①] 但像他那样多才多艺的人，照理应该能看出情形是恰恰相反。

〔第十三节　劳先生的计划〕

劳先生的计划是我们要提出讨论的最后一个不良影响。劳先生是苏格兰商人。他认为国家的富裕在于货币，金银的价值可任意决定，视律令和契约而定。他认为可把价值观念写在纸上，而这还比货币好。他认为如果能做到这一点，将是一种极大的便利，因为政府就可以随心所欲，爱做什么就做什么。政府就有力量招兵，有力量发饷和支付任何费用。1701 年他向苏格兰议会提出他的计划，[②]但未被采纳。他于是到法国去，奥尔连公爵对他的计划大感兴趣。在他的著作中，[③]他采取和上述各作家相似的见解。他认为一个国家的贸易如果长期有逆差，该国的货币很快就会耗竭。

① 在 1733 年，华波尔从还债基金项下提出五十万镑，但无论在那时的国会辩论(参阅《历史记录》，1773 年，第 218、219、222、223 页)或在他所写的小册子(《关于公债、国家岁入和岁出的研究》，1775 年出版)中，他都没有提出公债是无害的主张，但休谟在较早版本的《政治论文集》中说：赞同这个"新的奇论即撇开发行公债的需要不谈，公债本身是无害的那些议论"，本来尽可以看作是雄辩家之间竞智的话语，"要是这种荒谬的主张没有得到大阁员先生们的支持的话……这些莫明其妙的议论(因为它们不配称为像有道理的议论)，纵使不可能是奥佛特勋爵的行为所根据的理由，至少也使他的党羽保全了他们的面子，此外还使国人莫测高深"。见《关于政府信用》，《政治论文集》，1752 年出版，第 126 页。在 1768 年以后的版本中，关于奥佛特勋爵的那一段被删去了(参阅格林和格罗斯编的《休谟论文集》，1875 年出版，第 1 卷第 262、263 页)。

② 系 1705 年之误。在 1720 年出版的第二版《货币与贸易》上，书商请读者注意"叙述劳先生有 1705 年向苏格兰议会建议的计划的要点的那几页"。上面正文所述的日期，是劳先生提出组织苏格兰贸易委员会的建议及其理由的日期。

③ 《关于货币和贸易的意见及为国家提供货币的建议》，1705 年出版。

为使贸易差额转为对我们有利，他向苏格兰议会提出以下计划：

由于英国所有的金银不多，劳先生认为可以撇开金银而使用其他方法创造货币，即发行纸币。为了经营这种业务，他建议在爱丁堡设一土地银行。应该指出，关于土地保有和土地性质，劳的见解很多是不正确的。他认为土地银行只需准备三万镑现金以应付小额的需要，此外可以土地为根据发行钞票。他主张对可耕地，每两英亩发行一张同等价值的钞票，遇到特别需求时，一部分可用货币支付，一部分可用土地支付。他认为，通过这种办法，苏格兰全部土地，不久将像二十先令钞票一样，辗转易手。[①]

由于这个计划没有见于实施，所以很难说它会产生什么结果，但无疑地下述困难很容易发生。如果苏格兰每年地租收入估计为五百万镑（虽然它比这个数目大得多），按照二十年年收入计算，苏格兰土地价值应合一亿镑左右。这样，苏格兰将有一亿镑通货。如果在流通中实际只需要一百万镑通货，那就将有九千九百万镑无所用的货币，因为不能拿这货币在外国使用。有这么多的货币，但却不能比以前多养活一个人，因为衣食住资料并不因此有所增多。另一方面，每件东西的价格，都将比现在高九十九倍。

劳氏既不能如愿以偿，就于 1714 年到法国去。上面已经说过，他得了那时的[②]法国摄政奥尔连公爵的垂青，准他在法国开设

① 这一段的用意，似乎是摘述《货币与贸易》第 7 章的内容。

② 那时候不是指 1714 年，而是指劳氏获得了足够的宠幸得到准许在法国设立银行的时候。路易十四死于 1715 年 9 月 1 日。奥尔连那时候已经看到了劳氏，称他为“可从他得到许多启发的人”。（圣·西门：《回忆录》，彻鲁尔和雷尼尔版，第 8 卷第 49 页）。

银行。开始时这银行只发行六百万利弗或三十万镑[①]的钞票，但后来不断扩大发行，以致不久法国的通货，全是劳氏所发行的钞票。使劳氏的计划得以成功的一个原因，是他的钞票得用以完纳租税。[②] 由于法国的繁杂捐税及其课征的制度，这个因素在法国所起的作用，比在英国所能起的作用大得多。由于这个因素以及其他情况，特别由于法国不断调整铸币的价值，劳氏的钞票一直能和金银保持平价。约在这个时候，二十八利弗的铸币(等于八盎司纯银)被提高为六十利弗。[③] 由于铸币每次增值之后总是继以减值，[④]所以人们天天期望这个减值的到来。劳氏的钞票是以所谓当天的货币兑付。[⑤] 他不承担以英镑兑付他的钞票，而只承担以半克朗或一克朗兑付他的钞票。这是使他的钞票能和金银保持平价的非常适当的方法。假使我国铸币的价值被调高一倍，半克朗便成为一克朗。这样，钞票和金银的价格，便可同时升降。[⑥]

劳氏要把他的钞票的价格维持在票面以上，为此他采用了以下办法。他发行可以用图尔铸造的二十苏的法郎兑现的钞票。这

① 杜维尼：《对〈关于财政和商业的政见〉的研究》，1740 年版，第 1 卷第 207 页。

② 同上书，第 210 页。

③ “这个时候”，显然是“1715 年与 1718 年五月之间的时候”。参阅杜托：《关于财政和商业的政见》，1738 年，载德尔所编的《金融经济学家》，第 810、847 页；杜维尼的《研究》，第 1 卷第 209 页。

④ 参阅本书第 206 页。

⑤ “按当时重量和成色的埃基银币(ècu)。”杜维尼：《研究》，第 1 卷，第 209 页。

⑥ 必须记住，在亚当·斯密的时候，金镑也是记账货币，和法国利弗一样。以后，它才在实际上被看作和特定铸币相同；即在今日，那铸币并不叫做镑，而叫做索弗林(souereign)。提高我们铸币的价值一倍，这就等于把二十先令或一镑所含的银减少一半。劳氏以一定重量和成色的埃基兑现的钞票，很像《国民财富的性质和原因的研究》第 1 卷第 1 篇第 5 章第 42 页内所说的以几尼兑现的杜蒙德的钞票。

样，如果该铸币贬值，他就只要付原来的一半。[①] 市场和其他地方都不愿意接受该币，因为大家都预料它会贬值，但它在若干时间内并不贬值。这对劳氏计划很有利，使他钞票的价格能够升到票面以上。由于这样，他的银行的信用日益昭著。

劳氏的下一个计划是减少法国的公债。那时候法国公债达到二十亿利弗的巨额。[②] 劳氏预料铸币一定还会贬值，于是他又想出一个方法来抬高他的钞票的价格。他从法政府取得在加拿大经营贸易的特权，组织密士失比公司办理这项业务，并把非洲公司、土耳其公司和东印度公司并在其内。他又以五千二百万利弗[③]承包烟草专卖和一切其他赋税，因为法国赋税全是由一个人承包的。包税者承担收税的任务，办理稽征事宜，政府不设收税官吏。包税者是全国最富的人，他必须长于理财，又必须有理财经验。[④] 劳氏承担这个事业，由于他垄断了全国的商业，所以很难说定他能从中获得多少利益。劳氏打算以八、九千万英镑借给法政府，对他来说，这是容易办到的事情，因为只要发行这么多的钞票就行了。但

---

① 这里似乎有错误或有遗漏。铸币的贬值，即减少一定重量和成色的埃基所合的利弗的数目，显然就去提高利弗钞票的银块价值。这样，如果铸币贬值百分之五十，而钞票价值没有更动，那么，劳氏所要付的是原来的一倍而不是一半。但是，可以设想，在铸币贬值的时候，钞票也被任意贬值，原因是不久之后政府就颁布了一个法令，宣布无论在任何情况下钞票不得贬值。上面正文的下两句叙述这个法令的自然影响（杜维尼：《研究》第一卷第235、236页）。这些句子不是紧接着“劳氏只要付原来的一半”这句话的。

② 在德尔的《金融经济学家》里，杜托说公债达二十亿六千二百零三万八千零一利弗。

③ 参阅杜维尼：《研究》。笔记作一千二百万。

④ 杜维尼：《研究》，第1卷，第202页。

他预料这些钞票不久一定会流回他的手中。为预防起见，他又施展了发明天才。让我们来看他成功到什么地步吧。由于他的公司看来十分发达，所以他的股票市价很高。他由是招募新股，每股定为五百利弗，使每一张海军债券（或政府公债）可买一股。这使海军债券回升到票面的价格，这种债券的价格，已有很长一个时期远远落在票面之下。在这时候，法国政府处在从未有过的狼狈境地。应该用以偿还海军债券的基金的利息，被挪作其他用途。一国君主的身价，从来没有降落到像那时候的路易十四那么低的。在签订乌特勒条约之后，他向荷兰借了八百万利弗，他不但要给荷兰人三千二百万利弗的债券，并且还得找若干商人给他作保。[①] 由于这些情况，海军债券价格的低落，一点不使人感到惊奇，利息既不给付，还本又遥遥无期。劳氏发表一个布告，规定票面价值五百利弗的海军债券，得用以购买一股公司股票，因此这种海军债券的价格回升到票面价格。这时候人们对密士失比公司的获利可能性，还非常乐观。因此数日之后，劳氏第二次招募新股，这一次每股提高到五千利弗。第二次之后，又招募一次，并把每股再提高为一万利弗。到这时候，他已能借给法政府十六亿利弗，利息周年三厘。[②]

如果他只做到这里为止，他也许还有力量履行一切的义务。但他以后所作的措施，使全局陷于失败。股票不可能长期继续维持那么高的价格。但他认为许多人的全部财产都存在他的银行

① 在德尔的《理财经济学》中（第805页），杜托提到这些条件。他说这一笔借款是凭一个私人和他的朋友的信用向外国人借到的。他没有提到荷兰。

② 杜维尼：《研究》第1卷第250、273、289页。

里，必须使用一切力量来维持它。他发行的钞票使法国通货增加一倍。物价扶摇直上，结果法国的国际贸易，对任何国家都处于不利的地位。钞票所以增加这么多，主要是由于劳氏设立了一个机构以九千利弗的高价收购五百利弗一股的股票。① 这自然导致巨额钞票的发行。有关系的老成持重的人反对这个办法。的确，这个办法也就是使劳氏银行信用开始降落而踏上灭亡道路的第一步。本来劳氏没有偿还股本的义务，他只负每年从利润中对每股股份发给二百利弗股息的义务。② 他尽可听任股票回跌到原来的五百利弗的价格，除名誉外不至受任何其他大损失。可是，他坚持要收买股票，因此发出大量钞票，使钞票无可避免地流回行中。情形果然发展到这样，以致他不得不在巴黎各处设立机构收兑钞票。处在这种压力下，他不断改变铸币的价值，企图打断人民想把钞票兑现的念头，并掀起他们厌恶金银的情绪。③ 他提高金的价值，但因铸币的价值不可能维持在比金属的价值高得很多的水平，所以当它贬值到这么多的时候，人们便不要它。假使一个人拥有一万几尼货币，害怕几尼贬值，他就把这些几尼拿到银行换钞票。同样的顾虑也会阻止钞票的回笼，因为如果人们把钞票拿到银行兑现，银行就给他们铸币。使用这种方法，劳氏不但防止了钞票的流回，而且使他的银行保险库几乎装满了法国的全部黄金。为使这部分

① 杜维尼：《研究》第 1 卷第 280、281 页。

② 股息本来只四厘，即五百利弗一股的股票每年付二十利弗股息。但 1719 年 12 月 30 日召开的股东大会，决议把股息提高至四分，即每股应付二百利弗股息。同上书第 215、267、268、317 页。

③ “使人民厌恶金银币。”同上书，第 316 页。

的计划能彻底地完成，劳氏非常武断地出一布告，禁止任何人持藏超过一定数量的金银。[①] 此外，他还废止那时所实行的对于运出铸币的严厉惩罚，准许任何人免税运出货币。[②] 因此，大量货币流到荷兰去。劳氏对自己作这样的解释：国内总得使用一种交易媒介，没有交易媒介交易便无法进行，现时所使用的交易媒介有钞票、金银等，如果金银全部出口只剩钞票，钞票便会成为唯一的交易媒介。他认为当他使用布告的方法把一部分金银收到银行库中一部分驱出国外的时候，就实际上已经做到了这一点；他想人们将不得不接受钞票。可是，经过采用许多权宜办法以后，他终于发觉他的上述办法行不通。他兑出了大量的货币，维持几个月，但最终不得不公布钞票折半兑现。要是他坚持这样做下去，像某些人所设想的那样，其结果可能不至像后来那样糟糕。上述布告发表之后，他的银行信用扫地，一转瞬间钞票跌至不值一文。[③] 这使许多人破产。英国如有一家银行破产，其危害所及，绝不致这样的惨重，因为英国人很少把巨额钞票留在身边。[④] 一个值四万镑的人，很少身边有五百镑以上的钞票。但劳氏银行的失败，使全法国陷入可怖的混乱状态。绝大部分的法国人的财产全在钞票，现在弄得不名一文。唯一未受波及的人是股票经纪人，他们早已见机卖去劳氏所发行的股票，或把钞票购买所有具有价值的货物和大量的土地，虽然付价极高。这些人通过这种买卖发了一笔大财。

① 即五百利弗。杜维尼：《研究》第 1 卷第 335 页。

② 同上书第 320、321 页。

③ 同上书第 2 卷第 6—8 页。

④ 本书第 211 页。

我国的南洋计划和劳氏的计划不能相提并论，谁都没有参加那计划的义务，政府和它没有一点关系，它所引起的损失也渺小得多。劳氏的最后布告所引起的轩然大波，使他不久不得不把它取消，[①]又宣布照票面价值兑现钞票；但银行一直不能恢复它的信用，恢复十足兑现并不发生效用。不过，通过提高铸币价值和其他权宜手段，他由五月维持至十月，以后[②]不得不离开法国。他经过了许多困难才脱身，他的全部货物都被没收。不久他即死去。[③]劳氏的这个不平凡的计划是以下列两个原则为基础的：国家的富裕在于货币；货币的价值可由人们的同意加以决定。按照这两个原则，他认为如果能够把货币的概念和纸结合在一起，他就能够很容易促进国家的富裕，而且能够使政府实现货币所能产生的任何成就。劳氏的计划绝不是卑鄙龌龊的计划，他的确相信他的计划，他自己受自己的骗。有人认为他从这计划中捞了一大把，但事后发现并没有这回事。要是奥尔连公爵多活几天，劳氏还有东山再起的机会，因为他们已经议定，重新起用他。公爵既死，他们认为不实行这决议更为妥当。[④]

劳氏的计划得到全欧的仿效。英国南洋公司的组织，也是受其影响。这公司后来发现这完全是个骗局，如果它的规模也扩大到像劳氏公司那样，其结果会和后者无异。它成立于安娜女王朝

① 杜维尼：《研究》第2卷第11页。

② 1720年12月。同上书第132页。

③ 直到1729年他才死去。

④ 在《国民财富的性质和原因的研究》第1卷第2篇第2章第318页，亚当·斯密表示不打算详述关于劳氏计划的“各种活动”，因为杜维尼已经对这计划作了全面的和明晰的说明。

代,以和南洋一带做买卖为目的。为了这个目的,它购入大部分的国家公债。但它的股本不大,不能赚到很大的利润。人们从未对它寄以厚望,它的失败未使国家受重大损失。

〔第十四节　利息〕

关于物价问题,只剩两点要加以讨论,即利息和汇兑。

一般认为,利息率决定于金银的价值,[①]而金银的价值又决定于金银的数量。当金银数量上增时,金银价值便下降,反之,当金银数量下减时,金银价值便上升。但如果细思一下,就可明白利息率是决定于财货的数量。约在发现西印度的时候,一分或一分二厘是一般的利息率。自从那时以后,利息率逐渐下降。这显然是由于以下情况。在封建制度下,不可能发生财富大量的积累。试设想构成那时全部人口的三种人即农民、地主和商人的情况,这个不可能的理由就可了如指掌。农民所租的土地,其租期的长短以地主的喜怒为转移。农民绝不能变成富裕,因为地主打定主意要榨尽农民的一切所有,因此农民没有动机去取得财产。地主的财富也不能有所增加,他们过着懒惰的生活,并且不断地卷入战争的漩涡中。[②] 商人备受社会各阶级的压迫,他们甚至不能保护勤劳的果实不受人们的

①　在《国民财富的性质和原因的研究》第1卷第2篇第4章第357页,斯密说一般意见是指洛克、劳、孟德斯鸠和很多其他作者的意见。他又说,“这个初看起来似乎很有道理的看法,已经由休谟批判过,所以也许无需再来评论”。参阅洛克:《论降低利息和提高货币价值的后果》,第2版,1696年,第6、10、11页;劳:《论货币和贸易》,第2版,第17页和包括在德尔的《金融经济学家》中的《关于银行的回忆》第518页;孟德斯鸠:《论法的精神》第22篇第6章;休谟:《论利息》,载《政治论文集》,1752年版,第61—78页。

②　《国民财富的性质和原因的研究》第1卷第3篇第5章第389、390页。

掠夺和摧毁。由此可见，那时候不可能积聚财富。但自封建政体崩溃之后，阻碍勤劳的这些因素消失了，于是货物的积贮逐渐增加起来。

我们可以进一步指出，一个行业贷给另一个行业的东西，与其看作货币，不如看作货物。[①] 不错，在举行借贷时，一个人所交付另一个人的一般是货币，但债务人总是立即把这货币去换货物，所以，使你有力量贷出更多的款项的是货物的数量。利息率完全是受这种情况的支配的。如果有力量放款的人较少，而需要借款的人较多，利息必定高涨。反之，如果存货丰足，使许多人有力量贷款，利息率自然成比例地下降。

〔第十五节　汇兑〕

汇兑是商人所发明以便利偿还异地债务的方法。假使我欠伦敦某商人一百镑，我可到格拉斯科一家银行购买一张对伦敦另一商人所开的汇票，以我的债权者作为抬头人。对这张汇票，我不但要付银行一百镑，并且得付出酬劳费。这个酬劳费叫做汇兑价格或汇水。由格拉斯科汇款到伦敦，汇水有时是百分之二，有时稍高一些，有时稍低一些。由伦敦汇款到格拉斯科，汇一百镑有时只要交给银行九十六镑或九十五镑。汇兑价格总是取决于两地之间运送货币的风险。可是，汇水常常是比补偿风险所要求的数目大得多。这是由于纸币作怪。从格拉斯科运送一百镑现款到伦敦的费用，通常不过十五六先令左右。但格拉斯科所用的通货大部分是

① 《国民财富的性质和原因的研究》第1卷第2篇第4章第354页。

纸币，由于把纸币换为金银有种种的不便，商人宁可出百分之二的汇水，而不愿把银币兑为现金再把现金运出。① 弗吉尼亚和格拉斯科之间汇水的奇高，也是由于纸币的原因。美洲殖民地所使用的通货是纸币，由于准备的不足，他们纸币的市价比面价低百分之四十或五十。在汇款时，你必须支付汇水，必须补偿因此而发生的风险，必须给银行一定利润，还必须补偿钞票跌落的价值。这就是汇水升涨的原因。当汇水涨到超过保险的代价时，这就是由于某一国家的货币的价值低于另一国家货币的价值。这也就是在密士失比公司的时候法国和荷兰之间汇水奇高的原因。那时候上述汇水高至百分之八十或百分之九十。劳氏计划使法国所有货币流到外国去，法国的全部通货都是纸币，而劳氏银行的信用已经江河日下。这些情况合在一起使该两国之间的汇水涨至惊人的高度。

〔第十六节　富裕所以不能迅速增长的原因〕

现在来研究我们所计划的次一问题，就是富裕何以不能迅速增长。当我们看到分工所收的效果以及分工能够迅速促进技术的进步时，我们对各国这么久还这么穷禁不住感觉奇怪。可分两方面研讨它的原因，即天然的阻碍和政府的压迫。

未开化的野蛮民族，不知道分工的效果，而一个继续从事多种工作的人，要经过很久才能生产出比维持每日生活所需要的多一点的东西。在能够实行分工之前，必须积蓄一些资本，没有资本的穷人，绝对没有力量开始经营制造业。一个人必须积有一年的粮

① 《国民财富的性质和原因的研究》第1卷第2篇第2章第327、328页。

食，才能开始做农民，因为他要到农业季节结束才有劳动果实可得。与此相似，在猎人或牧人的社会里，一个人如果想放弃这个普通的、提供每日生活费用的职业，从事新的职业，也必须先积蓄一些资本来维持生活。人人都晓得，即在文明社会，从白手爬上小康地位是何等的困难。至于想从不需要技术或技巧的职业而发迹，那更是不容易的。所以搬运工人和普通日工往往终身贫困。在社会刚开始时，尤不容易由穷变富。一个野蛮人所能获得的，几乎只是仅能糊口的生活。他没有资本来着手，除从使用力气所得的东西外没有其他东西可资以维持生活，无怪他长在穷愁中这日子。在文明社会，就是最下级的工人，也在许多方面比野蛮民族好得多。他在劳动中能得到野蛮人所得不到的帮助。他只搞一种性质的工作，因此经过一段时间之后，就能够达到熟练。他有机器供他使用，这是极大的帮助。一个印第安人连一把锄头、一把锹子或一把铲子也没有，他除自己的劳动以外一无所有。下面是各国不能很快变成富裕的原因：在有可能实行分工之前，必须先生产一些财货，然而在未实行分工之前，不可能积聚很多的财货。[①]

富裕不能很快增长的另一原因是政府的性质。上面常常提到，在社会初期，政府总是软弱无力。经过好久之后，政府才能保护人民劳动的果实，使其不受附近人的侵犯。在人们感觉财产没有安全保障有随时被人掠夺的危险时，人们自然不想勤劳地工作。在这时候，不可能有大量财产的积聚，因为这时候懒惰人占绝大多数，他们依靠勤劳者为食，把后者所生产的东西消耗掉。当政府权

① 《国民财富的性质和原因的研究》第1卷第2篇，绪言，第273—279页。

力强大到能够保护人民劳动果实时，另一阻碍又从别的方面产生。在野蛮国家与野蛮国家之间，战争总是不断发生，一个国家总是不断侵略和掠夺另一个国家。私人财产现在虽然得免于附近居民的侵夺，却又时常处在被外国敌人侵袭的危险中。在这种情况下，积贮资财的可能性也很小。值得注意的是，野蛮国家总是比文明国家更常发生残暴的事件。在鞑靼人和阿拉伯人的国家里，一大队一大队残暴无人性的人到处游荡，恣意劫掠他们所经过的每一个地方。他们所经过的地区，往往大片土地成为废墟，所有动产荡然无存。约在罗马帝国崩溃的时候，德意志就处于这种状态中。就富裕的增进来说，再没有比这更大的阻碍了。

现在来谈下一个问题，即残暴性措施的影响，先谈关于农业方面的。后谈关于商业方面的。

在一切技艺中，对社会最有利的是农业。什么东西会阻碍农业的发展，什么东西就对公共利益有极大的危害。农业的产量比任何产业的产量都大。英国全国地租收入达两千四百万镑左右。[①] 由于地租一般占土地生产量的三分之一左右，所以英国农产物每年约值七千二百万镑左右。这个数字和棉织业或毛织业的产值比起来都大得多。据估计，英国人民的每年消费量约合一亿镑。从一亿镑减去七千二百万镑即农业的产值，只剩两千八百万镑作为一切其他各业的产值。因此，一切阻碍农业发展的措施，都非常不利于富裕的增长。

---

① 两千万镑是《国民财富的性质和原因的研究》第 2 卷第 4 篇第 2 章第 1 部分第 411 页中所提出的估计数字。

听任大量土地集中在个别私人手中是阻碍农业发展的一个重大因素。如果一个人的土地多过自己所能耕种的数量，一部分土地在某种意义上就是荒废了。当一个野蛮民族占领一个国家时，其中有权有势的人就在自己之间瓜分全部土地，不留一部分给较低层阶级的人民。居尔特人和萨克逊人先后占领我们的岛屿时，就是这样做的。[①] 在有权势的人瓜分土地而且每人分得巨大面积时，势必使用奴隶来做耕种的工作，但使用奴隶从事耕种是不好的办法。奴隶只由于害怕责罚才去劳动，除此之外没有其他动机。如果他有方法逃避责罚，他一定不愿意劳动。纵使他非常努力，也绝无希望获得报酬。由于劳动的果实全归主人，没有什么东西鼓励他去辛勤劳动。一个年轻的奴隶，为博得主人的欢心，也许在开始时会卖一些力气，但不久他就发觉这是白费气力，无论他的行为怎样，总是遭受虐待。所以，在使用奴隶来耕种的场合下，土地总不会有多大的改善，因为奴隶没有努力工作的动机。使用贱民耕种土地，情况也是如此。地主给他一块土地，允许他从这块土地取得生活上所需要的东西，但所剩的产物得全部交给地主。这种制度也不利于农业的发展，因为贱民也是一种奴隶，除糊口之计外，没有其他动机去辛勤地劳动。凡使用奴隶的耕植事业，都可应用这个理由加以反对。不错，在西印度某些岛屿，他们也是使用奴隶进行耕种的，但土地却有很大的改善。可是，如果他们使用自由人，费用可减少很多。此外，如果他们的利润不是那么丰厚的话，农场主就不能负担奴隶的费用；但他们的利润是那么的大，以致使

① 《国民财富的性质和原因的研究》第1卷第2篇第2章第386—390页。

用奴隶的浩大费用,变得毫不足道。[①] 在北方殖民地,他们很少使用奴隶。尽管他们非常繁荣,土地所有者一般都是自己耕种土地的。这是最有利于促进农业发展的方法。环境最好的佃户也得偿付地租,因此他可用以改善土地的资金远不及地主所有的那么多,[②]当一个国家向外国移民时,可设法防止广大土地集中于个别私人手中的情况。[③] 但当野蛮人占领一个国家时,他们不受法律的约束,总是由最有势力的人占据绝大部分的土地。因此在野蛮人之间,农业不能很快地发展起来。

上面已经说过,在使用贱民耕种土地的制度废止以后,继之而起的是由地主把种子农具等物借给佃农的制度。地主给一个村民一块土地,并借给他农具等物,到了一年之末,他必须把产物的一半交给地主。由于佃户没有资金,他无法改善土地,即使他有资金,他也没有动机去改善土地,因此这种制度对农业的发展也是不利的。由于同样理由,什一税也是农业发展的障碍。什一税把农民的产物拿去十分之一,但上述制度把佃户的产物拿去一半,因此它在更大程度上妨碍农业的发展。现在法国大部分土地,还是使用这种佃户耕种。据说在苏格兰高地某些地区,这种佃户也继续存在着。[④]

另一类的耕种方法,就是使用像现在那样的佃农。一些由地

---

① 《国民财富的性质和原因的研究》,第 390—392 页。

② 同上书第 1 卷第 3 篇第 2 章第 397 页。

③ 像在北美殖民地那样。《国民财富的性质和原因的研究》第 2 卷第 4 篇第 7 章第 2 部分第 152 页。

④ 《国民财富的性质和原因的研究》第 1 卷第 3 篇第 2 章第 393 页。

主借给农具等物的佃户，由于节俭和灵巧积储了一些资金，他们向地主提出对土地缴纳固定数目的地租。于是，随着时间的进展，现在的耕种方法见于采用，虽然在很长时间内还常常引起各种困难。如果地主卖去他的土地，新的地主不受租佃契约的束缚，因此佃户常常由他的农场被赶走。此外，地主还发明一种方法来随心所欲地撤换佃户。他把土地卖给别人，卖时和买主约定在逐出佃户后他得向后者买回土地。由于佃户无时不处在被逐危险之中，他们自然没有改善土地的意图。现在除英国外，欧洲其他国家还存在着这种情况。苏格兰在詹姆斯三世的时候，[①]英格兰在亨利七世的时候，[②]这种契约被认作物权。

除上述外，还有妨碍农业发展的其他情况。最初，佃户全是以实物缴租，这使他在收成不好的年头有沦于破产的危险。佃户如果是以货币缴租，歉收很少能危害他，因为谷物价格必相应地上涨。[③]但到社会文明有很大的进步以后，货币才成为唯一的交易媒介。

另一个障碍是封建诸侯有的时候让国王向他们的佃户进行摊派。这使佃户的积极性大大降低。[④] 此外，在封建专制政体下，没有什么能防止地主剥削佃户和随意提高地租。关于这一点，和其

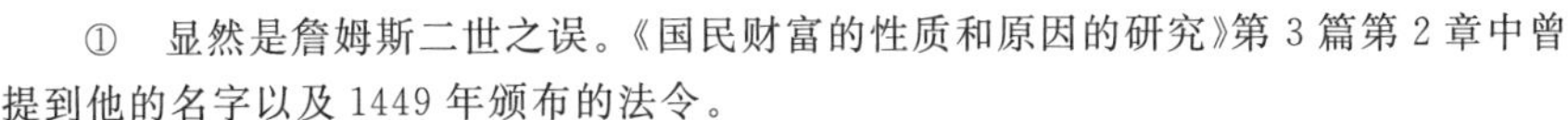

① 显然是詹姆斯二世之误。《国民财富的性质和原因的研究》第3篇第2章中曾提到他的名字以及1449年颁布的法令。

② 《国民财富的性质和原因的研究》第394页更明确地指出日期——亨利七世14年。参阅培根的《法令摘要》在“驱逐”一条下，第2卷，第160页；布拉克斯顿：《注释》第3卷，第201页。

③ 反对实物地租的这一个理由，并没有在《国民财富的性质和原因的研究》第2卷第5篇第2章第2部分第1页第422页中提出。在那里，实物地租和劳役地租受到同样的批判。

④ 同上书，第1卷第3篇第2章第396、397页。

他国家相比，英国可以说较胜一筹。原因是凡终身拥有四十先令年收入的人都有一票选举权。由于这个权利，如果他佃耕一块农地，就可免受压制。[①]

有几种情况合在一起使土地的垄断继续存在。长子承继权在很早时候就已经确立，使土地的分割成为不可能。财产世袭制度直到今日还带有同样的不良结果。在封建法律下移转财产手续的麻烦也是农业发展的障碍。一切其他东西，不论数量多寡，都可在顷刻之间完成移转手续，但购买四五亩土地，要确立法律上的权利，却需要花费很长的时间来检查文件。[②] 这对土地的垄断起很大助长的作用，从而对土地的改良起很大阻碍作用。如果废除购买土地所必经的形式上的手续，拥有少许资金的人一定会把它用来购买土地。土地一经辗转易手，它的性质一定会大大改善。这是没有道理的，购买一千亩土地为何不能像购买一千码布那么容易。把土地排斥于市场之外，这必定妨碍土地的改善。一个商人购入一小块土地，没有不打算把它改善，从而尽量加以利用的。但旧世家很少有资金或意图去改善他们的土地，他们所想要加以改善的只是环绕他们住宅的小小花园。

差不多所有国家都采取过许多错误的政策，使农业的发展受到阻碍。我们的祖先看到国家每经两三年就发生一次大饥荒，于是为未雨绸缪计就禁止谷物的输出。现在大部分欧洲国家，还奉

① 就是说，“凡终身拥有一块年值四十先令的土地的人，都有投票选举国会议员的权利，因此，如果他不以自己的财产为满足，而租赁一块农地，他就有免受压迫的保证”。参阅《国民财富的性质和原因的研究》第1卷第3篇第2章第394页。

② 是指苏格兰关于检查土地所有权的文件。

行这种政策，然而这个政策却恰恰是它所要防止的饥荒的原因。西班牙虽然是世界上土地最肥沃的国家，在丰收的年岁，农民听任谷物腐烂于地，不去收割，因为卖不得钱。原因并不是西班牙农民赋性懒惰，像一般人所想象的那样。实际的情况是，农民看到今年卖不出谷物，于是不愿冒险去种明年的庄稼，听任土地长出草来。结果次年饥荒跟着发生，因此农民又播下大量的种子，超过他们在下季所能卖出的产量。应该注意，下述是古代意大利人口所以剧减的重要原因。他们严禁谷物出口，科私运者以重罚；另一方面，他们发给高额奖金，鼓励谷物输入。其结果，农民因市场没有保证，不积极生产。在古罗马帝国后半期，历朝皇帝曾试行各种方法来鼓励人们从事耕种，但由于不知道人民穷困的真正原因在于每日从埃及和非洲其他部分运入巨量的谷物，因此一切努力都没有效果。卡利古拉和克劳迪阿把土地无偿地发给士兵，唯一的条件只是他们必须把土地耕种起来，可是，由于缺乏其他的诱力，他们在土地上所作的改良，是微不足道的。维吉尔发表了农事诗，企图使耕作成为一时的风尚，但也没有成功，因为外来谷物的价格总是比国产谷物的价格来得低。[①] 在西塞罗《论文集》第 3 篇中，伽图说他宁愿从事畜牧业，不愿从事农业。[②] 西班牙国王也曾尽他们的一切力量鼓励人民改良土地。菲力普四世曾亲身下田耕作，企图使农业成为一时的风尚。他给农民做过种种事体，所没有做到

① 《国民财富的性质和原因的研究》第 1 卷第 1 篇第 11 章第 1 部分第 159 页；又第 1 卷第 2 篇第 2 章第 398 页。

② “第 3 篇”是讹误。所引的那一段见于第 2 篇最后一章。《国民财富的性质和原因的研究》第 1 卷第 1 篇第 11 章第 159 页曾引其全文。

的事是给他们的产物提供良好的销路。他授几个农民以爵位。他非常不合理地压迫商人，课他们以重税，想借此强迫他们下乡就农，他认为城市人口增多，乡下人口必然减少。这是非常可笑的见解。城市人烟稠密，就会使乡村人烟也变得稠密，因为它给勤劳以更大的鼓励。城市的每一个居民，都需要乡村居民供给粮食。人民移居城市总是乡村日益繁荣的象征。在我们国内，邻近人口稠密城市的地方，是居民最多的地方，也是土地种得最好的地区。

上述情况妨碍了农业——最重要的产业——的发展，并且还继续成为农业发展的障碍。应该注意，一个国家制造业愈多，农业就可能有愈大的发展，所以凡妨碍制造业发展的因素，同时也就是妨碍农业发展的因素。不难证明，如果我们准许谷物自由地输出输入，结果必对农业有利。英国自从准许谷物出口以后，国内积谷就增多起来，价格逐渐下降。出口奖励金虽然在别的方面有不好的影响，但对促进农业的生产量却起到推动作用。[①] 荷兰的谷物，价格比任何地方都便宜，产量也比任何地方丰富，推究其原因，全是由于谷物的输出输入不受限制。如果没有不适当的限制，欧洲任何国家的谷物，除给养自己外还能有剩余。

工商业进展的疲缓，也是由于同样性质的原因。在实行奴隶制的地方，都是使用奴隶来进行制造工作。使用奴隶从事制造工作的效果，绝不能和使用自由人的效果同日而语，因为奴隶除害怕责罚外，没有其他动机去劳动。奴隶绝不可能发明机器来减轻工作的困难。自己拥有资金的自由人，如果认为某种东西能增进工

① 参阅本书第200页。

作的方便，就能够把那东西做成。假使一个木匠认为刨比刀更好使用，他就可到铁匠那边定制一把刨。但奴隶如果提出这种建议，人们将骂他为懒汉。从来没有为着奴隶工作上的便利而进行的试验。土耳其人和匈牙利人现时都在开采同样的矿。这些矿在同一山脉的前后山，但匈牙利人所得的成绩比土耳其人好得多，因为匈牙利人使用自由工人，而土耳其人使用奴隶。匈牙利人碰到困难时，就千方百计想法克服它，但土耳其人除派遣更多奴隶前来工作外，不想其他办法。[①] 在古代社会，一切工艺都是使用奴隶来做，而奴隶没有资本，所以不能有机器的发明。在罗马帝国崩溃之后，全欧都陷入这种状态。

在野蛮社会里，除战争外一切都不是高尚的。在《奥德赛》这部史诗里，人们常常问尤利绥斯究竟是强盗还是商人，这样来侮辱他。[②] 在那个时候，商人是人们最讨厌最瞧不起的人物，而海盗和强盗因为好斗尚武，反得到人们的尊重。我们可以指出，在人类的本性中，那些对社会最有利益的，却不被看作最高尚的本性。饮食男女是人类生存攸关的欲望，但表达这些欲望的词语，无一不引起人们的鄙视。同样的，驱使人们把东西互相交换的本性，尽管它是

① “人们可使用技术所发明的机器或技术上所应用的机器来代替劳动，否则就必须使用强迫性的奴隶劳动。土耳其在特麦斯华省的矿，比匈于利人的矿有更丰富的矿藏。但土耳其矿的产量，反不及匈牙利矿。原因是土耳其人只晓得依靠奴隶的劳动，从来没有想到过使用其他的办法。”孟德斯鸠：《论法的精神》第14卷第8章。《国民财富的性质和原因的研究》第2卷第4篇第9章第269页指明，这段话是孟德斯鸠说的，但以“附近”代替“同一山脉的前后山”。后者一定是来自别的来源。

② 《奥德赛》第9首，第252—255页。据修昔底德说，这一段和其他相似的段是证明海上掠夺是高尚的行为，而不是证明商业是可鄙的职业。格罗提渥在《论战时法和平时法》第2卷第15章第5节中曾引了修昔底德上述的话。

技艺、贸易和分工所建立的基础，不被看作是可嘉的。给人无酬地服务或把东西白白送人总被认为是高尚的和慷慨的，但把一件东西交换另一件东西就被认为是可鄙的。原因显然是，这些原则已经那么天然地牢固建立起来，它们不需要那些不这么牢固的原则所需要的额外力量。在野蛮时代，鄙视交换的心理达到了极点；即在文明社会，这种心理还未完全消灭。在我们国家，小商贩在今天还在某种程度上被看作是可憎的。在社会刚开始时，技工和商人的地位既然那么受到鄙视，无怪只有处于社会最低层的人才肯出来当技工和商人。就是得到了解放的奴隶出来从事这些职业的时候，他们也不可能积聚很多的财货。因为政府严酷地压迫他们，他们必须付很高的代价来取得经营贸易的执照。在《英格兰土地清丈册》一书中，我们看到了关于每一州所有各种商人中，有多少人属于国王、多少人属于主教，以及他们要付多少代价来取得经商的权利的叙述。[①]

鄙视商人的心理，大大妨碍了商业的开展。商人是制造业者和消费者之间的媒介。纺织者不能自己上市场卖布匹，需要商人给他卖。商人必须拥有雄厚的资本，能够买入纺织者所织的布，能够维持纺织者。但在商人是那样不齿于人并且要付那么重的捐税以取得经商的权利的情况下，商人没有可能蓄积实行分工和改善制造所需要的资金。那时候从经商赚到一些钱的只有犹太人。犹太人被视为流氓恶棍，没有购买土地的权利。他们除经商和当技工外，没有其他出路。犹太人不会由于经商而损坏名誉，他们因为所奉宗教的关系，声名已够狼藉，不会因经商而更加狼藉。但犹太

① 《国民财富的性质和原因的研究》第1卷第3篇第3章第399、400页。

人也受到重大的压迫，结果富裕迟迟不能实现。

商业的另一个重大阻碍是有关契约的法律的不完备性。契约是可以起诉的权利中最后的一种，因为法律最初除对当场缔结的契约外，对其他契约都不给予补偿。① 现在一切重要交易都是以委托方式进行的，除非委托契约可以起诉，很少交易能够完成。根据契约进行诉讼首先只限于对立约者的动产，对他的土地和人身都不适用。他的货物往往是微不足道的。在野蛮民族之间，诚实是极其稀罕的美德，推广诚实和遵守时间的道德的乃是商业。

发展商业的另一个阻碍是交通的不便。那时候贵族门客充斥国内，他们是懒惰成性依赖贵族为生的那种人。他们的横暴和不守规矩使旅行非常不安全。此外，国内没有好的公路。许多地方没有水路，这也是一种不便。今天亚洲和其他东方国家的情况还是如此。和内地通商，商人都是成群结队以车马载着人货而行。这些商队往往包括数以千计的商贩，因为人多可以互相保卫。在我们国家，一个人从爱丁堡动身往亚伯丁，往往要先立好遗嘱；如果是往外国，那就更为危险。一切国家法律，对外国人和异地人都非常歧视。外国人或异地人如果想要求赔偿损害，真是千难万难，甚至可以说绝无希望。在这些情况稍稍改善之后，海路运输还是很困难的。海上掠夺在当时是一种高尚的职业。人们又不熟悉航海技术，因此更容易招惹危险。所有这些危险的代价，都得加在货价上面，因此市场比自然价格高出很多，使商业的发展受到重大的阻碍。

我们祖先所认为的一种好制度，也有同样的结果。这就是遍

① 关于各种契约变成有强制力的东西的规定，参阅本书第153、154页。

布欧洲的定期市集。在十六世纪以前,一切商业交易都是在市集进行的;巴索洛缪市集[①]、莱比锡市集、香宾省的特罗伊市集,甚至格拉斯科市集,这些都是当时人人传说的市集。这些地方是中心地点,因此是最适合于做生意买卖的地方。一切布匹、牲口都从乡村运到这些约定的地点。为使买者不致失望而返,这些货物都在某个一定的日期运到,并且禁止在其他日子出售。那些在城乡之间抢购货物的垄断者,都要受到严厉的惩罚,因为这会使人不把货物运来市集销售。在单身出外旅行有很多危险的时候,市集也许有其必要。但纵使没有市集,买者卖者也会想出法子来互相接触。便利的运输工具和可以使交易便利的其他设备,都比把卖者买者集于固定市场因而把交易的进行限定于一定日期这种办法好得多。无论市集在过去是如何需要,现在已成为讨厌的东西。已经是不合时宜的旧制度,强要人保持,这是荒谬的政策。

商业发展的另一个障碍是商业中心城市。商业中心城市享有这种特权,即在一定区域内单独贩卖某种货物。当加莱属于英国的时候,它在一个长时期中是经营羊毛的商业中心城。[②] 由于人们得将羊毛从老远地方运来,价格必然很贵。但对一个城市来说,享有这种权利当然是很大的利益。因此国王就把这个权利赐给他最喜欢的那个城市,要是那个商业中心城市不惬国王之意,国王就

① 买卖瘦牛及威尔斯黑牛的伦敦的巴索洛缪市集。波斯勒索魏特:《工商业词典》,1751 年出版,在市集标题下。

② 即指“出口”。第二句可能不是专指加莱,而是指一般商业中心城市,因为“老远的地方”这一句,如果是指加莱的话,就将意味着不论出口或在国内销售的羊毛都得运到这里来卖。

撤销它的权利。[1] 这个权利具有定期市集的一切坏处，而且还有这样一个坏处，即某种货物的买卖，只限于一个市场内。由于这个缘故，交易自由和劳动分工都减少了。

进口税和出口税也妨碍商业。最初，商人是那样不齿于人，法律好像不把他们当人看待，爱课他们多少税就课多少。但是，他们必须以商人的货物为课税对象，因此货价就升涨起来，售量就减少，货物的制造受到阻碍，劳动分工也不能尽量发挥。

一切专利和公司独占权利，不论最初是由于什么正当目的，都有同样的不良结果。与此相似，学徒法也有不良的影响，它是政府被迫颁行的。大家起初认为市上所以充斥着次品的布，是因为学徒没有受到足够的训练。于是，政府通过法案，规定一个人必须当七年学徒才许正式织布。但这种措施并不能使劣布绝迹。你不能自己检查一大匹的布，你必须把这工作付托给盖印的检验员，必须信赖他。[2] 此外，对一种货物给予津贴而对另一种货物加以打击，这比任何东西更会使各方面不能同时富裕起来，也比任何东西更有害于商业的自然发展。

在讨论国家政策对人民习惯的影响之前，我们打算先讨论赋税问题。实际上，赋税是富裕不能很快增进的原因之一。

① 参阅约翰·斯密：《关于羊毛的研究报告》，1747 年出版，第 7 章，特别是第 15、16 两节。

② 《国民财富的性质和原因的研究》第 1 卷第 1 篇第 10 章第 2 部分第 125—130 页。

第三篇　论岁入

〔引　　言〕

在社会初期,公务都由不支薪给的行政司法长官来执行。他们对于这种崇高的地位十分满意。即在今日,在鞑靼、阿拉伯、何腾图特等民族中,情况还是如此。这些官员只收自动赠送的礼物。这必定产生不良的后果,但只要有人愿送,有人愿收,赠送是无法阻止的。古罗马帝国各省省长,也是以这个方法取得收入。当政府变得那么复杂以致行政司法长官必须把他们的全部时间用来处理公务时,无疑地必须给予报酬;如果公家不付给他们报酬,他们一定会想出更有害的方法来取得报酬。没有人会这样慷慨,连一文钱也不要。① 当老百姓有所申请时,就得赠送礼物,送最厚礼物的人最容易得到准许。

在政府有了进一步的发展时,就得设立弹药库,建造轮船,建筑和修葺宫殿及其他办公房屋,因此必须征课税收。不错,罗马人最初并不依赖税收筹措战费,因为兵士不发薪饷。在野蛮国家,情况总是这样。雅典人出去参军,都得自筹费用。在封建诸侯时代,情形也是这样,出去打仗是佃户和封臣的义务。这种办法不能长

① 参阅本书第42页。

久维持，因此我们看到它在罗马被废止了。这乃是罗马帝国崩溃的大原因。各省省长那样横征暴敛，弄到人心离散，到了国家需要人民帮助时，大家裹足不前，不肯出来保卫国家。

〔第一节　对财产课税〕

土地成为私有之后，一般总是划定一部分土地作为维持政府经费之用，希腊各自由邦都有这种土地。亚里士多德认为私人的土地应该环绕在王室土地的四周，因为居住在城市附近的人总是拥护战争的，对防御都有信心，而敌人总是首先侵入邻近边界的土地。[①] 在一切未开化的国家，都有指定专供国家使用的土地，所以无需征税。我们将说明这是很坏的政策，并且是富裕不能迅速增长的一个原因。

让我们设想维持英国政府支出需要有多少土地。在平时，英国政府每年的支出，约三百万镑，而英国全国土地收入，约两千四百万镑。[②] 这样，维持经常支出，英国政府得把全国地租收入的八分之一收为己有。如果我们进一步设想这部分土地怎样耕种，所需要的数量将是惊人的。假定它耕种得只及其余土地一半的好（由于各种原因，情形大概不会如此），那么，政府就得把全国土地的四分之一收为国有。要是这样，农作物的产量将大大减少，所能养活的人数也将减少。在政府开支增大时，依靠地租维持是最坏不过的方法。我们可以指出，文明国家政府的支出，一定比未开化

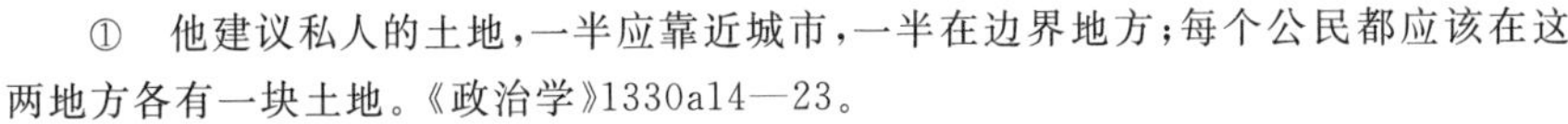

① 他建议私人的土地，一半应靠近城市，一半在边界地方；每个公民都应该在这两地方各有一块土地。《政治学》1330a14—23。

② 参阅本书第238页。

国家政府的支出大得多。当我们说某一政府的支出比另一政府的支出来得大时，我们实际上就是说在建设方面前者比后者更为进步。如果我们说政府开支很大但人民不感觉压迫，这实际上就等于说人民是富足的。有许多费用在文明国家是必要的但在未开化国家完全没有必要。文明国家必须维持海陆军，必须把某些地方设防起来，必须建造公共建筑物，必须设置法官、收税人员等。如果不这样做，社会秩序就会发生问题，仰给地租支付这些费用可以说是世界上最不妥当的办法。

赋税可分两类：第一，财产税；第二，消费税。这些税是使人民分担政府费用的两种方法。土地税属于第一范畴，对货物所课的税属于第二范畴。

财产可分三类：第一，土地；第二，资本；第三，货币。对土地课税是轻而易举的，因为一个人拥有若干土地是明显的事实。反之，对货物和货币课税就困难得多，而必须采用断然的手段。[①] 对商人来说，要他交出账簿来审查是一种压制，然而只有使用这种手段才能明了他的财产值多少。强迫商人交出账簿实是侵犯商人的自由，并且可能使他的信用受到损害，终而导致非常不幸的后果。做买卖的人的环境，有时比其他各界的人的环境坏得多。但是，仅仅因为这一点困难而只对土地课税而不对资本和货币课税，则将造成极大的不公道。对资本和货币课税虽然在一定程度上得用强制的手段，但有几个国家已经使用这种方法课税。例如法国，为了了解人民的经济状况，每张票据过户，每笔买卖成交，都得在公证人

① 《国民财富的性质和原因的研究》第3卷第4篇第2章第442页。

面前进行，并登记在公证人的账簿上。因此，土地、资本和货币都一样课税。但在英国，[①]上述三种财产中，只有土地有税，因为对其他两种财产课税迹近专制，会引起一个自由民族的愤慨。除土地税外，我们所征收的捐税，一般都是以商品为对象，然而对商品课税，其不公平尤甚于对土地课税。人们的消费，不一定以财产的多少为转移，而往往是和性情的豪爽成比例。在对商品课税时，商品的价格一定会跟着上涨，商人的联合必定会受到妨碍，人为的缺货将因而产生，经营工业的积极性将随之减低，货物的产量将见减少。

对土地课税有这个优点，即稽征费很低。英国土地税稽征费，一共只有八千镑或一万镑。收税人员是由各州有身份的人推选出来的。收税人员得提供担保品，保证所收税款安全地缴入国库。关税和消费税的收入虽非常可观，但差不多尽耗于维持许多稽征人员的经费。这些稽征人员必须有督察员加以监督，而督察员之上又有收税员，收税员之上又有监督官。监督官对国库负责。为维持这些人员，所征税额必须大大超过政府的需要，这显然是一个缺点。

土地税的另一个优点是，它不致导致商品的涨价。土地税税额不是按谷物和牲畜的价值的比例，而是按地租的比例。如果税款是由佃户缴纳的，他就可如数少付地租。至于消费税，它会引起物价的上涨，并且会减少有力量经营商业的人数。假使一个人购入价值一千镑的烟草，他必须缴纳一百镑的税，显然他的经营力

① “英国所谓土地说，本来打算对牧畜、农具按和土地同一的比例课税……英国大部分的牲畜、农具，大概很少有按其年值的五十分之一课税的。”《国民财富的性质和原因的研究》第2卷第5篇第2章第2部分第2项，第443、444页。

量,因此就减小了一百镑。由于必须有较大资本才能经营商业,商人人数必定减少,而富有的人就对穷人处于优越的地位。上面已经说过,在英国,由于调查私人经济状况显然侵犯个人自由,一般认为不妥,因此不对资本或货币课税,而一切的税都以消费为对象。无论这种做法有何优点,它显然具有不公平的地方。地主付了每年的土地税之后,又得付大部分的消费税。由于这个缘故,地主首先反对战争,认为战费负担都落在他们身上。另一方面,那些拥有资金的人,因为可从战争得到利益,因而反对地主。这也许就是保王党继续存在的原因。

〔第二节　对消费课税〕

对财产所课的税自然是没有差别的。但对消费所课的税必然是有差别的,因为消费税有时由商人缴纳,有时由消费者缴纳,有时也有先由进口商缴纳,然后把税额加在货价上面,转嫁于消费者。在荷兰,一切货物都得寄存国家仓库,仓库钥匙,一把存在海关,一把给货物所有者。如果货物是出口外销的,便无需预付税款;如果是在国内销售的,消费者就得一面把价款付给商人,一面向海关报税。这个办法和驰名的华波尔消费税计划很相似,而这计划也就是最终促使华波尔垮台的一个原因。华波尔认为应该仿照荷兰的制度制定一般的消费税法,规定一切进口货都得寄存国家仓库。待起运内销时才纳税。[①] 这种计划固然有不便之处,因

① 《国民财富的性质和原因的研究》第 2 卷第 5 篇第 2 章第 2 部分第 4 项第 481—484 页。

为货物所有者不能完全控制他的货物，不免有所不安。但正是这种办法，使荷兰和其他欧洲国家相比占很大的优势。在某种意义上，荷兰人可以说是欧洲人的运输商。他们从巴尔干半岛及其他便宜地方运来米麦，从丰产葡萄的地方运来葡萄酒。把它们储存起来待价而沽，听到哪地方这些东西缺乏就运到哪地方去售卖。而在英国，你一从外国运到货物，就得付税，以后才能随意运到任何地方去售卖。这样，商人可能在一个长时期内得不到应得的报酬，因此必须提高商品的售价。荷兰商人除对在国内销售的货物外无需付税，因此能够以低于英国或其他国家商人所索的价格出售货物。

但和财产税相比，消费税也有它的好处。消费税是在不知不觉之中缴纳的，因此人们不感觉它的负担。可是有一千镑地租收入的人负担一百镑的税就有强烈的感觉。反对消费税的声调所以不高，就是因为消费税是向商人征收的，商人付税后把它加在货价上，因此，消费税是不知不觉地由人民交付的。当我们购买一磅茶叶时，我们绝不会想到它的价格中有一大部分是缴给政府的税，因此我们心甘意愿地付出价款，好像价格完全是商品的自然价格似的。与此相似，当政府增高啤酒税时，酒价自然随着上涨，但成为众怨目标的不是政府而是酒商，尽管政府应当是怨恨的目标，因为人们把包括税额的价格和自然价格混为一谈了。因此向商人征收的消费税，似乎最符合自由精神，所以消费税将始终成为英国政府所中意的税。在荷兰，人们买一桶酒时，先向酒商付酒价，然后向消费税征收员报缴税款，好像向他取得饮酒的许可似的。其实我们也是如此做法，但由于我们不马上感觉到它，我们以为所付的全是酒价,从来没有想到如果不纳酒税,我们最多只要付六便士就可以喝到一瓶葡萄酒。

消费税和财产税比较起来还有另一个优点。假使一个人每年有一百镑地租收入,而这份地产的价值估得很高,他也许要付二十镑的税给政府。他必须在每年的一定时候向收税员缴纳税款。很少人能够这样自制,保留这么多的一笔现款在身边预备缴税。因此,为缴纳这笔税款,他得向人借二十镑备用。当第二次须纳税款时,他不但需要缴纳税款,还得交付上年所借的二十镑的利息。他于是开始把地产出押。如果进行一次调查,我们将发现许多地主都已破产了。防止这种情况的方法,最好是使佃户缴纳税款,而把这税款当作地租的一部分。[①] 消费税就不容易发生这种流弊。当一个人发觉他过于挥霍时,他可马上紧缩消费。所以,和财产税相比,消费税是更适当的税,不会使人陷于山穷水尽的境地。

应该注意,不论消费税和财产税,它们对勤劳的影响的好坏,都决定于征收的方法。在英国,土地税是固定的、永久的税,它不随地租的增加而增高,[②]而地租是根据土地改良的程度而厘定的。所以英国土地虽然有了新的改良,但土地税仍然依照旧额。在法国,地租如果增加,土地税就随着相应地增加。这对地主的积极性是一个重大的打击。它和英国的什一税差不多有同样的影响。当我们晓得必须把我们的产品跟没有参加分文投资的人共分时,我

① 《国民财富的性质和原因的研究》第2卷第4篇第2章第2部分第1项第418页。

② 同上书。但有一点不同:在一个教区中仅仅占有一部分土地的地主,可能发现由于他所进行的改良,他的土地税稍稍增多了一些。

们就无意去进行本来要搞的土地改良。和法国比较，我们是更高明的理财家。[①] 我们在下述各点，也比法国人优越。

在征收关税方面，我们的做法优于法国。我们的关税是由商人一次缴纳的。货物一经在海关登记以后就可凭税照通行全国，不受干涉，不付费用，只要缴纳一些过境税等。而在法国，货物每到一个城市，即须纳一次关税，每次所纳，即使不比我们一次所纳的更多，也会等于我们一次所纳的数额。我们的关税，只对我们的对外贸易有所妨碍，法国的关税，则对他们的国内产业也有妨碍。

我们的税制，还有一点优于法国。我们是委任人收税，而法国却是招人包税。由于采用包税制度，归入政府手中的税款，还不到所收的一半。在英国，征收七百万镑以上税款的费用，总共不到三十万镑；在法国，他们每年约征两千四百万镑的税，其中拨作政府经费的只一千二百万镑，其余或充作稽征费，或入包税者的私囊。[②] 英国人除在国内少数地方和海口外，都不需要设收税官吏。支付这些人员的费用，只等于法国包税者所获得的利润。办理收税事宜，我们设有各级固定人员，他们支领固定薪俸，没有其他报酬。但在法国，投标最高的人就取得收税人的位置。由于包税者必须在某一定时候先垫出税款，又必须承担不能收足所包的数额的风险，他理应得到优厚的利润。此外，参加这种投标的人数不会很多，因为只有熟悉税务，信用昭著，身家殷实，能够提供适当担保

① “法国的税制，似乎在一切方面都不如英国。”参阅《国民财富的性质和原因的研究》第 2 卷第 4 项靠近末尾，第 504 页。

② 在 1765 年缴入国库的税款“不及一千五百万镑”，但实际收到的数目必有两倍之多。《国民财富的性质和原因的研究》，第 2 卷第 5 篇第 2 章第 504 页。

品的人才合格。在投标人数不多的情况下,参加者容易联合一致,以很低的标价包去全部的税。[1] 总之,我们可以说,英国人是欧洲最高明的理财家,英国的稽征制度,比任何国家都适当。[2]

关于这个问题,一般说来,出口税比进口税为害更大。如果一个国家的人民,由于不胜出口税的负担而不能把劳动果实运出国外销售,他们的勤劳动机必定降低。反之,进口税可以刺激纳税货品的国内生产。例如,征收汉堡亚麻布进口税,可阻止了这种布匹大量的进口,并且使更多的亚麻布在国内生产出来。不过,总的说来,一切进口税都有这种流弊,它使国内产业趋向于不自然的方面。如果在某一方面使用了较多的资本,势必减少可用于其他方面的资本。但出口税有更大的有害影响。西班牙的贫穷,出口税就是一个大原因。西班牙对一切出口货物都课以重税,以为这样一来税款就可由外国人来付,而对进口货课税,税就要由本国人民来付。[3] 他们不知道把负担加于出口货,就会限制这些货物的消费,因而妨碍国内的产业。[4]

作为讨论赋税问题的结束,我们可以指出:财富在于货币这一偏见,在这方面所引起的危害,并没有像人们所想象的那么大。它

---

① 《国民财富的性质和原因的研究》,第 499—504 页。

② “我们的稽征方法并不是毫无缺点的,它还有改良的余地。但和邻国的稽征方法比较,它并无逊色,或者还较胜一筹。”同上书第 497 页。

③ 许多内阁阁员和其他人士,或在谈话中,或在著作中,都支持下述不正确的主张:“对出口货物应课以重税,因为付税的是外国人;反之,对进口货物应课以轻税,因为付税的是西班牙人民。”乌兹塔里兹:《商业和海上运输的理论与实践》,由基幅克斯译为英文,1751 年出版,第 2 卷第 52 页,又参阅同上书第 1 卷第 13 页。

④ 《国民财富的性质和原因的研究》第 1 卷第 5 篇第 2 章第 2 部分第 495—496 页。

甚至产生了一些并非十分不便的规章。那些向我们取去货物多于给予我们货物的国家，一般是以制造品给我们，反之，那些给予我们货物多于从我们取去的货物的国家，或那些就贸易差额说是对我们有利的国家，一般是以原料品给予我们。例如，我们给予俄国上等麻布和其他工业制造品。我们以少许的工业制造品换回大量的原料。这种贸易是非常有利的贸易，因为未加工的物品给我们提供了雇用和养活大量工人的可能性。英国鼓励那些以货币支付差额的国外贸易部门，完全是基于财富在于货币这一种可笑的看法。

还有其他种类的税，但由于它们的性质很相似，所以不必加以讨论。

叙述了关于赋税的一般看法后，我们接下去就讨论公债和公债价格涨落的原因。由于公债和赋税有很大的关系，这样做并不是不适当的。

〔第三节　关于公债〕

革命不久以后，政府由于需要，不得不向人民借款。这些借款一般是按较高于普通利息的利息借的，几年之后还本。指定作为偿付利息之用的基金[①]是对某些货物征课的税。最初是按照借款的年限规定这些税的征课年限。后来，政府运用各种手腕，把借款弄成永久性的借款，于是这些税自然地永久征收下去，而基金也就

① 就是指作为抵押品的税收或基金。所谓基金，最初不过意味着某些税的总收入。

成为抵押品。它们虽然成了永久抵押品，不能再利用它们来举借新债，但它们是可以赎回的，如果把借款还清，就可以把它们赎回。[①] 要是在开征这些税时就规定要永远征收下去，一定会引起人民的很大震动，但上述的演变是在不知不觉之中完成的，所以从未听到怨言。起初会使人惊愕的东西，可由于习惯而变成自然。习惯能使任何东西成为神圣不可侵犯。上述就是某些税如何开征以及如何成为现状的始末情由。对私人间的借贷，债权者有权随时向债务者索还本金和利息。但对政府借款，债权者就没有这种权利。政府给你权利永远收三厘或四厘的年金，但你没有权利讨回本金。乍看起来，债权者竟然愿意接受这种不利条件，好像奇怪得很，[②]但实际这是对他有利的。如果你在战时借给政府一千镑，由于那时候需款迫切，政府也许不得不给你五厘利息，但当战事平定之后，政府仍然继续给你五厘利息。你有权力把公债卖给人，由于这笔钱可保绝对无虞，而且任何人都不能像政府那样准时付息，你往往能够把一千镑的公债卖一千一百镑或更多价钱。政府发现公债能卖到票面以上的价格，而人民因此非常踊跃认购公债，于是决定利用这种情况，还清以五厘利息借入的债务，另以较低的利息借入新债，[③]因为公债本来是可以随时赎还的。这使和政府订有

① 就是说，可把本金付还债票持有者，从而撤销他们对于基金的抵押权。《国民财富的性质和原因的研究》第 2 卷第 5 篇第 2 章第 513—517 页，对初期的基金作了详尽的说明。

② 摩蒂默曾说："贷款者永远不能够从政府索还他们的钱，各种不便可能因此发生。"《人人都是自己的经纪人》第 5 版，1762 年刊行，第 12 页。

③ 详细说明见《国民财富的性质和原因的研究》第 2 卷第 5 篇第 3 章第 515、516 页。

契约的人警戒起来,他们看出了政府的意图之后就不愿意再把钱借给政府,除非一部分利息,也许是四厘中的二厘,是不能取赎的。所以,各种公债中,都有一部分是不能赎还的,①这使公债得继续售得票面以上的价格。

在威廉王和安娜女王朝代以及在乔治一世朝代的初期,由于还存在着发生革命的危险,所以债市视政府的状况而涨跌。最近已经没有革命的危险。也没有人会想到政局的改变可能给他们投在公债上的资金带来损失。然而甚至在太平无事的时候,公债价格也会有时比票面价格低百分之十、百分之二十甚或百分之五十,有时比票面价格高百分之十、百分之二十或百分之五十。② 那么,公债为什么会没有任何显著的原因而天天涨跌无定呢?为什么好的消息或坏的消息会这样影响公债的涨跌呢?真正的原因如下:

战争中每打一次败仗,都会使和平更为渺茫,每打一次胜仗,都会使和平更为接近。在战事继续延长下去的时候,政府的需要不能置于不顾,政府必须征收更多的税和发行新公债以应付需要。由于战时利息必然上升,所以人人都踊跃认购新公债;那些持有旧公债的人预料利息会增高,感觉把旧公债售去较为合算。因此,在战云密布的时候,出售公债者增多起来,结果公债趋于下跌。反之,当和平在望时,因为发行新公债没有希望,持有公债的人不想把它出卖;由于卖者减少,公债必然上涨。在战争的时候,拥有资

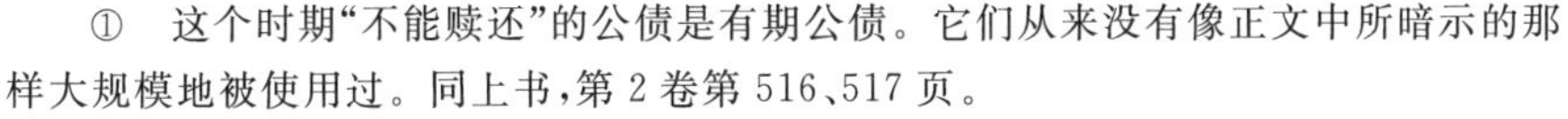

① 这个时期“不能赎还”的公债是有期公债。它们从来没有像正文中所暗示的那样大规模地被使用过。同上书,第 2 卷第 516、517 页。

② 1763 年 3 月 3 日三厘公债的市价为 $98\frac{1}{8}$ 镑。在十三个月之中,它从 $62\frac{1}{4}$ 镑不断上涨到 $98\frac{1}{8}$ 镑。参阅 1762 年 2 月 3 日和 1763 年 3 月 3 日的《伦敦新闻记事报》。

金的人莫不争先恐后把资金借给政府,因为没有其他使用资金的途径比这更有利。他们也许可从而获得七厘或八厘的利息,其中也许有二厘或三厘是不能取赎的,此外常常还有中签得彩的希望。持有只给三厘利息的公债的人,将千方百计把它卖去,以便把资金用于更有利的途径,因此他们常常情愿按票面以下的价格卖出,结果公债必然下跌。在战时,甚至新公债的价格也会跌至票面以下,这是由于下述原因。

有许多公债持有人是商人。他们把资金投在公债上,以便遇有临时需要或遇有好机会时立刻把公债出卖变换现金。① 由于这种机会每每发生于战时,因此他们常常于战时抛售公债。市面上公债增多了,就连新公债的价格也不免会跌到票面以下。此外,像上面所说,在战时,利用资金的有利方法,莫过于购买公债,人人都想认购新公债。甚至财力不很充裕的人也认购巨额公债,希望公债上涨而在交货之前把它们转卖出去赚取巨利。但是,如果这个希望落空了,他们不得不千方百计把公债卖去以维持信用时,他们往往不得不按票面以下价格卖出。新公债就是由于这种情况而下跌的。熟悉证券业务的证券经纪人,特别在认购新公债者中有许多财力不充裕的人,而这些人不久必被迫抛售所购入的公债,因而公债会下跌时,他们认为这正是收购公债的大好时机。

〔第四节 公债投机买卖〕

公债投机买卖或买空卖空在一切时候都对债市有重大的影

① 《国民财富的性质和原因的研究》第2卷第5篇第8章第518、519页。

响。这个交易的方式如下：一个也许还没有一千镑资金的人，往往会认购十万镑公债。新公债的债票一般都是分期分批发出的。这个人希望公债上涨，能在发出之前卖去获利。假使公债下跌，他就要破产。因此他千方百计施展伎俩，企图掀起公债的涨风。他在证券交易所散布谣言，说什么前线打了胜仗，和约即将签订等等。[①] 另一方面，打算买进公债因而希望公债下跌的人，则竭力放出会使公债跌至最可能低的价格的相反空气，说什么战事将延长下去、政府正计划发行新公债等等。正由于这样，战时报纸上充满了敌人将大举进攻以及种种人们连想都没有想到的计划的消息。依照证券交易所术语，购进证券的人叫做多头(bull)，[②]抛出证券的人叫做空头(bear)。[③] 多头如占优势，公债便看涨，空头如占优势，公债便看跌。买空是法律所不许可的，因此，卖方如不交割，法律不给予救济。[④] 没有什么必然的理由，为什么可强迫人们交割所约交的一千镑的货物而不可强迫人们交割所约交的一千镑的公债。但自发现南洋公司骗局后，政府认为这种规定可防止类似的欺骗行为，但其实并不发生效力。与此相似，禁止赌博的法律也不

---

① 摩蒂默：《人人都是自己的经纪人》第5版，第31页，第37—40页。

② 同上书，第45页之注。“证券交易所把下面这样的人叫做多头。这些人和人签约购入巨额公债，但既不存心付清价款，也无力付清价款。在交割届期之前，他们必须把所买公债转卖出去，不论盈亏如何……当人们客客气气跟他谈话时，他总是报以愁眉苦脸。称他们为牛(bull)，并不为过。”

③ 同上书，第47页之注。“按照证券交易所术语，这种人叫做空头。他和人订约卖出大量的公债，比他所拥有的多得多。甚至在签订合同时，他手中空无所有。但他必须在约定日期执行交割，所以在这日期之前，他到处搜寻，……希望能找到什么人的财产，可以供他吞食。”读者也可参阅墨莱：《英文新字典》(在空头这一项目下)。

④ 乔治二世7年第八号法案：“禁止有价证券买空这种败风坏俗行为的法案。”

能阻止赌博。尽管债权者不能请求法院代追五镑以上的赌债,[①]但无论输赢多少,负者从来没有不准时付还的。赌徒必得维持信用,否则将无人敢和他打交道。公债的买空卖空也同此情形。不守信用的人,迟早必遭人唾弃。按照证券交易所术语,这种人叫做"跛鸭"(不能履行债务者)。[②] 我们不需要在这里叙述各种个别公债,因为它们的性质极相似,而且担保品是相同的。如果指定作为支付某一公债利息的基金付不出这笔利息,就以还债基金来支付,还债基金是由一切其他基金的剩余组成的。就支付的便利说,两者也许有点差别,但差别不大,不值得我们的注意。

① 根据安娜女王9年第十四号法案,十镑以上赌债的担保是无效的。如果负者还清了这个债务,可向赢者索回。

② "这是交易所给予不履行契约者的绰号……对于不付款的惩罚是把他们排斥于交易所之外,但这些人还可在自己的办事处内办理经纪人业务。"摩蒂默:《人人都是自己的经纪人》,第5版,第57页之注。

第二篇　论警察
（续）

〔第十七节　商业对于人民习俗的影响〕

现在来谈警察问题的最后部分，即说明商业对人们习惯的影响。一旦商业在一个国家里兴盛起来，它便带来了重诺言守时间的习惯。在未开化的国家里，根本不存在这种道德。欧洲各国中，荷兰人最懂得做生意，同时也是最重诺言的人。在这方面，英格兰比苏格兰人较胜一筹，但不能和荷兰人同日而语，而苏格兰比较偏僻地区的人民，又比不上商业城市的人民。这种差异并不是由于国民性的关系，像一般人所想象的那样。没有什么必然的理由可以说明为什么英格兰人或苏格兰人不能像荷兰人那样准时履行契约。这个差异是由于利己心理的作用，就是支配个人的一切行动，使其在某一问题上根据利害观点采择某一行动的原则的作用。荷兰人也好，英国人也好，都有这种心理。[①] 商人本来最怕失信用。他总是时

① "他们利用自己的技能和聪明以及对方的无知和愚蠢来占便宜。当法律掌握在他们手中时，他们就百端勒索。如果对方是和他一样有知识有权力的人，则他们就装作是世界上最坦白最诚实的商人。他们的坦白和城实与其说是受良心或道德的驱使，毋宁说是由于习惯的关系，他们是由于必须互相交易而养成这个习惯的。商人依赖诚实公道，不下于战争依赖纪律。缺乏诚实风气，商业就要完结，大商家就会沦为小贩。没有纪律，战争就一定会失败，而兵士就会变成盗贼。"坦普尔：《对于荷兰的观察》，《论文集》，1757 年出版，第 1 卷第 154 页。

刻小心翼翼地按照契约履行所承担的义务。一个比方说经常每天和人签订二十个合同的人,绝对不能从欺骗附近的人而得到大好处。他的奸诈面目一被人看出,失败便无可避免。但只偶然互相打交道的人们,就常常会想行巧施诈以牟利。因为如果行使诡计一次侥幸成功,所得到的利益可能大大超过因此所遭受的名誉上的损失。

就诚实和守约而说,我们所称为政治家的那些人并不是值得称颂的人物。[①] 各国大使更不必说。他们在外交上占一点小便宜时,人们就交口称道,而他们也沾沾自喜,引以为豪。这种现象所以存在,是由于国与国之间一百年中不过偶然打两三次交道的缘故。假使有一次施展狡诈手腕成功,所得的好处可能远大于名誉上所受到的损失。法国自从路易十四以来,在英国的名誉不很好,但法国的利益和光荣,并不因此有损毫末。可是,如果国与国之间像商人那样,一天必须打交道一两次,它们就不得不小心谨慎,借以保持名誉。一个人如果常常和别人作主意上的往来,他就不盼望从一件交易契约来图非分的利得,而宁可在各次交易中诚实守约。一个懂得自己真正利益所在的商人,宁愿牺牲一点应得的权利,而不愿使人产生疑窦。像后者那种性质的事件,不但是可恨的,而且也是罕见的。在大部分人民都是商人的时候,他们总会使诚实和守时成为风尚。因此,诚实和守时是商业国的主要优点。

可是,也有若干不良现象是由商业精神中产生出来的。首先要提出的是它使人们的见识变得狭隘。在分工达到极点的时候,

① 在《国民财富的性质和原因的研究》第2卷第4篇第2章第41页上,亚当·斯密比较了有原则性的立法者和“一般人称为政治家或政客的那种阴险而狡猾的动物,他们的政策方针,完全以时势的变化为转移”。

每个人只做一种简单工作,他的全部心思都放在这个工作上,除和这工作直接有关系的思想外,他头脑中没有别的。当心思必须用在多种东西时,知识便不知不觉地开展起来,扩大起来。正是由于这个缘故,乡村技工一般被认为比城市技工有更广泛的知识。[①]乡村技工可能同时又是装修木匠,又是建筑匠,又是椅桌匠,因此必须把心思用在许多性质完全不同的东西上。城市技工可能只是椅桌匠,他的全部心思都花在这一种工作上。由于他没有机会来比较若干不同的东西,他对于本业以外的事物的见解绝不能像乡村技工的见解那么广泛。当一个人的全部心思都用在一只扣针的十七分之一[②]或一只扣纽的十八分之一的时候,见识必然更有限。扣针和扣纽制造的分工,已经细到这样的程度了。值得注意的是,在一切商业国,下层阶级的人民都非常愚笨。荷兰平民特别愚笨,英格兰人的愚笨,更有甚于苏格兰人。这是普遍的规律;城市居民的知识不及乡村人,富裕国家人民的知识不及贫穷国家的人民。[③]

商业带来另一种不良现象是教育大受忽视。在富裕的商业国,分工把一切职业化成非常简单的动作,这就给年纪很轻的儿童提供了工作的机会。在这个[④]国家里,由于分工尚未十分发达,就

① 在《国民财富的性质和原因的研究》第1卷第1篇第10章第2部分第134页,关于乡村人对城市人的优越,并没有说是"一般公认的"。那里只说,"凡由于生意关系或由于好奇而和乡村人交谈过的人都知道这一点"。

② 本书第180页所说的十八种操作包括把扣针放在纸包中的操作。做这个工作的人并不制造扣针的任何部分,所以这里所说的"第十七部分"和十八种操作的说法并不矛盾。

③ 《国民财富的性质和原因的研究》第2卷第5篇第1章第3部分第2款第365—367页。

④ 指苏格兰。

是最下等的搬运工人也会读书写字。这是因为教育费不昂，[①]而且六七岁的儿童，除读书写字外，没有其他事体可做。在英格兰商业发达的地区，情况就不是这样。在伯明翰，六七岁的儿童，就能一天赚三便士或六便士。做父母的人觉得让小孩早些去做活对自己有利，这样就把小孩的教育忽略掉。诚然，下层阶级人民所受的教育，无论如何不会很高深，但对他们却有很大的好处，没有受这教育无疑是他们终身的大不幸。通过这种教育，他们学会读书，而这就给予他们和宗教接触的利益。这个利益是很大的利益，不但使他们变成虔诚的人，而且给他们提供冥思默想的东西。我们可由此看到乡村学校的好处，不管人们怎样轻视它，我们不能不承认它是非常好的机构。让儿童很早就去做活，除了剥夺他们受教育的机会外，还带来另一个大损失。儿童开始感到父亲受他之惠，因此不服从父亲的命令。到了长大成人之后，他没有可借以自娱的知识。因此，在工作做完之后，只有去闹饮以消磨时光。所以，在英国商务繁盛的地方，我们发现大多数商人都已经堕落到了这样可耻的地步。他们做了半星期的工作，就够维持一星期的生活，由于缺乏教育，其余半星期除狂嫖与酗酒外，没有其他娱乐方法。[②] 因此，要是我们说，给全世界提供衣着之人自己却衣衫褴褛，一点也不过分。

---

① 《国民财富的性质和原因的研究》第 2 卷第 5 篇第 1 章第 3 部分第 2 款第 369 页。

② “那些和这个国家的制造业有关系的人，都从经验晓得，平均说来，除在粮食昂贵的时候以外，穷人每星期很少工作四天以上……在小麦和其他粮食便宜的时候……闲散和放荡普遍成风”。《关于赋税对于我们制造业工人工资的影响的研究以及关于这个国家的制造业人口的一般行为和癖性的意见；以从经验得来的论点证明除贫困外没有其他力量可使他们从事劳动》，第二版，1765 年刊行，第 12、13 页。

商业的又一不良影响是使人豪气消沉,一点没有尚武精神。在一切商业国家,分工都分得极其细微,一个人的全副精神都花在一件东西上面。例如,在大商业城市,经营亚麻布的商人分好几种,经营汉堡亚麻布和经营爱尔兰麻布是完全不同的职业。有的律师专接受高等法院案件,有的律师专接受高等民事法庭案伴,有的律师专接受大法官法庭案件。他们在很大程度上不知道附近同业所做的事体。同样的,战争也变成一种专门职业。一个人只有时间研究一种业务,如果强迫每个人都去学习军事参加实际战斗,那将是极大的不便。因此,保卫国家的责任,便委托一群无事可做的人,而大部分人民的勇气都消失了。他们的心思不断用在享乐方面,因此变得怯懦,没有须眉气概。

一般的经验可以证实上述并非虚言。

在 1745 年,手无寸铁的四五千苏格兰高地人,占领了苏格兰的进步地区,没有遇到当地怯于战争的居民的抵抗。他们侵入英格兰,震动全国。要是没有常备军出来抵抗,他们可毫不费力地篡夺王位。这个事件如果发生在二百年以前,一定会激起全国人民的公愤。我们的祖先是英勇好战的人,他们不把精力消磨在优雅的艺术和商业。任何大敌当前,他们随时都有勇气有精力出来抵抗。也是由于同一原因,蒙古人的国家,常常受四五百欧洲军人的蹂躏,无数的中国军队,老是惨败于鞑靼人之手。在这些国家,劳动分工和奢侈风气都发展到极点,它们没有常备军队,人民都专心致志于研究和平艺术。要是荷兰撤去周围的障碍物,[①]它将非常

① 大概是指堡垒,如果荷兰把海堤破坏,它就不容易被征服。

容易地被征服。在本世起初，荷兰常备军在战场上被敌人打得落花流水，其余荷兰人，不想执戈保卫国家，竟然计划放弃国土，迁往东印度。一个商业国可能在国外有强大的力量，可能以海军和常备军保卫自己，但在海陆军已被打垮、敌人已侵入国内以后，征服便易如反掌。对于罗马和迦太基也适用这种说法。迦太基在国外常常得胜，但当战事蔓延到他们国内的时候，他们便打不过罗马人。这些是商业精神的害处：人们的思想受到束缚，以致缺乏高瞻远瞩的能力；教育被轻视，至少被忽视；勇气几乎完全消沉。如何补救这些缺点，是值得认真注意的事。这样，我们已讲完了法律学的头三个部分，即法律、警察和岁入。现在我们来讨论军备，就是法律学的第四分部。

第四篇　论军备

〔第一节　关于国民军〕

在社会初期，不需要警察来保卫国家，也不需要对警察作特殊的配备。如果有外敌企图进扰，全国人民起而抵抗，平时领导人民的人，战时自然也保持他的领导权力。但在实行分工之后，就需要一部分人留在后方从事农业和其他技艺，其余人出去打仗。在土地成为私有、阶级区分在一定程度上出现之后，耕种工作自然落在最下层阶级人民身上，而比较体面的、不大吃力的兵役，则由最上层阶级的人民担任。因此，我们看到一切国家在未发达的时候，情形都是如此。罗马骑士最初就是骑兵，奴隶和不纳税的人从来没有上战场的资格。同样的，在我们祖先中，只有那些担任所谓武士职位的人才用来保卫国家，所谓古时贱民，从未被看作国家兵力的一部分。

当国家是由有体面的人来保卫时，没有纪律的需要，因为这些人是由面子观点出发来执行他们的义务的。但当手工业和制造业发达起来，人们发现从事这些职业也可以爬上尊严的地位，富人由于贪婪的本质，感到出去打仗对他们不利时，从前为积极分子和野心分子所鄙视的那些技艺，不久就成为他们全神贯注的东西。能够每年在家中赚到两三千镑收入的商人，自不愿出去打仗，但对于没有其他事情可做的古时骑士，出征乃是一种消遣。当改进手工业和制造业被认为值得上层阶级人士的注意时，保卫国家的责任便自然地成为比较低层阶级的人的本分，因为从来不能强迫有钱的人去干他们不愿干的事体。在古罗马，当骑士停止服役时，最下层阶级的人民就替代他们；在我们国家，继封建民兵之后的是另一最低层阶级。这就是各国兵役制度的发展情况。在畋猎国家，甚至农业已经发展起来的国家，全体人民都一起出去打仗。当手工业和制造业已开始发达时，全体人民就不能都出去打仗；因为这些技艺是吃力的技艺，并由于上述原因报酬还不很高，所以出去参军的都是最上层阶级的人。后来，在手工业和制造业进一步发展并开始付给很高的报酬时，保卫国家的责任便落在最下等人民身上。[①] 英国眼前就是处于这种状态。

〔第二节　关于纪律〕

当全体人民都出去打仗的时候，并不需要纪律。他们处于平等的地位，有明显的共同目标，纪律是完全不必要的。在最上等的人出去打仗时，面子观念可代替纪律，但当最下层阶级的人出去打仗的时候，非有森严的纪律不可。因此，我们发现一切常备军都有森严的纪律。一般地说，必须这样严厉地约束他们，使他们畏惧长

① “按照现代习惯，组成军队的是社会最下等的人民，也就是那些极端放荡不能担任任何其他职业的人。”哈彻逊：《伦理哲学入门》，第324页。“我们的兵士是一群下贱的、卑鄙的人”。休谟：《古代人口的密度》，《政治论文集》，1752年出版，第188页。参阅《国民财富的性质和原因的研究》第2卷第5篇第1章第1部分全节，（第274—281页）和本书第51—55页。

官过于畏惧敌人。正由于畏惧长官，畏惧军法的严厉惩罚，他们才循规蹈矩，而他们的勇敢行为，也是由于这个原因。在上次战争中，八百名普鲁士军，在几千名奥地利军包围之下坚守一个隘口一整天，但到夜里时，全都撤退了。这个勇敢行为的基础是什么呢？不是为了顾全名誉，不是为了热爱祖国，也不是对长官的尊重，因为这些都不足以使他们奋不顾身。他们的勇敢完全是由于畏惧长官，长官好像是挂在他们头上的刀，他们不敢不唯命是听。可以顺便指出，这证明了我们的性格是可以左右的，也证明了我们所那么沾沾自喜的胆量是如何依存于客观环境的。我们还可进一步看到这个恐怖主义可以发展到什么程度。如果一个温厚的、和蔼的副官继任另一个凶猛的、专制的副官的职务，他的制服足使人望而生畏，要经过相当长的时间，他们才会发觉他不像另一个那么可怕。

〔第三节　关于常备军〕

常备军就是按照上述那样成立的。国家如果没有常备军，就容易被敌国征服。关于常备军，唯一需要指出的一点就是必须采取最适当的方法来招募，尽量减少其不利于国家的地方。不管人们怎样不满常备军制度，在社会的某一阶段，它是不可缺少的。由身任政府职务的有土地的士绅统率的国民军，绝不会为任何人而牺牲国家的自由。这种国民军无疑地是抵御别国常备军的最可靠的军队。

有两种类型的常备军。第一种是政府把军职赋予特定的人，他们每募到一兵，即发给一名的饷。这是我国常备军的类型，它比第二类型的常备军危险较小。第二种类型是政府和一位将军签订契约，叫他带领一支军队保护它。这是意大利某些小邦的常备军的模型。这些小邦和手工业尚未发达的地区的酋长订立契约。由于所有军官都依赖他，而他却不依赖政府，所以他的雇主简直是在他的掌握之中。至于我们那样的常备军，就不容易发生倒戈反对政府的事体，因军官都是有体面的人，并且在国内都有许多社会关系。可是，如果王权发生争执时，常备军也会构成人民自由的威胁，英国就发生过这种威胁，因为，常备军通常总是站在国王这边的。[①] 服从领袖是军人的天职，由于他受国王任命，领国王的薪饷，因此他自然认为应该效忠国王。但是，如果按适当方法成立国民军，就不至发生这种危险。在瑞典，他们有良好的国民军，他们没有危险。关于常备军问题，就谈到这里为止，我们不准备讲述它的薪饷问题以及其他情况。

我们现在已按照计划讨论了和法律、警察、岁入、军备有关的自然法。我们接下去将讨论我们所计划的最后部分，即国际法或国与国之间的关系。

① 《国民财富的性质和原因的研究》第 2 卷第 5 篇第 1 章第 1 部分第 290 页；参阅本书第 54、55 页。

第五篇　论国际法

〔绪　　言〕

这里得先提一下，讨论一个国家所应当遵守的或应当和其他国家共同遵守的法律，不能讨论得像讨论私法或公法那么精密细致。关于财产方面，各国都具备很明确的条例。关于君主的权限和人民的义务，各处也很一律。但关于国际法，就差不多没有一种规则曾得到全体国家的承认，或在任何时候都能为一切国家所遵守。[①] 这种现象并不足怪，在没有一个最高立法机构和执法官吏来解决争端的情况下，不确定和不规则性是无可避免的。

国际法有战时的国际法和平时的国际法两种。上面已经叙述了在平时有效的国际法。我们说过，应该给外国侨民以人身和财产的安全，但他们没有立遗嘱的权利，他们死后，财产全部归于国王。[②] 至于适用于战时的国际法，我们按照下列次序加以讨论。

(1) 什么事情可构成战争的理由，或按照拉丁语（quando

① “除自然法外，几乎没有任何其他被一切国家一致遵守的法律。”格罗提渥：《战时法与平时法》，第1卷第1章第14节。

② 本书第89页注③。

liceat bellare),什么时候可以战争。

(2)在战争的时候,什么是一国对待另一国的合法手段。或按照拉丁语(quandum liceat in bello),战争可进行到什么程度。在这个标题下,我们也将讨论古代国家和近代国家的不同习惯,以及近代国家在这方面所发生的变革。

(3)交战国对中立国所应持的态度。

(4)大使的权利。

〔第一节　什么时候战争才是合法的〕

首先,什么时候可以发动战争。一般地说,凡成为向法庭提出诉讼的根据的情由,都是战争的正当理由。[①] 可以成为正当诉讼根据的情由,就是某种完全的权利受到侵犯,本来可以诉诸武力以求赔偿,而在野蛮社会,也是使用武力以求赔偿,但在现代,由于担心人人都使用武力来报复会破坏社会的秩序,所以由法官来判断是非曲直。如果一个国家侵占另一个国家的财产或杀害、拘禁另一个国家的人民,或后者的人民受到损害时拒绝公平处理,后者的君主必须向前者要求赔偿,因为保护人民不受外敌伤害乃是政府的天职。如果要求遭到拒绝,就有根据发动战争。同样的,违犯条约规定,如一个国家到期不还对另一个国家的债务,也是发动战争的非常正当的理由。例如,假使普鲁士国王拒绝偿还上次战争中英国给它的贷款,英国就可名正言顺地对他宣战。总之,一国君主

① “凡足构成诉讼的原因,都可作为战争的原因,理由是:在法院无能为力的时候,战争就自然开始。”格罗提渥:《战时法与平时法》,第2卷第1章第2节。

伤害另一国君主或人民，或一国人民伤害另一国人民而拒绝给予合理的赔偿，就可成为战争的理由。

关于可构成诉讼理由也可构成战争理由这个一般原则，似乎只有一个例外，那就是准契约。在这种情形下，的确很难决定战争是否合理。我们没有发现过因违反准契约而发生的战争。必须承认，准契约的采用，是衡平法上权利的极度扩充。除罗马法外，这种权利从未成为完全的权利，也从未被采用过。在英国，如果你当一个人不在的时候替他修理房屋，你只能依赖他的良心取得修理费，因为你没有权利向法院起诉。与此相似，设使一个俄国人替一个英国商人做一件事体，使后者得免巨大的损失，以后向他要求报酬，如果英国人拒绝付酬而俄国人向法院起诉，法院将告诉那俄国人，他必须依赖英国人的名誉取得报酬。除这种情况外，凡成为正当诉讼根据的事体，都使战争成为公平合理。

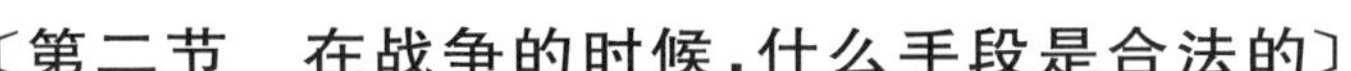

〔第二节　在战争的时候，什么手段是合法的〕

其次，战争可进行到什么程度。当一个国家受到另一个国家的伤害时，可进行报复到什么程度，这的确是不容易决定的问题。在这方面，古代国家的习惯和现代国家的习惯不大相同。一般地说，如果伤害是显著的和蓄意的，而后来又拒绝赔偿，那么，报复就是必要的、公正的。在少数情况下，甚至不提出赔偿要求而采取报复手段，也不是不合法的。如果一个强盗显然有杀死你的意图，你尽所有力量来防止他是完全合法的，因为他的意图极其明显。与此相似，如果一个国家似乎在企图侵害另一个国家，纵使没有造成真正的损害，也得要求它宣布意图和提供保证，要是这种要求并不使它陷于难堪的地位。当普鲁士国王知道撒克逊尼选帝侯和匈牙利女王共同阴谋侵犯他的领土时，[①]虽然他未提出要求就起兵占领他们的土地，他的做法是完全正当的。如果他不这样做，而警告他们要出兵，那才是天大的笑话。另一方面，如果问题仅仅是到期的债务，不提出要求而出兵，那就不合理了。关于债务的争执，只在债务国推三阻四迟迟不还的情况下，战争才是合法的。

现在稍详细地讨论一下在战时什么是合法的行为。假使一个国家的任何人民受到别国人的伤害，那么伤害他的人自然是报复的对象，而包庇他拒绝赔偿或道歉的政府自然也是报复的对象。但后者国家的大部分人民都是无辜的，他们根本不知道是怎么一回事。就最近的对法战争来说，法国人也好，英国人也好，二十个人中没有一个知道法国触犯了我们什么。这样，我们根据什么公平原则没收法国人财物，并以种种方法折磨他们呢？这绝不是根据可以适当地称为公平和公正的原则，而是根据当时的需要。在这种情况下，需要就是公正的一部分。

的确，咯彻逊很巧妙地说明了这个问题，但我们如果详细地检查他的意见，就可发现他的推论不是建立在正确的基础上的。他说，各民族都是为自己利益支持和拥护他们的政府，如果一个政府伤害了邻国元首或人民，而它的人民继续支持和拥护它，他们就成为它的同谋者，应该和它共受惩罚。依照罗马法，如果一个人为自己利益而豢养的奴隶伤害了别人，奴隶主必须在以下两个办法中选择一个，或是替这奴隶赔偿，或是把他赶走。与此相似，一个民

① 在1756年。

族必须舍弃伤害别国的本国政府，否则就要和它共负责任。[1] 应该指出，这个推论虽然是非常巧妙的，但所举的两个情况，性质没有一点相似。一个人可任意处置他的奴隶，可替他赔偿损失，可把他赶走，但在大多数情况下，这两者都不是一个民族所能办得到的。维持政府的目的往往不在于保护民族，而在于保护政府本身。任何公法都没有提出人民有废君王的权利。即使在英国，尽管对于君主的权限争辩得那样剧烈，人民也没有这种权利。这样说来，一个民族怎能负他们无权过问的伤害的责任呢？

认为整个国家是合理的报复对象的真正原因是，我们对距离我们较远的人的感情，不如对距离我们较近的人的感情那么浓厚。我们受到法国的损害，我们痛恨法国全国，而不仅仅痛恨法国政府。由于人类对事往往不分青红皂白的天性，法国成了我们不合理的报复对象。如果英法发生战争，丹麦人的感想也必定和我们一样，不分区别地把有罪的和无辜的混为一谈。[2] 但这显然是和我们对待自己同胞所遵守的公平原则大相抵触的。我们宁可十个罪人脱逃法网，而不愿杀一无辜。另一个原因是，向造成伤害的臣民或君主直接要求赔偿往往是很困难的，因为他们一般是住在他们自己的国家，受到周密的保卫。要是我们能够抓到他们，他们自然是首先的报复对象，但这既然办不到，就必须采取其他方法来报复。我们由于我们的关系遭受了无妄的损失，也让他们为着他们

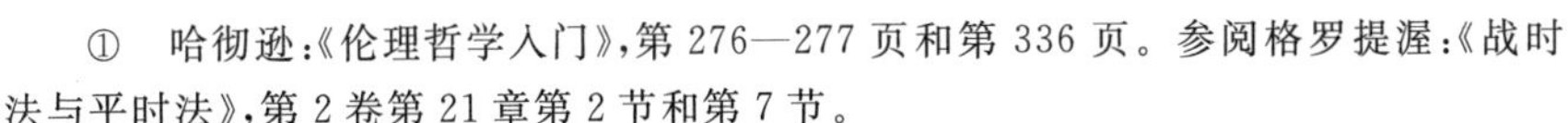

① 哈彻逊：《伦理哲学入门》，第 276—277 页和第 336 页。参阅格罗提渥：《战时法与平时法》，第 2 卷第 21 章第 2 节和第 7 节。

② 就是说，连一个中立的外国人，也认为“我们”（全体英国人和全体法国人）的仇恨是十分自然的。

的关系尝尝无妄的苦头吧。在战争中,总有不公平的事体发生,这是无可避免的。

关于战争暴行可达什么程度一节,古代国家的习惯和近代国家的习惯大不相同。野蛮人即使不杀死战俘,也会随心所欲地处置他们。由于他们把战斗员都作为强盗或破坏和平者看待,所以认为这种惩罚并非过分。就是在古罗马人之间,打仗一经开始,就不许敌人求和或投降,一切东西都归征服者所有,他们爱怎样处置就可怎样处置。在西塞罗时代,情况还是这样,因此他认为,在战争开始后接受敌人投降是人道主义最大的扩展。① 但暴力和欺骗虽在古代被认为是战时的无上美德,现时对待敌人的人身和财产的习惯,已大有改善。现在不再以战俘为奴隶,也不再加以虐待。被俘的敌人官长,可凭宣誓得到释放。在对法战争中,法国人对待受伤的我国战俘,比对待他们自己的伤兵还好。② 的确,没有一个国家在这方面比我们更宽仁的了。我们本来对拘留在爱丁堡和其他地方的法国战俘每日发给六便士,但当我们认为由于转订的契约的关系这钱交到他们手中时已经减少到不够维持他们生活时,我们就慷慨地募得一万镑的捐款给予他们。一般地说,现时战俘所受的待遇,并不亚于其他人民。

与此相似,交换战俘条约也是我们在人道方面有所改善的证

① 关于这个问题,西塞罗在《论义务》第1章第2节中说,“从公正的观点而不是从行为的观点看来,不能把被征服的人置诸不顾,因此,尽管战争已经开始,那些相信统帅的信用请求庇护的人,应该予以收容”。格罗提渥:《战时法与平时法》第3卷第11章第14节。

② 参阅例如《绅士杂志》1759年1月号,第42页。

明。按照这种条约，士兵和水手都规定了每名的价值，每次战役结束，双方就交换俘虏，被俘人数较多的一方，按议定价值和超过人数付给对方结算的差额。[①] 不错，在上次的战争中，我们拒绝和法国签订这种条约交换水手，由于这种明智政策，我们不久就使法国缺乏海员，因为我们所俘获的法国水手，远多于法国所俘获的我国水手。[②] 毫无疑问，古时被围城市所以那样负隅顽抗，就是由于当时的不人道，因为忍受最可怕的困难，犹胜于投降。但现在被围者非常明白，他们投降后将得到什么样的待遇，非常明白投降不会有很大的危险。[③]

这种高度人道的措施，直到教皇时代才开始实行，古希腊人和古罗马人虽然有种种的成就，但他们从未实行过这种高度人道的措施。教皇被看作全体基督徒的共同教父，教士全归他管辖。通过所派的使节，他和欧洲一切宫廷都有往来，而由于这个原因，欧洲各宫廷之间的关系也变得更密切。他强迫他们更人道地相对待。十字军之役使欧洲各君王出师共同讨伐异教，大多数欧洲君王都参加了这一战争。他们认为异教徒应受最残酷的待遇。但当

① “我所记忆的古史关于交换战俘条约的记载，只有波利奥西蒂斯和罗得岛居民所订的条约。按照这条约，一个自由公民的赎金是一千德拉克马(古代希腊银币)，一个武装的奴隶的赎金是五百德拉克马。”休谟:《古代国家人口的密度》，《政治论文集》，1752 年版，第 191 页。1763 年 3 月 7 日的《伦敦新闻纪事报》说法国应付给英国的法国战俘维持费等差额是一百二十万镑。《国民财富的性质和原因的研究》第 2 卷第 5 篇第 3 章第 524 页说，“议定偿还法国战俘维持费的款额是六十七万镑”。赎回战俘的办法，到 1780 年才废止。参阅霍尔:《国际法》，第 4 版，1895 年刊行，第 428 页注(1)。

② 参阅《关于交换海员战俘的研究》(1758 年在欧洲大陆出版的小册子)。

③ 格罗提渥:《战时法与平时法》第 3 卷第 12 章第 8 节；休谟:《古代国家人口的密度》，《政治论文集》，1752 年出版，第 190 页。

他们自相争斗的时候，由于曾经在十字军中并肩作战，由于认为对待基督徒应该和对待异端有所不同，更人道的措施就被采用。由于这些原因，近代国家对待俘虏人身的办法和古代国家不同。

保障敌人的财产，与其说是出于人道，毋宁说是出于一种策略。当法军侵入德国时，法军统帅制定法律，规定安分守己不反抗他的人都可得到人身和财产的保护，法兵如果伤害敌国的农民，要受到和伤害本国农民同样严厉的惩罚。但在海战中，情况就不是这样。海军大将对可能截获的商船，都加以捕捉和抢掠。许多商人和农民同样是无害的，何以所受待遇如此不同呢？原因是，不抢劫农民对侵略国的统帅有利，因为劳师远征，如果还得随军携带粮秣，行军必将非常困难。能使敌国农民留在家中，他便能得到粮食供应而不必采用其他方法。由于这个原因，对农业发达的国家来说，战争不是有害的，有许多人因战争而发了财。在荷兰沦为战场的时候，所有农民都成了富翁。其原因是，在敌人占领时期，他们不缴地租，而粮食却卖得非常贵。这实际上是以地主和上层阶级的人为牺牲，他们在这时候一般都陷于破产。这种情况发展到那样的程度，以致那些一向出外的劳苦人民，一听到战争，就不肯离开国土。在海战中，情形完全不同。每只船都得自带粮食，而不能指望和它交战的船只供应粮食。

现代习惯有所改善的另一原因，是两个敌对国家以礼相加，或说得更恰当些，彼此都有侠气。它们甚至在交战的时候，也不召回大使。在古代，杀死一个敌国将军算是最英勇的行为，[①]但在今

① 格罗提渥：《战时法与平时法》第3卷第4章第18节。

日，再没有比这更不名誉的事了。当法国国王亲自率兵包围某城时，该城总督派人前来查问他住在战场的那部分，以便禁止士兵向该部分发炮。[①] 不错，当撒克逊诸侯把他们御营驻地告诉普鲁士国王时，普鲁士国王没有答应他们所提出的别向该地发炮的要求，但这是因为他知道该地也是敌人主要弹药库的所在地。说实在话，如果一个国家有什么人能比其他人造成更大的伤害的，这个人就是国王或将军了，那么，为什么现在和过去的想法有所不同，认为杀害国王或将军是不合法的呢？理由很明显：利益在于对有权势的人表示尊敬的君主国，现在树立了榜样，但利益在于奉行相反政策的共和国，却在从前先开了这个风气。[②]

使我们不像从前那样轻易发动战争的原因，也使我们在征服了一个国家以后比从前宽大。在过去，敌人的全部财产归于征服者，征服者爱怎样处理就怎样处理。由于这个原因，古罗马人征服一个国家后，往往要派出新的殖民前往居住。[③] 现在情况不同了。被征服国家在某种意义上说只更换主子，他们也许要缴纳新的税收，遵守新的规则，但被征服国家不需要新的人口。征服者常常允许他们保持旧的宗教和法律。这种办法比过去好得多。现在交战国的军队之间，也没有像过去那样深的仇恨，因为火器使他们隔得很远。[④] 在过去，他们总是以短兵相接，愤怒情绪和狂暴行为因此达于极

---

① “利尔总督克鲁伊伯爵派人向法王致意，并请后者告知御营驻扎地点，以便避免向该地开炮。路易十四对他表示感谢，但说他的军队的整个阵地，就是他的寓所。”《得·屠稜传》，1735 年出版，第 1 卷第 416 页。

② 前面已提过这个意见，参阅本书第 79、80 页。

③ 《国民财富的性质和原因的研究》第 2 卷第 4 篇第 7 章第 1 部分第 136—137 页。

④ 休谟：《古代国家人口的密度》，《政治论文集》，1752 年版，第 189 页。

点，并且，由于双方肉搏混战，杀伤人数也多得多。

〔第三节　中立国的权利〕

第三，现在讲述交战国对中立国所应采的态度。

关于对待中立国的公平规则是：由于中立国没有伤害任何一方，它们不应该遭受损害。如果英法交战，荷兰人应该有和两国通商的自由，像平时一样，因为他们对两国都没有伤害。除非他们偷运战争违禁品，或企图闯入被围的城市，否则应让他们自由地跟交战国的任何地方通商，不加干涉。但中立国的船只不能保护敌人的货物，同时，交战国船只上的中立国货物也不能加以没收。关于已失去的东西的收回，[①]古代国家的政策和现代国家的政策大不相同。在古代，战时的政策是，道理总是在我们这一边，敌人总是没有道理；凡从敌人夺来的东西，总是夺之有道，凡被敌人夺去的东西，总是无理被夺。由于这种看法，假使一个迦太基人把战时从一个罗马人掳去的船只卖给另一个罗马人，前一罗马人遇有机会，就可把该船索回，因为按照上述原则，该船本是无理被夺的。现在情况已完全不同，我们认为战争中的一举一动全是有道理的和公平的。我们既不要求被敌人夺去的东西归还我们，也不想遇有机会就把它拿回来。假使一只英国船被法国人夺去，把它卖给荷兰人，而该船后来开到英国港口，前英国船主看到它时也将视若无睹，不会要求把它归还。当该船落入敌人手中时，他就不对它抱什么希望了。

应该指出，交战国对待中立国的方法，在海战中和在陆战中大

① 格罗提渥：《战时法和平时法》第3卷第6章第3节，第9章第15节。

不相同。这个差别是由于策略的关系，和人道无关。如果一支军队溃败，而征服者追它进入一个中立国的国境，除非该中立国有力量把双方军队赶走，否则它往往会变成战场，并且以后不能得到任何损失的赔偿，或只能得到很少的损失赔偿。但在海战中，就是从最弱小国家掳去的船只也要归还。一般对此的意见是，对于商业的危害，无过于掳夺中立国商船。但这个说法不能使人满意，因为陆上战争对于商业的危害实际上更大。真正的理由是，在陆战中，小国没有力量维护它的中立地位，但在海战中，小国却有这种力量。一个小小的炮台，就足以迫使最强大的国家尊重它的海港的中立。

〔第四节　大使的权利〕

第四，我们最后来讨论大使的权利。

当国与国之间有很多事务磋商时，便有派遣使者的必要，这种使者就是大使的滥觞。在古代，由于国与国之间很少进行贸易，只遇特别事件时才派遣大使。这种大使就是现在所谓特派大使，于完成任务后即束装返国。在古罗马或古希腊，我们找不到驻节大使这种人员，那时候大使的全部职务只是在某一时候签订和约、缔结同盟等等。首先派遣驻节大使到别国的是西班牙国王斐迪南，他在十七世起初派遣这些大使。“大使”这个名词也是从西班牙动词（Ambassare）（派遣）而来的。[①] 其实，在很早从前，教皇就派有大使驻在欧洲各国宫廷。现时各国所以常常派遣大使到别国的原

① “Ambassadeur，Ambasiadore 或 Embaxadar 各字，都出源于西班牙语 embiar 这一字，embiar 的意思是全权公使。”韦克福特：《大使及大使的职务》，1681 年出版，第 4 页。

因,也就是那时候教皇派遣大使到欧洲各宫廷的原因。他和这些欧洲国家都有来往,他的大部分收入来自这些国家。由于这些国家时常企图侵犯他所要求的权利,他发觉必须派人经常驻在它们的宫廷里来保护他的权利。教皇通过这个办法获得了各种利益。

当商业推广到欧洲,各国的权益问题包括一国货物在别国纳税的问题都解决以后,一国的商人对另一国的商人经常发生要求。这些商人在别国是陌生人,非常容易遭受损害,他们自己也常有这种感受。因此,必须有一个本国人经常驻在各个国家的宫廷以保护他的国人的权利。上面已经说过,在古代,国与国之间很少往来,因此没有派遣驻节大使的必要,现在由于商人每日都有事件交涉,因此必须有一个有权力、有地位能出入外国宫廷无阻的人来防止他们发生争执。我们已经说过,首先派遣这种大使的是西班牙国王斐迪南。起初邻国对于他派来大使驻在它们的宫廷心怀戒备,而他也装做没有权利派遣驻节大使的样子。但是,他先根据某一事件的必要派遣大使到一个国家,后来又提出其他各种问题,通过这种方法把大使留在那儿。不久,各国先后仿效这种办法,这办法很快就成为欧洲各君王的普遍习惯。各国不但欢迎别国派来的大使,而且认为别国不派来大使是莫大的侮辱。格罗提渥反对驻节大使,把他们叫做驻节间谍。① 他的意见是以古代习惯作为根

① 格罗提渥在《战时法与平时法》第2篇第18章第3节中说:“按照最可靠的法律,现时普遍设置的驻节大使馆可拒绝它的设立;古代习惯告诉我们,这种大使馆没有必要设立,它在古代也不存在”,但格罗提渥并没有把驻节大使叫做驻节间谍。可是,科西在注释这一段时曾引用了韦克福特在《大使回忆录》(1677年在拉赫出版,第438页)中所说的话,即驻节大使的一个任务是充任间谍。

据的。如果他今天还活在人世，他将发觉在今日错综复杂的商务关系下，要是没有一个有权力、洞悉当地情形和能够明释是非曲直的人居中斡旋，处理各方的争执，连短短一个月的和平也将维持不住。大使的派遣，对维护和平有很大的帮助。通过大使提供的情报，一个国家可避免事先毫无所悉地突然受到别国的侵袭。如果和某一国家发生战争，撤回大使，还可通过驻在其他国家的大使，获得各方面的消息。一般说来，大使消息灵通，能够知道欧洲的一切情况。

虽然一个国家有可能利用大使的影响和力量在国际上取得一定的优越地位，但在很长一个时期里没有人注意到这一点。近来人们所谈论不休的均势问题，那时候几乎没有听人说起过。每一个君主都忙于处理自己领地的内政，没有力量和时间过问别国的事体。在驻节大使成为一种制度之前，君主们几乎没有方法获得关于其他国家的情报。但从十六世纪以来，欧洲国家分为两个集团，一个包括英国、荷兰、匈牙利、俄国等，一个包括法国、西班牙、普鲁士、丹麦、瑞典等。这种联盟一直继续存在着，有时一个国家退出某个联盟，而另一个国家却加入这个联盟。例如，现在普鲁士是在英国这一边，而匈牙利却在法国那一边。在十五世纪，意大利各大家族也组织有类似联盟的团体。上述这些国家的驻节大使使任何一国不能从陆上或海上压制另一国家，他们成立了一种有点像古代希腊的近邻同盟会议的组织。他们有权力提意见和进行磋商，但没有权力作何决定。通过集体的力量，他们能够恫吓任何夜郎自大或蛮不讲理的国家。邮政局对于取得情报是非常重要的，因为无论在战时或在平时，它使各国之间能够自由通信。这使商

业容易进行,并使各个国家获悉关于一切动态的消息。

大使的人身是不可侵犯的,他所驻节的国家的任何法院都动他不得。如果他欠人债务或造成任何损害,必须向他的政府提出交涉。当1718年荷兰政府逮捕俄国大使时,俄国政府提出抗议,认为违反了国际法。① 大使所购的货物得免纳关税。由于一国之君主无需纳税,所以代表他的大使也无需纳税。② 如果大使参加阴谋,企图破坏驻在国的和平,该国可以拘禁他。作为敬意,并维持大使的尊严,大使的公馆被认为可以用作罪人避难所。但大使必须谨慎利用这项特权。他只可给予欠债者和犯小过失者以保护,他如果窝藏犯大罪的人,就会被剥夺这项权利。大使的仆人也享有某些特权。如果他赖债不还,法院可加以逮捕,但法院从未自动地这样做。

一国派驻他国的各种使节的名称,全是来自西班牙语。在那时候,西班牙宫廷可以说是全世界最讲究仪式的宫廷,西班牙的服装,到处竞相仿效。由于大使必须拘泥礼节,所以他在执行职务上免不了受到种种阻碍。一个负有办理重要交涉责任的人,绝不能浪费很多时间不断拜访客人和回拜客人。鉴于这种情况,于是有全权公使的设置。全权公使不必那么拘泥形式,任何人都可随时跟他接洽事体。但不久全权公使的尊严也提高了,使他不能亲自料理多种事务。全权公使这种职位继续存在了若干时之后,就被改称为普通驻节大使,他的地位仅次于特任大使。地位又次于普

① 大概记录人在这里把两三个案件混淆起来了。1717年荷兰逮捕瑞典公使高尔茨,1708年英国因债务关系逮捕俄国大使,1718年法国逮捕西班牙大使。

② 按照十八世纪伦敦市税法:租给大使的房屋的房捐,由房东缴纳。

通大使的是公使，他驻在外国执行自己的职务，他有权处理和他的国家有关的一切小事情。

领事是一种特殊法官，他有权判决与他本国的商人有关的一切事体。他在法律执行得不够正确的地方保护他们的权利。

以上就是一个国家所用的外交人员的职称和职务。这些人员原来是由于商业的推广而产生的，但现在已成为绝对必要的了。

到此为止，我们已经讨论了自然法和国际法。

译名对照表

四　画

韦耳伍德	Welwood
韦克福特	Wicquefort
韦特尔	Vattel
丰坦布洛	Fontainebleau
巴贝拉	Barbeyrac

五　画

布莱尔	Blair
布莱克，约瑟夫	Black, Joseph
布莱克斯顿	Backstone
布拉迪	Brady
卡佩，休	Capet, Hugh
卡利古拉	Caligula
卡姆斯	Kames
艾波特	Abbot
皮尔斯	Pearce

六　画

西塞罗	Cicero
西索特里	Sesostris
米勒，约翰	Millard, John
吉尔伯特	Gilbert
弗莱彻，安德鲁	Fletcher, Andrew
华波尔	Walpole
达伦普尔，约翰	Dalrymple, John

七　画

劳	Law
克劳迪阿	Claudius
克卡耳迪	Kirkcaldy
克莱登	Clayden
辛克莱	Sinclair
麦肯齐	Mackenzie
麦康诺基，查尔斯	Mackenochie, Charles
麦都奥	Mac Douall
利特尔顿	Littleton
利兹菲尔	Litchfield
邦纳	Bonar
杜维诺	Duverney
里德，托马斯	Reid, Thomas

八　画

孟	Mun
孟德维尔	Mandeville
杰文斯	Jevons
罗斯	Rosse
罗利，托马斯	Releigh, Thomas
罗伯逊，威廉	Robertson, William
罗杰斯，塞缪尔	Rogers, Samuel
肯普弗	Kaempfer
肯缪尔，马尔科姆	Kemure Malcolm
阿伯思诺特	Arbuthnot
图奈弗	Tournefort

波斯曼	Bosman
拉斐陶	Lafitau
迪奥米德	Diomedes

九　画

哈里斯	Harris
哈彻逊	Hutcheson
哈格雷夫	Hargrave
科西，亨利	von Cocceü Heinrich
柯克	Coke

十　画

海内西	Heineccius
纽卡斯耳	Newcastle
格兰维尔	Clanvill
格劳克斯	Glaucus
格罗提渥	Grotius
班果	Bangor
修昔的底斯	Thycydides
乌兹塔里兹	Uztariz
马登，福克纳	Madan，Falkoner
纳慕尔	Nemour

十一画

贺拉歇斯	Horatius
梅隆	Melon
累基	Lecky
笛福	Defoe

十二画

塔西佗	Tacitus
普芬多夫	Puffendorf
斯奈林	Snelling
斯图尔德，杜格耳德	Steward，Dugald
斯修泽	Scheuchzer
道格拉斯，威廉	Douglas，William

十三画

雷伊	Rae

十四画

维兰尼	Villani
维吉尔	Virgil
豪威耳	Howell
赫顿，詹姆斯	Hutton，James

十五画

德莱尔	Delaire
摩里逊	Morison
摩蒂默	Mortimer
墨莱	Murray
鲁丁	Ruding
鲁弗斯，威廉	Rufus，William

十六画

霍尔	Hall
霍布斯	Hobbes
霍金斯	Hawkins
霍普，亨利	Hope，Henry
霍斯利，威廉	Horsley，William
霍诺留	Honorius
谢尔	Schell
钱伯斯	Chambers

二十画

庞比利阿，努玛	Pompilius，Numa
庞波尼阿	Pomponius

图书在版编目(CIP)数据

亚当·斯密关于法律、警察、岁入及军备的演讲/(英)坎南编著;陈福生,陈振骅译.—北京:商务印书馆,2017
(汉译世界学术名著丛书:120年纪念版:珍藏本)
ISBN 978-7-100-14119-2

Ⅰ.①亚… Ⅱ.①坎… ②陈… ③陈… Ⅲ.①亚当·斯密(Adam Smith 1723-1790)—经济思想—研究 Ⅳ.①F091.33

中国版本图书馆CIP数据核字(2017)第138764号

权利保留,侵权必究。

汉译世界学术名著丛书
(120年纪念版·珍藏本)
亚当·斯密
关于法律、警察、岁入及军备的演讲
〔英〕坎南 编著
陈福生 陈振骅 译

商务印书馆出版
(北京王府井大街36号 邮政编码100710)
商务印书馆发行
南京爱德印刷有限公司印刷
ISBN 978-7-100-14119-2

2017年12月第1版 开本710×1000 1/16
2017年12月第1次印刷 印张19
定价:90.00元